此书得到北京外国语大学双一流建设项目《文明互鉴：中国与世界》出版资助

严绍璗文集 卷三

日本文化研究

严绍璗 —— 著

北京大学出版社
PEKING UNIVERSITY PRESS

　　严绍璗1940年生于上海市。北京大学教授,北京外国语大学荣誉教授。北京大学比较文学与比较文化研究所所长(1998—2014)、北京大学中文系学术委员会主任(1998—2014)、国际比较文学协会东亚研究委员会主席(2000—2004)、北京大学东方文学研究中心研究员、学术委员会主任(2010—2018)、中国比较文学学会副会长兼学术委员会主任,全国古籍整理与出版规划领导小组成员、国际中国文化研究学会名誉会长。日本京都大学、佛教大学、文部省国际日本文化研究中心客座教授。先后获得北京大学人文社科研究成果奖(多次)、亚洲太平洋出版协会(APPA)学术类图书金奖、北京市第十届哲学社会科学优秀成果一等奖、教育部第五届人文社会科学研究优秀成果一等奖、2010年获日本第二十三届"山片蟠桃奖",2015年获首届"中国比较文学终身成就奖",2016年获首届"国际中国文化研究终身成就奖"等。

賞　状

山片蟠桃賞

嚴　紹璗　様
Prof. Yan Shaodang

あなたは長年にわたり中国と日本の比較研究の発展に尽力されるとともに『日蔵漢籍善本書録』をはじめとする多くの著作を通じ広く海外における日本文化への理解を深めることに大きく貢献されましたのでここに山片蟠桃賞を贈ります

平成二十三年二月十日

大阪府知事

橋下徹

2001年在第25届国际日本文学研究集会上发表演讲

目 录

日本的发现 …………………………………………………………… 1

中日禅僧的交往与日本宋学的渊源 ………………………………… 11

徐福东渡的史实与传说 ……………………………………………… 29

中国传统文化在日本的命运 ………………………………………… 37

儒学在日本近代文化运动中的意义（战前篇） …………………… 44

日本现代化肇始期的文化冲突 ……………………………………… 57

日本当代"国家主义"思潮的思想基础 …………………………… 75

日本中国学中一个特殊课题——满学 ……………………………… 97

战后60年日本人的中国观 …………………………………………… 109

中国儒学在日本近代变异的考察 …………………………………… 127

日本当代海洋文明观质疑 …………………………………………… 152

我对日本学研究的思考 ……………………………………………… 165

汉字在东亚文明共同体中的价值 …………………………………… 174

中日古代文化关系的政治框架与本质特征的研讨 ………… 179
东亚文明与琉球文明研究的若干问题 ……………………… 211
日本军国主义者对中国文化资材的劫夺 …………………… 216
日本近代前期天皇的儒学修养 ……………………………… 225
日本"中国研究"的学术机构 ……………………………… 233
严绍璗教授荣获日本第 23 届"山片蟠桃奖"文化研究国际奖 ………… 284

"严绍璗文集"总目录 ……………………………………… 286

日本的发现

——严绍璗谈日本文化研究

2011年5月18日《中华读书报》在头版以头条新闻形式报道了我国北京大学严绍璗教授荣获日本第23届"山片蟠桃奖",并以"国际文化版"整版刊发了记者李佳的采访记录。

《中华读书报》编者按:"山片蟠桃奖"在国际日本学界有崇高的地位,被称为国际日本文化研究的诺贝尔奖。自1982年设立以来,共有23位学者获奖,绝大多数获奖者为欧美学者。北京大学严绍璗教授荣获最近一届——第23届山片蟠桃奖,这是继周一良先生(1913—2001)以后第二位荣获这一殊荣的中国学者。本刊记者对严绍璗教授进行了专访。

从情感层面进入理性层面的日本研究

《中华读书报》:您治学从传统国学的古典文献起家,转而研究日本中国学以及日本文化,并获得了"山片蟠桃奖"这样的殊荣。您的日本文化研究得到了本次日本审定委员会的高度评价。您能谈谈您的日本文化研究有着怎样的特质，您何以如此深刻地把握到了日本文化的关键点？

严绍璗：过去长期以来，日本学界基本上瞧不起中国人的日本文化研究。这30多年来我们对日本和日本文化的研究已经有了很大的提升，我们已经从几个层面上进入对日本文化的研究中了。首先，我们从较多的情感色彩的表层研究推进到了致力于把握关于日本文化内涵的哲学本体的研究，包括对日本国民的精神信仰特征、美意识特征以及他们在历史和现实世界中面对自己的生存利益和突然事变中所表现出的精神形态和行为模式等研究；其次，我们致力于在世界文明的总体进程中解析日本文化内在的构成机制，即十分注意日本作为一个偏居亚洲东部海域中的地域并不广大的国家，它在自身发展中，在不同的时空中与世界文明的共感性与同步性。这在事实上就质疑了日本长期以来所谓的神国思想。日本主流意识形态一直觉得他们的文化具有其他文化不可比拟的优越性，认为日本文明是世界文明里的单独体。我们把它作为世界文明发展的一个成员，揭示日本文明的发展过程没有脱离世界文明的大道，文明的发展过程是有共性的；再次，是致力于揭示日本文明是在和世界文明共通共融的过程中发展起来的一种变异体文明形态。它以自己民族的文化为本体，广泛地在不同层面上吸收了亚洲大陆特别是东亚文明、南亚文明，近代又吸收了欧美文明，变异为自身文化的材料而组合成的文明，从而呈现多姿的光彩。

《中华读书报》：在您看来，中国学者研究日本文化取得的成绩体现在哪些方面？

严绍璗：对于我们来说，我体会我们在日本文化研究中的跃进，大致集中在两方面，第一是我们的研究脱离了情感形态。这种情感形态是两个层面的，一个层面是对大部分中国人来说，常常认为日本文化是微不足道——学术界有些先生甚至认为日本跟中国是同质文化，但是文化人类学、民族学等等的知识告诉我们这是两个很不相同的种族。中国是由56个民族组成的，日本也是由2个民族组成的。到了20世纪，因为中日之间的特殊关系，到今天为止，很多人仍然不能理性地，即不能客观地将日本作为研究对象。另外一个层面又恰恰相反，我们有些学者愿意跟着日本学者的总体思路发展，缺乏独立思考的能力。从江户时代日本的"国学"形成以来，他们的基本思路认为日本文化是日本民族创造的、是为日本民族提供的一种专有消费品，外国人是看不懂的。在有些日本学者看来，如果你的见解和他们一样，说明你终于看懂了；如果见解阐释不一样，就觉得你根本没有看懂。我并不排外，我前后在日本待了六年多近七年吧。我觉得一个研究对象国文化的人，一定要在对象国生活。没有对象国的文化生活经验，很难深入。但是一定得有自己的思考能力。我觉得作为一个中国人，这个思考能力是以中国文化教养为本体的。第二还要有世界文明史、人类学等的基本知识。作为一个中国人从中国本体的文化去观察日本文化，会感受到很多的不同。但是也会从一个局限陷入另一个局限，这时候需要世界文明史的知识、需要文化人类学的基本理论修养对你的思考进行质疑和提升。作为一个学者来理性观察，可以得出很多和不少日本人、中国人不一样的观念。中国人研究外国文化必须有中国文化的主体思想，也要有世界文化的眼光。

我认为这30年来中国文化的发展，推动了中国对日本文化研究的发展。现在我们的研究已经从情感层面进入到理性层面。日本文化作为世界文明的一个成员，作为世界文明发展的一个层面，这个层面的形成和历史发展、内部的构成和各种的变异、它的价值和意义以及它的发展过程中的教训，作为一种认识世界文明的参考，对我们从世界文明整体中、认知和理解包括中国文化在内的具有较为普遍性的文明形态的形成、发展和价值，提供了有益的借鉴。

重新发掘日本学

《中华读书报》：您编著的《日藏汉籍善本书录》获得了很高的评价，这本书的内在理路与您的学术转向之间是否有关联？

严绍璗：首先我要说明，我从中国古文献学经由日本中国学而发展到对日本文化的研究，不是学术的转向，而是在不断地"自我质疑"中从一个层面推进到另一个层面的必然，存在打通学科壁垒的内在逻辑。以《日藏汉籍善本书录》

为首，也包括《中日古代文学关系史稿》《日本中国学史稿》和《比较文学视野中的日本文化》等著作。这些研究，多是从跨文化的层面上来揭示日本文化内涵的特征。这样的一种文化视角，可能中日学术界觉得是有价值的，值得继续推进的。《日藏汉籍善本书录》这部书不是传统目录学意义上的著作，体现了我整体的思想，整个研究以文献实证为基础，但这些文献与存放在国内藏书处的文献是不一样的，它们在对象国的存在是以对象国广泛的文化历史为基础的，它们是参与对象国文化活动的"活物"，这部书的编著刊出多少体现了我这样的观念，即以文献实证为基础，在相关学科的综合层面中生发出对文化的阐释。我在研究日本中国学史的过程中体验到，要理解日本中国学，一定要理解日本文化的本质。日本文化中以本体哲学为基础，又包含了很多外来文化，汉籍传递最重要的后果就是日本接受了中国某些层面的文化，并把它分解为自己文化的材料，变成了自己的营养。文化传递是以"不正确理解"的方式联系在一起的。一个国家对另一个国家文化的接受，不可能从整体上全盘接收，一定是根据自己的需要作出解释的，只有做出"这样的解释"，文本材料才能在"他们的文化中活跃起来"，才能是有意义的。日本对中国古代很多文学材料的接受，例如关于"白居易文学"的接受，大多是根据他们自己的需要，在不同层面做出不同的解释。"白居易文学"成为推动日本古代文学发展的一个很重要的层面。相反，他们对于"李白文学"，由于他们不能感知李白作品中表现的美感价值，日本文化与之共鸣的成分就比较少了，因此"李白文学"对日本古代文学的影响确实是很微弱的，远远比不上白居易。

《中华读书报》：能否请严先生举几个具体的例子，阐释您重新发掘日本学的过程？

严绍璗：日本的古文献是非常难懂的，当时日本没有自己的文字。早期官方的文书是采用汉文写的，之后出现了一种复杂的文字形态，同样也是使用汉字，但有的汉字是作为意义字符出现的，有的汉字是作为记音符号使用的，例如《万叶集》就是运用这样的形态记载。这一形态相对于后来的表音系统的文字"假名"，它就被叫作"真名"。"假名"的"假"，不是真假的"假"，是"假借"汉字形态编制出来的。"真名"是世界上最难懂的文字之一。不同的人根据自己运用汉字的经验进行文字记录，没有统一标准，同样是"私"（わたし），用的是六七世纪的读音，必须用古音才能翻回去。比如现在叫"倭"，我请教过王力先生、魏建功先生，两位都是20世纪我国杰出的文字音韵学家、中国科学院首届学部委员、北京大学一级教授。他们告诉我，古代"倭"是没有单人旁的，18世纪的时候在日本九州岛上发现了一枚印章，印文为"汉委奴国王印"，这个"委"是现在"倭"的本字。两位先生告诉我，"委"在上古属于"哥"部，发"a"声。他说"倭奴"应该念"Anu"或"Ainu"。这似乎可以证明我一直认为"倭奴"是对阿伊努人的早期称呼。20世纪初期，英国人类学家E. Balze在日本进行民族学调查的时候，调查到北海道有较为集中的人群，与本州岛为主干的一些日本人群很不一样，这就是我们在《山海经》上记载的毛人、虾人吧。他们汗毛很长，正式学名应该叫"阿伊努人"（Ainu）。阿伊努人是日本最早的原住民（Proto-Japanese），现在大约还有两万多人吧，在北海道居住。他们已经很日本化了，但是有一些原始习俗像舞蹈什么的。1992年7月我参加日本一个关于"阿伊努"的民族调查组，在北海道的白老地方碰到一位阿伊努老太太，她说："我女儿嫁给日本人了。"真是使我吃了一惊！她认为自己不是日本人，有非常强烈的"阿伊努意识"。

我在魏晋南北朝的史书上读到来自日本列岛使臣的报告，说岛内不断有"内战"，其实，这很可能就是一个新的移民族群即"大和族"针对"阿伊努族"的部落兼并推进统一的战争，有点像美洲新大陆发现后欧洲新移民对印第安土著的战争。现在的"大和族"是后来的移民组成的。日本本土1500年前是阿伊努人的天下，大概在公元前4—前3世纪到公元5—6世纪年间，有一批一批的华夏人主要通过朝鲜半岛，也有经由东海漂流移民到日本岛了，也有太平洋上的漂流民，种种原因也迁移到日本岛上了，还有今天西伯利亚乌拉尔山以东、信仰萨满教的通古斯人，也迁移到日本了，他们汇合成了一个以华夏移民为核心的新族群，因为华夏移民当时拥有稻米生产技术，把握铁制工具，还有文字记录语言与表达思想，日本列岛主要区域的文明发展史便从"绳文时代"跃进到了"弥生时代"。"绳文时代"就是结绳记事的时代、游猎的时代。学术界似乎一直搞不清楚，为何在"绳文时代"能够突然"飞跃"到了开始使用金属工具、有稻米生产的阶段。我认为绳文时代就是阿伊努人的时代，由于新种族的逐步形成，逐步使用了金属工具、有了稻米生产，初步形成了文字，便是逐步进入到新种族形成的"新时代"了。

我在1993年由新华出版社刊出的《中国文化在日本》一书中开始主张"阿伊努"是日本的"原住民"，而且近代以来是一个民族。去年日本国会似乎承认了阿伊努人是独立民族，这件事在东亚文化史上是非常重要的。日本人终于承认他们不是单一民族国家。所谓的"大和魂"思想是建立在单一民族的基础上的，一直是他们精神的基石，也是近代以来"国粹主义""军国主义"等的灵魂。现在承认"阿伊努"为"民族"，就是承认了在"太阳神"为日本创造天皇之前，日本本土已经有"人"了，这在事实上就瓦解了"神国日本"的神话。

东亚文明的整体性

《中华读书报》：严先生，您如何评价日本文明在东亚的位置，您在研究中是否发现了东亚文化的某些整体性？若有，是如何显现的？

严绍璗：我一直认为古代存在一个"东亚文明共同体"，这是世界上罕见的文明共同体，因为其他古老的文化与文明共同体都已消亡，而唯有这个文明共同体一直存在。古埃及文明、美索不达米亚文明，还有古印度文明都变异为另一类文明了，只有华夏文明不仅没有消亡，并且发展为涵盖朝鲜半岛、日本列岛和中南半岛的越南的"东亚文明共同体"，这个共同体是以内在的一系列互相确认的基本因素连结在一起的。其中最重要的可以说，第一，他们都是以汉字为文化思想连结的基点。三个国家后来虽然都有了自己独立的文字，但是都是以"汉字意识"构建起来的。朝鲜的谚文、日本的假名、越南的喃字，都是依靠汉字意识系统创建的。第二，他们都信仰佛教，但是这个佛教不是由印度直接传入的，而是经过了华夏文化的通道，他们获得的佛教经典，几乎都是汉文译文的，"汉传佛教"成为这一地区佛教信仰的纽带。他们都有本土的宗教，但是都是与"汉传佛教"糅合在一起的。日本文化史上所谓"神佛合习"指的就是这样的宗教信仰形态。第三，在更广泛的意识形态层面上，他们都受到中国诸子百家思想观念的影响。以儒学为中心的中华诸子百家文化，在一千余年里构成他们意识形态的材料。再退一步说，他们从"游猎生产"走向"农耕生产"，是以稻米生产为主体的。考古材料证明，东亚与南亚的稻米生产是以发源于云贵高原的华夏人为主体的稻米生产为基础的，当然也有学者认为可能是以浙江河姆渡文明为起源点的，可备一说。它以不同的通道流入到朝鲜半岛、日本列岛、越南北部。东亚广袤地区的文字系统、宗教信仰、观念意识、生产方式等相互关联，连结在一起，构成了古代"东亚文明共同体"。现在各自走向近代化道路，都是在这个共同体的基础上生长出来的。

未来东亚的发展，应该说跟这个共同体也还是密切相关的。现在这一区域的国家各自强大，各自有国家的独立意识，这是民族发展的进步，但是，他们内部的历史构成仍然是互相连结在一起的。一个理性的研究者，既要明白自己民族的精神，也要明白自己民族的历史渊源、自己民族文明的内部结构以及它和周边文明的关系。现在的日本、韩国、越南，从近代以来一直有一种暗流，就是要摆脱汉字文化圈，我个人以为，这都是不太可能的。因为这些国家的历史深深地融合在汉字文化中，如果要是和汉字文明脱离关系，就是和自己的历史告别。日本从20世纪90年代以来，出现了"海洋文明论"的一些论说。日本文化内有海洋文明的因素这是毫无疑问的，但是它们并不构成日本文明的本体。"海洋文明论"是当代日本国家主义和极端民族主义意识在文明史研究中很典型的表现形态，有些日本知识分子热衷于做这种宣传，其中很极端的人竟然鼓吹说"日本2000年文明的发展，是不断抵抗'中国化'的过程"，以这样荒谬的文化谣言影响民众的心理。有的人以这样的蛊惑骗取选票，从教授变成了官僚政客，对21世纪东亚的和谐发展、共存双赢具有不小的破坏性。

记得20世纪90年代我在日本宫城学院女子大学讲授"日本神话论"的课程，好几位学生对我说，"我们原来以为中日两国地理上很近，心灵上却是很远的国家。听您这么阐述，原来我们在心灵上也是互相连结的呀"。有一次我在日本新潟大学讲演，有几位先生跟我说，"先生这样地解析日本文化，我们日本人是很难有这样的发想的，因为你是中国文化出身，有些中国文化在日本文化中的变异体，你一眼就能看出来"。这可能就是我们中国人文学者所能起的价值作用吧。

多元文化语境中的事实本相

《中华读书报》：严先生开创了"文学发生学"这一新的学术范畴，提出了"多元文化语境"中的文学"变异体"等等开创性的理念，在这一学术范畴内，您对中国、日本的文学文本进行了跨文化解析，作出了很有价值的阐述。请您谈谈这种范畴对文化研究的意义。

严绍璗：我们的文化研究、文学研究习惯上都是从整体性文本开始讨论的。我30年间逐步建立的研究观念是把一个整体文本在多元文化语境中还原它发生的，亦即内部多元素构成的事实本相。其实，只有在把握与理解内在构成的多元文化元素本相之后，我们才能体验内在情节组成的文化价值的真正意义，然后再还原到整体中去，我们就能把握它在整体中的价值意义。这次得奖仪式上我做了一个关于日本"记纪神话"的演讲，讲题叫《Izanaki与Izanami：二神结婚的文化学意义——关于我对〈古事记〉的解读》。日本"记纪神话"是世界上独一无二的具有体系性的神话，也是Yamato民族自古至今精神意识的主体性本源。正是因为具有体系性，所以我相信这个神话并不是原生性神话。因为原生性神话是分散的。它一定是经过整理的，整理人我们不知道，在712年它被记录到一本叫《古事记》的书中，这是日本最早被保存下来的文献。我讲的是在日本家喻户晓的"日本被创造"的神话开始的一段，即"神代记"的开首部分。

神话故事并不复杂，内含的文化元素却很丰富：神话起首展示的"高天原"是宇宙唯一的存在，"高天原"上的天神是宇宙间唯一的生命体，他们决定把Izanaki与Izanami二神下放，下降到何处是不知道的。在下降的过程中，天上如雨水滴落一般，汇聚成他们站脚的一个点，这不是大地。他们在这里竖了一根柱。天神原本是"无性神"，此时变成男神和女神，互称兄妹，显示了神话这一起首属于"血族群婚时代"。二神的结婚仪式则是围绕着此柱旋转，女神在右边，男神在左边，女神先唱情歌："真是个美男子！"男神接此便呼应："真是个美女子！"这就是婚礼了，以后他们却生出了一个类似蚂蟥的怪胎（水蛭子）。他们很沮丧，就返回"高天原"，请教众天神。天神们回答说女神先唱不好，要男神先唱。回来之后还是女神在右边，男神在左边，男神先唱，女神就应和，然后旋转。结果连续生了八个岛，称为"大八岛"。这与希腊神话、埃及神话和中国多民族神话都不一样，大地上的这些岛屿，它们不是自然本体，而是天神生养的具有生命的"活体"，是天神的后裔。"大八岛"就是日本的本土，至今仍是日本的雅称。

这个神话展示了一种高度纯粹的"神界宇宙观"，构成宇宙的天地就是"高天原"和"大八岛"，"神"的活动是天地之间唯一的通道。神话的推进还展现出"黄泉界"，但那里也是神的世界。整部"记纪神话"展现的全部是神的活动，日本神话中不存在人与人间的踪影。由此而铸造成日本民族的美意识的根本，这就是对神的存在、神的意志与神的生命的崇拜，进而深化为他们世世代代普遍的心灵意识。"记纪神话"一开始就以这样的创世形态强烈地表现出这一族群深刻的以"神"为本体对宇宙世界的认知，构成他们精神的哲学本体。

那么，二神结婚的道具为什么要立根柱呢？很多神话学家说那是"人梯"，是"宇宙的中轴"等。实际上这个应该从生命进化史的进程考查，神话都是现实生存的反映，人类的任何想象，一定是以生存为基础的。大概在公元前5世纪左右，希腊人最早意识到，人类世界中如果没有男性，女性是不能怀孕的。希腊哲学家Anaxagoras创立了"种子说"，认为万物起源的根源在于男性的"种子"，女性不过是提供了"种子生养"的"场所"。人类的文明发展有着共同的道路，虽然分布在世界各地，当时没有任何联系，但都先后从"女性崇拜"转向了"男性崇拜"。民俗学和人类学的调查，给我们提供了从公元前4世纪至5世纪大量遗存的遗迹、遗物，都以男性崇拜的形态，以男性生殖器为标志。例如古印度教三大教派之一的"湿婆教性力派"所崇拜的主神"Shiva"，其形象的象征被称之为"Linga"，即是男性的生殖器。中国汉字中"祖先"的"祖"的本字是"且"字，从象形的视觉考察，则与考古发掘的"陶祖"，同为男性生殖器的符号。这样一种在世界范围内的对生命起源的革命性的认识，同样以象征与符号的形式，隐藏在日本的创世神话中，在神话中以"柱"这样一种物化符号，显示"生命之源"的力量，从而构筑起属于神话的叙事模式。

那么，为什么要女神在右？这是中国阴阳八卦的方位观念，八卦里把东边称为左边，西边称为右边，太阳从东方升起，晚上从西边落下，又在地下运转。从右向左走是在地下的，从左向右是在天空走。今天日本京都的行政区划仍然保持了这个方位观念。京都的东边叫"左京区",西边叫"右京区"。"男左女右的方位观念"含有"重男轻女"的伦理,中国自从六朝以来,各种文体里记载的男女新婚之夜入洞房以后,两人坐在床沿上,必须男左女右才能揭起盖头。至于女神先唱,生下的是怪胎,这是儒学伦理。儒学自创生以来就看不起女性,这是时代的产物。因为此时男性已经成为农业生产的主体,是经济发展到一定程度的必然结果。儒家的《关尹子》一书中明确提出了"男唱女和"。这一则神话以这样的意象,表明人类情感发动的时候必须是以男性为主导的,如果女人先发动,就生出了怪胎。这里面就渗透了当时华夏发展起来儒学思想。这个小小的神话里包含了很多文化的因素。

《中华读书报》:这种跨文化的解读,对人文学的其他学科而言是否有借鉴意义?

严绍璗:第一,这个解读展现了日本神话的本体思想,他们的哲学信仰是"神";第二,他们的思维和世界文明同步,第三,他们把华夏的思想变成他们的材料,组织情节进入到他们的神话里。这可能是无意识的,但是展现了他们吸收外来文化的能力。这三个层面正是我们跨文化研究的发生学立场的基本点。必须从多元文化的层面看待一个文化现象、看待一个文学作品。一个作家、作品,受到的外来影响是无穷的,要逐步解析出来。每一个时代的文化人都在类似的文化语境下生活,为什么他们的文学表现会不同呢?我想这是主体接受能力和状态不一样。如果我们的研究能够从大文化语境进入到个体的认知,我们的研究将大大深入到文本的内部。神话的分析是抓不到作者的,但是大致能够看出此时8世纪初期日本社会知识阶层的生存状态。一直到今天,日本社会对世界的反应仍然是这样的,是以自身的精神、哲学为本源,同时也努力追求与世界文明的同步,大量吸收并变异人类智慧的成果,为己所用。变异的能力越强,民族的状态就越强大。中国近30年的发展也给了我们这种启示,人类的基本智慧是一样的,只是对外界的感应不同,人类对外界的感应,既取决于自然生态,也取决于社会生态。社会生态中政治生态起了很大的作用,它们又是相辅相成的,一旦精神生态发生很大变化后,社会生态又会发生大的变化。所以从这个意义上来说,文明和文化的研究,对推进社会的发展,可能会有一种强大的能动作用。

中日禅僧的交往与日本宋学的渊源[①]

一

中日两国学者目前一般认为，285年百济博士王仁赴日本，贡献《论语》十卷与《千字文》一卷，日本应神天皇之子稚郎子拜王仁为师而学《论语》，这是中国儒学文献传入日本的最早记录，同时，也是中国思想文化传入日本的最早记录。其后三百年间，自应神天皇时代至推古天皇时代，以儒学典籍《易》《诗》《书》《春秋》三《礼》为中心的中国思想文化，主要通过朝鲜半岛，从东亚大陆逐渐传到了日本。

607年，日本首次正式派遣小野妹子为赴中国使节。翌年，隋文帝派遣文林郎裴世清为答礼使，陪同小野妹子回国。中日两国于此开始了政治上的直接交往，也打开了两国文化交流的直接通道。从7世纪开始，中国思想文化不再经过朝鲜半岛，而是渡过东海，直接地输入日本。由遣隋使、遣唐使、留学生、学问僧等带回的中国思想文化，一时

[①] 原载《中国哲学》第三辑，1980年8月。又北京中日文化交流史研究会编：《中日文化交流史研究通讯》，北京中日文化交流史研究会，1982年。

曾经渗透到日本社会政治文化的许多领域，产生了深刻的影响。

但是，从研究日本汉学史的立场上来探讨这一时期的中日文化关系，那么，我以为尽管中国的思想文化蜂拥而入日本，尤其是儒学思想更为日本当权者所推崇，然而，中国思想文化在当时的日本，始终只是作为日本统治阶级的一种必备的文化修养而存在，在长达一千余年的时间里，中国的思想文化并没有被作为一门独立的学科进行过研究。

这一情况由于中国宋学的传入而有所变化。从中国传入的宋学，并不是全部理学，主要是洛学、闽学和陆王学说，而以程朱学说为主。这些在中国两宋时代张扬唯心主义的思想流派刺激了日本的政界、学界和宗教界，在日本逐渐地作为一种独立的思想研究形态而出现，这是中国思想文化在日本作为独立学术研究对象的开始，从此而形成了日本的中国汉学家。可以说，日本真正的汉学（我们把明治之前日本对中国思想文化的研究，称为"汉学"；把明治之后日本对中国思想文化的研究，称为"近代中国学"）形成于对中国宋学的研究，最早出现的中国汉学家就是中国宋学的研究家。

不过，我在这里说的"把宋学作为独立的研究对象"，与日本近代中国学对宋学的研究有很大的不同。这种区别主要在于，近代日本中国学家是把宋学作为一门哲学理论来加以探讨和研究的，而早期日本汉学家对宋学的研究是与他本身作为一个宋学家传播这种思想学说结合在一起的，而且，他们还几乎都是宗教家。尽管存在着这种区别，中国思想文化在日本由于宋学的传入而开始成为一门独立的学术，这是研究中日两国哲学史、两国文化关系史和日本汉学史的人都不能不注意到的一个重要事实。

二

中国的宋学何时传入日本，中日学者至今并无定说。据日本文献记载，日本学者清源赖业（1121—1189）为高仓天皇侍读，曾从《礼记》中辑出《大学》《中庸》进讲，其后在他传授给门生的书籍中，还曾有清源自注的《中庸》一书。(《康富记》"享德三年二月")高仓天皇1168年即位,卒于1179年。如果这一记载可信,那么在12世纪中期,与朱熹同时代,推崇《大学》《中庸》的学风,已开始在日本高层流行。15世纪《康富记》的作者认为,清源赖业的讲学,在"朱熹新注未渡来时节也,自然相叶道理,奇特之至也"。明治时代日本宋学研究家西村天囚认为,清源赖业的讲学,并非与程朱暗合,"其实,程朱之说,实已传入日本"[①]。这些说法虽然提供了研究者思考的线索,但是,仅仅进讲《大学》《中庸》似乎还不足以证实中国宋学的传入,因为唐朝的韩愈、李翱为了发挥他们的道统学说,就已经开始把《大学》《中庸》提高到了与六经等同的地位。中国思想界的这一信息,在当时中日之间使节、僧侣和学者的频繁往返中,是一定会传入日本的,何况有些留学生和学问僧在中国还住过十几年和几十年呢。

我觉得,中国宋学传入日本约在日本镰仓时代中期[②],南宋理宗、度宗年间,即13世纪中期,上距程颢、程颐去世约二百年,下距朱熹、陆九渊去世约五十年。中国宋学之所以在这一时期大量流入日本,是与日本武家文化的形成密切相关的。

由清和源氏的嫡系源赖朝打倒平氏而建立起来的幕府政权,武士阶级从此开始崛起。武士作为重要的社会阶级而自立,并且逐步掌握了政权,在日本历史上出现了以京都朝廷为代表的公家,和以镰仓将军为首领、武士为主体的私家的对立,形成了政治权力的二元性。反映在思想文化上,新兴的武家文化力图要压倒传统的公家文化,它拼命地摄取符合武家需要的各种意识形态,并把它们融化进自己的思想体系中。这一过程具体地表现为旧儒学与旧佛教的逐步崩坏,新儒学与新佛教的逐步兴盛。中国宋学作为新儒学的主要内容,在这一时期随着作为新佛教主要内容的禅宗传入了日本。

日本的佛教在镰仓时代产生了划一时期的变化。原来从7世纪传入日本的早期佛教,以研究经典和祈祷法会为主,天台宗、真言宗等具有无可争辩的权威地

---

① [日]西村天囚《日本宋学史》(明治四十二年、梁江堂)。本文引用日文著作均由作者自行译出。

② 关于镰仓时代的起始,日本史学界有四种说法。本文取多数学者赞同的1185年说,这一年日本设置守护、地头,建立了使源赖朝统治达到高潮的封建机构。镰仓时代终于1333年。

位，京畿地区集中了诸大名寺，寺院中皆皇族公家出身。我们习惯上把这一时期的佛教称为"贵族佛教"。随着镰仓时代将军武士在政治上的胜利，和旧贵族政治的逐步瓦解，贵族佛教的权威也随之动摇。动摇的原因，固然是因为旧佛教徒营私利、逞私欲、腐败堕落，达于极点，但还有两个更主要的原因。其一是原有的旧佛教已不能适应武士阶级的意识形态。早期武士的出身是多元的，但不管他们来自何处，既为武士，就得为其主子奔走效劳而从中得利，他们驰驱矢石之间，出入生死之门，刚愎彪悍。在精神世界上需要与他们这种生活状态与心理状态相一致的麻醉剂，以期获得安慰。但他们既没有文化，无法研读经典，又没有时间和精力，去祈祷法会，他们要求有一种简易明了、直接痛快地反映他们意志的宗教。禅宗不立文字，以坐禅内观为主，超绝一切官能，摆脱一切知识，既无可以依据的经典，又无必须祈祷的对象。它的本旨主张非有非无，有无俱存，有无俱空，所谓"两头俱截断，一剑倚天寒"，这就是禅宗的境界。它鼓吹在一捧一喝之下，顿开茅塞，在以心传心之中，见性成佛，由此而获得万古不变的真理。所谓"立处皆真，随处为主"，譬如盘中之珠，无论如何回转都不能颠覆，修禅者所以临时一丝不乱。对于生死之事，禅宗视之如一，所谓"生一时也，死亦一时也，亦如春而夏也，夏而秋也，秋而冬也"，"出生入死，如同游戏之场"。像这样一些主张，对于镰仓武士，真可以说大有补益，再加上禅家机锋锐利，禅林规矩严正，也为重礼节、尚意气的武士钦悦。所以，武士在摒弃贵族佛教的同时，倾向于禅宗是必然的了。其二是因为镰仓幕府北条氏在掌握了全国的政权后，急于进一步掌握全国的教权，而原有的佛教宗派始终不能脱离公家势力的羁绊，所以，幕府竭力要摆脱这些旧佛教，处心积虑谋划在镰仓建一大伽蓝而与京畿抗衡，因而亟待引进与日本公家无任何关系的中国式禅宗。正是在这样的形势下，原本在宗教社会下层僧侣中流传着的对异派的欲求，由于武士阶级在政治上的胜利和当时幕府政策上的需要，而得以强烈地表现出来，再加上中国禅宗的影响，一时之间，禅宗作为信佛教的主流而风靡日本。

其实，禅宗从中国唐代起已经陆续流入了日本。如653年（日本白雉四年，唐高宗永徽四年）遣唐学问僧道昭学禅于相州（彰德府）隆化寺之慧满（禅宗第二祖慧可法孙僧那之法嗣）（《元亨释书》卷一），736年（日本天平八年，唐玄宗开元廿四年）赴日中国僧道璿虽崇戒律，但亦曾参拜嵩山的普寂而学禅（《三国佛法传通缘起》）；入唐八家中著名的最澄和圆仁，也先后访台州禅林寺翛然和青州居士肖庆中问禅（前者见《元亨释书》，后者见《慧觉大师传》）。其后，这样的事例也还有若干。但是，在镰仓幕府之前，禅宗始终被看成是佛教的一个异派，从而只是作为其他宗派的扈从进入日本，并没有受到多大重视。到了镰仓时代，情况就大不一样。镰仓幕府的二代将军赖家为日本禅僧明庵荣西创建建仁寺，而执权北条时赖热心皈依禅法，提倡禅宗尤为得力，他于1256年（日本康元元年，南宋理宗宝祐四年）在建长寺山内，另建一寺，名曰"最明寺"，自己让权位于北条长时，而在最明寺落发，专事修禅（《吾妻镜》第十四），并且派遣使节赴中国，问禅法于径山（南宋禅林五山第一）的石溪心月（《大休录》）。石溪在回书中画一园相，并着语云"径山收得江西信"（《大休录》）。今《石溪心月禅师语录》卷下收载有一偈，题为《寄日本国相模平将军》，其云：

> 径山收得江西信藏在山中五百年。
> 转送相模贤太守不烦点破任天然。

这是中日宗教交流史上的佳话，也可见北条时赖皈依禅法的热忱了。北条时赖是镰仓幕府的中心人物，他如此热衷于禅，对镰仓武士和佛门子弟在精神上产生的信仰刺激无疑是巨大的。而当此时，中国的禅宗经五代、北宋而日趋盛大。南宋宁宗时，仿印度释迦在世时鹿苑、祇园、竹林大林和那烂陀五等精舍，于禅寺中定五山（径山、灵隐、天童、净慈、育王），并仿释迦灭后之项塔、牙塔、齿塔、发塔、爪塔、衣塔、钵塔、锡塔、瓶塔、盥塔，于五山之外在禅林中再定十刹（中竺、道场、蒋山、万寿、雪窦、江心、雪峰、双林、虎丘、国清）。五山十刹为禅院的等级，其经营管理为国家的事业。至时，禅宗在南宋已达于烂熟之期。这个时候，所谓的中国佛教，禅宗已独树一帜。

正是在这种情况下，日本的佛门子弟羡慕南宋的禅风而入宋者络绎不绝。与此同时，中国的一些禅僧为东邻日本禅学的兴起而激动，遂产生了"游行化导"之志，而镰仓幕府愈益醉心于禅，常欲从中国禅林中延师赴日、讲学皈依，加上13世纪中后期在中国大陆上严酷的民族斗争中，汉族的一些禅僧，抱"生不食元粟，死不葬元土"之志，决意东向。所有这些情况交叉综合在一起，于是，在13

世纪中期，中日两国禅僧的交往，达到了历史的高潮，出现了继唐代日本向中国派遣留学生、学问僧之后，两国文化交流的又一个新局面。

其时，日僧圆尔辨圆于1235年（日本嘉桢元年，南宋理宗端平二年）到中国，嗣径山无准师范之法，归国后在京都开东福寺（《圣一国师年谱》）；1246年（日本宽元四年，南宋理宗淳祐六年）中国禅僧兰溪道隆赴日，执权北条时赖迎至镰仓，创建兴寺，与辨圆互为呼应，弘布禅风。其后，他们二人的弟子门生，有史籍可查者，在圆尔辨圆之下，有悟空敬念、心地觉心、无关普门、山叟惠云、无外尔然、白云惠晓、无传圣禅等；在兰溪道隆之下，有约翁德俭、无隐园范、南浦绍明、藏山顺空、不退德温、宗英、直翁智侃、林叟德琼、桃溪德悟等，在此后五十年内，都相继到中国。而继兰溪道隆之后，自中国入日本的禅僧，在宋末有义翁绍仁、兀庵普宁、西涧土昙、大休正念、无学祖元、镜堂觉园、梵光一镜等；在元初有一山一宁、石梁仁恭、东里弘念、东明慧日、灵山道隐、明极楚俊、竺仙梵仙等。中日双方在这一时期往来的禅僧约有九十余人。在当时的历史条件下，这一支宗教交流的队伍，称得上是浩浩荡荡的了。

中国与日本之间禅僧如此频繁的交往，终于成为中国宋学传入日本的滥觞。

原来，禅宗与宋学（此处指传入日本的程朱陆王等派，并不指宋学全部。下同。）都是在中国大陆上昌盛于同一时期的唯心主义思想，它们的发达有其相同的社会经济、政治和思想的条件，它们的区别只是在意识形态中采取了不同的表现形式，实际上，它们之间在宇宙观、方法论，以至伦理学方面，都有许多共通之处。禅宗以见性成佛为主，宋学以穷理尽性为宗，禅宗的性相与宋学的性理极为相似；禅宗主张回复自己的本源，宋学主张探求自己的本性，坐禅内观与静坐省察，顿悟与豁然贯通几乎同出一辙，并且这两种唯心主义学说都鼓吹禁欲主义。所以，无论儒释之间如何对立，禅宗与宋学实质上是可以交互为用的。即使像朱熹这样的宋学大师，虽然曾经激烈地抨击过佛教，但是，他自己既然竭力鼓吹"存天理，灭人欲"，以达到"豁然贯通"的神秘境界，就已经构筑起了他与禅宗相联系的桥梁。所以，不但是在宋学的形成与发展中曾经吸收了禅宗的思想；而且，在禅宗的发展中也吸收了宋学的思想，不少来宋留学的日本禅僧，以及东渡布道的中国禅僧也都是宋学家，这就不足为奇了。

在13世纪中日禅僧的交往中，于宋学传入日本有关而最可注意者，应推俊苪、圆尔辨圆、兰溪道隆等人。

日人伊地智潜隐（1782—1867）在《汉学纪源》中说："僧俊苪（日本）建久十年（即1199年，南宋光宗庆元五年）浮海游于宋，明年至四明（作者案，据《泉涌寺不可弃法师传》云，"建久十年四月十八日发自博多，五月初抵江阴军"），实宁宗庆元六年，朱子卒岁之年矣。居其地十二年，其归也多购儒书回我朝，此乃顺德帝建历元年（即1211年，南京宁宗嘉定四年），刘爚刊行《四书》之年也。宋书之入本邦，盖首乎僧俊苪赍回之儒书。"流传于日本的第一部宋学著作是否就一定是"首乎僧俊苪赍回之儒书"，目前似乎还难以断言。日本自平安朝后期（11世纪以来）起，对宋贸易日益兴旺，宋商赴日也日见增多，日本僧之赴宋与中国僧之赴日，几乎都托身于商舶之往返。在中国对日出口货物中，书籍为其大宗。据《百炼抄》记载，宋商刘文仲于仁平年间（1151—1153），曾向日本左大臣赖长进献《东坡指掌图》二帖，《五代记》十帖及唐书（其他中国书）十帖，而治承年间（1177—1180）日商平清盛也由宋购进《太平御览》一部进献高仓天皇。此类事项，中日史籍不乏记载，所以，中国的宋学著作在日本商贾行旅之中，难免作为新书新说，有利可图而输入日本，当然，至今也无确证。至于作为一种思想学术的研究而把宋学著作带入日本，那么，伊地智潜隐认为僧俊苪为其先驱，虽然有些学者以为缺少最有力的证据，而我觉得基本上还是可信的。

俊苪作为一位僧人，并不是纯禅宗，他初学显密诸宗，次习戒律。1199年携其弟子安秀、长贺二僧来宋，在明州（今宁波）景福寺就如庵学律部三年。当时的南来，禅风已经大盛，他感于这种新的形势，又登明州雪窦（前述禅宗十刹第五，资圣禅寺）及临安府径山（前述禅宗五山第一，兴圣万寿禅寺）学禅，而尤可注意的是据《泉涌寺不可弃法师传》记载，俊苪常涉外典之学，与当时南宋钱相公、史丞相、楼参政、杨中郎等一般博学俊颖之儒上相往来，是一位集儒释于一身的人物。俊苪于1211年归国，携带佛教典籍一千零八卷，世俗典籍九一九卷，碑帖九十六卷。在这一批运回的世俗典籍中，儒道书籍二五六卷，杂书四六三卷。（《泉涌寺不可弃法师传》）如果以此与平安朝时期入唐八家的《请来目录》比较，那么，无论是儒书还是杂书，俊苪携带回国的均比入唐八家要多得多。这种情况正是反映了这一时代哲学宗教界的新形势。

遗憾的是，我们至今找不到关于俊芿带回日本的二五六卷儒道书籍的细目，但是，作为一位赴宋学问僧，既有兴趣于禅宗，又热心于宋学，在当时南宋二程的著作已经流传，朱熹的著作也已刊行的条件下，俊芿带回的儒道书籍中有着一定数量的宋学著作，这是可以想见的。这一推断，并不是主观臆测，从当时日本学术界的动态看，尚有若干蛛丝马迹可以作为佐证的。在俊芿回国之后三十年，日本出现了第一部复刻宋版朱熹的《论语集注》，署名"陋巷子"。这是日本开印中国宋学著作之始，也是宋学传入日本的最显著的标志。从俊芿回国至"陋巷子版"《论语集注》的刻刊，目前中日史籍上并无日本再输入儒书的记录，此翻刻一事，当与俊芿引进大批儒书有关。此后，镰仓后期五山禅林的著名学者虎关师炼（1278—1346）是一位宋学研究家，有机会在三圣寺、东福寺、南禅寺中阅读俊芿从中国带回的儒书，他受这些书的影响而研究宋学，并与元僧一山一宁质宋学之疑义。此事见于他的《济北集》，该书并曰："（东福寺）海藏院经籍所藏谓之文库，秘借天下儒释二书皆藏焉。"可以看出，俊芿带回的儒书中确有宋学著作，并且影响到日本五山禅林一代的宋学研究。当然，因为没有细目可考，我们在这里把俊芿作为宋学传入日本的先驱，最终还只能是一些推断。

第一个有目可查引入朱学著作的是日僧圆尔辨圆（1202—1280）。他在俊芿入寂后八年，即1235年到中国留学，于1241年回国。他在去世的那年写定他本人从宋带回的《三教典籍目录》，其中记载：

《吕氏诗纪》五册（作者案：此即《吕氏家塾读诗记》，《四库全书总目》记其书共三十二卷。）

胡文定《春秋解》四册

无垢先生《中庸说》二册（作者案：宋太师崇国公张九成，自号无垢居士。）

朱晦庵《大学》一册

朱晦庵《大学或问》三册

朱晦庵《中庸或问》七册

《论语精义》三册

《孟子精义》三册（作者案，《四库全书总目》云："《论孟精义》三十四卷，宋朱子撰……凡《论语》二十卷，《孟子》十四卷。"）

《论语直解》三册

朱晦庵《集注孟子》三册

《五先生语录》二册（即周敦颐、程明道、程伊川、张横渠、朱晦庵语录）

....

圆尔辨圆是日本佛教史上著名的禅僧，谥号"圣一国师"。他早年在久能山从尧辨出家，十九岁赴京都听孔老之教。因慕南宋禅风，于1235年入宋，时年三十四岁。他在南宋曾受教于径山的佛鉴禅师（即无准师范），禅师授予他《大明录》，并云："宗门大事均备于此书。"《大明录》为宋僧奎堂所作，举程明道等说和于禅宗，是一部援儒入佛的著作。其后，圆尔辨圆又从北礀居简、痴绝道冲二禅师受教，这两人是南宋禅林中第一流的宋学家，致力于宋学与禅教的结合。此僧在华六年，在禅风宋学的熏陶之下，无疑也兼儒释于一身。他在1241年回国后，在筑前、博多草创崇福、承天二寺，其后，因为获得藤原道家的崇信而立东福寺，为日本临济宗东福寺派的开山。

圆尔辨圆不仅为日本传入了风靡一时的宋学著作，并且于1257年为当时的幕府执权北条时赖于最明殿寺讲授《大明录》，这可能是日本禅林讲授宋学的最早经筵。1268年掘河国大相国源基贞曾请教他关于儒、道、佛三教大意，他为回答此问而特撰《三教要略》一书，1275年又谒龟山法皇，说三教旨趣，最后编定《三教典籍目录》。从这些活动事迹来看，圆尔辨圆作为禅林僧侣，一直致力调和佛道三教学说，他既是一位佛门僧侣，又是一位宋学研究家，他的毕生努力，对把中国宋学传入日本，无疑是起了极为重要的作用的。（事见《圣一国师年谱》）

在13世纪中期，当赴宋日僧致力于摄取宋学的同时，日本称为"归化僧"的中国赴日禅僧也正努力于把宋学介绍给日本。由于他们原本是中国禅林的学者，儒学素养一般比较雄厚，因此，他们于宋学的传播上，着重于义理的阐发，这要比主要是引进著作的日僧又深入了一步，而其中与日本宋学渊源关系最深者，当推兰溪道隆了。

兰溪道隆俗姓冉氏，祖籍四川涪江，曾经师事北礀居简、痴绝道冲和无准师范三位禅师，与日僧圆尔辨圆为同门师兄弟。道隆与日本入宋僧明观智镜交往甚厚，早有东渡之志。《本高僧传》曰："（日本）宽元四年（1246），（道隆）

居明州天童山，适闻日本商舶泊于来远亭，往浮桥头观之，忽有神人告之曰："师之缘，在东方。"遂来日。"（《本朝高僧传》卷十九《道隆传》）这虽然是后来禅林附会之说，但1246年兰溪道隆携其弟子义翁绍仁、龙江等人赴日，确为中国禅僧游化日本的开始。兰溪道隆抵日后两年，1248年（日本宝治二年，南宋理宗淳祐八年）执权北条时赖迎至镰仓粟船之常乐寺，并于翌年建立僧堂，开创了日本佛教史上镰仓的禅宗道场。道隆在常乐寺开堂上堂时曾说"种件依唐式行持"（《大觉禅师语录》），所以，这一道场几乎完全依据中国禅林的清规。1253年（日本建长五年，南宋理宗宝祐元年），北条时赖于巨福昌地狱谷建成巨福山建长寺，以兰溪道隆为开山祖。时赖并劝募一千余人，铸造巨钟，道隆为之作铭，署其名曰："建长禅寺住持宋沙门道隆。"（《镰仓五山记》）日本禅寺之名由此而始；同时，也终于成就了镰仓武士欲建一大伽蓝以压倒公家的素志。兰溪道隆的活动不仅在中日佛教交流史上具有重要的意义，而且他利用禅宗道场，阐发宋学，是日本宋学史上一位重要的人物。

从现存《大觉禅师语录》三卷来看，兰溪道隆的讲学处处皆儒僧口吻，貌类禅林而神似宋学，于阐发《四书》尤为谙熟。《语录》记载，北条时赖常就教于兰溪道隆，一日问教化之道。道隆答曰："天下大事非刚大之气，不足以当之。要明佛祖一大事因缘，须是刚大之气，始可承当。今尊官兴教化、安社稷、息干戈、清海宇，莫不以此刚大之气，定千载之升平。世间之法能明，则出世间之法，无二无异矣。"（《大觉禅师语录·常乐寺录》）这一观点完全是从宋儒推崇孟子的浩然之气演绎来的，只不过是蒙上了一点宗教的色彩而已。道隆在建长寺禅堂上曾发过一段议论，其曰："盖载发育，无出于天地，所以圣人以天地为本，故曰圣希天；行三纲五常，辅国弘化，贤者以圣德为心，故曰贤希圣；正心诚意，去佞绝奸，英士踏贤人之踪，故曰士希贤。乾坤之内，兴教化、济黎民，实在于人耳。"（《大觉禅师语录·建长寺录》）这完全出于周敦颐的《通书·志学章》，并杂糅了《大学》《中庸》之说。《语录》中引诸如"政者正也""正身诚意"等《论语》《中庸》的语句更是随手可拾。从这里可以清楚地看出，兰溪道隆不仅谙熟宋学的精髓《四书》，而且是根据宋儒的哲理加以理解和阐发的，在某种意义上可以说，他的禅林道场，就是传播中国宋学的基地。从兰溪道隆起，宋学在日本的传播进入了一个由形式到探究内容的阶段。

自道隆之后，大凡来日的宋末禅僧，都是以儒僧面目出现的。1260年（日本文应元年，南宋理宗景定元年）赴日的西蜀禅僧兀庵普宁，今存有《兀庵语录》讲授心性之学尤为得力1269年（日本文应六年，南宋理宗咸淳五年）赴日的温州禅僧大休正念，今存有《大休录》，言"事君尽忠，事亲尽孝，莅政以公，将兵以信，抚民而接物，一视而同仁。森罗及万家，一法之所印"。其后赴日的元初禅僧如无学祖元（谥号"佛光禅师"）、一山一宁（谥号"一山国师"）都是禅僧而兼理学，对于镰仓时代的武家文化，均有极大的影响。

从1211年俊芿携带二五六卷儒道书籍由中国返日，至兰溪道隆、兀庵普宁等宋僧赴日布道讲学，其间经历了将近半个世纪，大约在13世纪的中后期，中国宋学已经传入日本，在镰仓幕府的支持下，逐步为日本所吸收，而构成了日本思想文化的新内容。

三

15世纪初期，一位曾经很活跃的日本僧人仲方圆伊在《送义山上人序》中说：

> 国朝二百年以来，斯道稍衰，名教殆坏，朝廷不以科取人，士亦不守世业，仅存官员，不问其人才否，于是大废学问之道，大率谈道学，言文字，以吾德之绪余为缙绅者之专门也"（《懒室漫稿》卷六）

这一段文字写在中国的宋学传入日本一个多世纪之后，意在褒贬国运朝政，事与宋学有关。从中可以看出，在公家势力的衰退中，以明经训诂为主的日本旧儒学，已经为以道学为主的新儒学所替代，宋学正在发展为日本儒学的主流。

日本学者一般认为，宋学作为一门独立的学术，是在16世纪后期由藤原惺窝（1561—1619）开始的。日本近代中国学中东京学派的奠基人之一井上哲次郎，在他的《日本朱子学派之哲学》一书中，把藤原惺窝列为第一篇第一章，开首曰："元弘建武以来之积年兵乱，渐归镇静，海内始讴太平，文学率先复兴，藤原惺窝为出世之大儒，是谓京学之祖。"（日本富山房版，明治三十八年（1905））这一说法为以后的日本哲学史研究家所继承。永田广志在《日本哲学史》中说："否定了佛教的优越性，终于还俗专讲儒学的藤原惺窝作为独立的思想流派被看作是日本儒学的创始人，是有充分理由的。儒者这一帮既非僧侣又非神官的特殊思想家，实际上就是在他的门下培养出来的。"永田广志在这里是对井上哲次郎的提法作出了解释，加强了这一观点的地位。他在这里说的"儒学的创始人"，显然指的是"独立"的程朱理学。

这一说法虽然似乎已成定论，但我觉得仍然是可以推敲的。

第一，把藤原惺窝作为"独立"的程朱理学的开创人，主要理由是认为他终于脱离了佛教，还俗专讲儒学。不错，宋学传入日本是与禅宗结合在一起的，藤原惺窝早年也是一位禅僧，他在中年因与佛门冲突而还俗，专讲宋学，这一情况当然是宋学发展中一个值得研究的问题，但是，把它作为"独立"的宋学形成的标志，或者说由此而是"日本儒学的创始"，则是不妥当的。因为在我看来，日本的宋学并没有因为藤原惺窝由佛门还俗而获得真正独立的表面形式。我这里使用了"表面形式"一词，是专指宋学传入日本之后的发展形式，而不是谈它的内容。事实上，中国宋学传入日本之后，它作为日本官方接受的一种意识形态，是没有真正独立的"表面形式"的。一般研究家都重视藤原惺窝的儒佛分家，但是，却常常有意无意地忽视了正是由藤原惺窝开始了中国宋学与日本固有的宗教——神道的逐步结合。"儒学神道"这一概念，就是指中国宋学在日本流传过程中由儒佛分家之后所采取的一种新的表面形式。藤原惺窝的宗教世界观是出于佛而入于神。他的最大的门生林罗山（1583—1657）在日本宋学史上具有显著的地位，但是，林罗山的《本朝神社考》《神道传授》等著作，是专以儒家为神道奠定基础的著作。他主张日本是神国，鼓吹"我朝神国也"。（《林罗山文集·随笔》）所谓"神道乃王道""神道即理""心外无别神，无别理。心清明，神之光也；行迹正，神之姿也"等均出于他的《神道传授》。林罗山之后，儒学在日本的发展，无论是朱子学派、阳明学派、古学派，还是独立学派、水户学派等，都有不少人主张"神儒一致论"，这与早期宋学传入之初，不少人主张"儒佛一致论"，有很多相像之处。他们中间也有一些争论，基本上可以分为两派：一派是以儒教为主、神道随从的"儒主神从派"，另一派是以神道为主、儒教随从的"神主儒从派"。属于前一派的,如林罗山、贝原益轩(均属朱子学派)、三轮执斋(阳明学派)等;属于后一派的,如雨森芳洲(朱子学派)、熊泽藩山(阳明学派)、山鹿素行(古学派)、帆足万里(独立学派)、德川斋昭(水户学派)等。正因为宋学在日本的发展所采取的表面形式与中国本土不尽相同,所以,并不能把藤原惺窝的儒佛分离,作为宋学独立的标志。

第二,把藤原惺窝作为"独立"的程朱理学的开创人的另一个主要理由是认为"16世纪德川幕府为了维持作为幕藩体制特征的严密的士农工商身份制,和武士团内部的阶层结构,儒教特别是朱子学派最为合适",([日]永田广志:《日本哲学思想史》,版本图书馆编译室译,商务印书馆,1978年。)因而,儒学成为独立的部门而发展。

这一说法也不完全确切。从现有的材料看,大约在中国宋学传入日本之后一个世纪左右,宋学逐步成为日本统治阶级的统治思想。这在武家方面自不待言,就是在公家方面,京都朝廷也逐渐在崩坏的旧儒学的思想废墟上,接受了新儒学的主要内容。事实上,宋学的性理之辨、名分之说等作为公家的精神武器,也日渐合适。大约到14世纪中期,在把宋学作为统治思想这一点上,公家与私家达到了合流。当时,后醍醐天皇的宫廷里,已开设宋学的讲筵;日本史上所谓的"建武中兴",是采用了宋学作为指导的意识形态的。这些在《花园天皇宸记》中说得很明白,所谓"近日禁里频传道德儒教事","朝臣都以儒教立身,而政道之中兴又因兹。"这里说的"儒教",不是指其他意义的东西,而是"其意涉佛教,其词似禅家,近日禁里之风,即宋朝之义"。参与"建武中兴"发难的谋臣如源亲房、日野资朝、日野俊基等,都是"只依《周易》《论语》《孟子》《大学》《中庸》立义者",他们"以理学为先,不拘礼义之间,颇有隐士放游之风"(《花园天皇宸记》)。从这些记载中可以清楚地看出,在14世纪,即德川幕府之前两个世纪,日本统治阶级已经把宋学作为一种理想的统治思想了。德川幕府时代由于统治的需要,宋学在那时获得了一个新的发展,这是事实,但显然不是只有到了德川幕府时代,宋学才成为日本的统治思想。当然,我们这里说的宋学已经作为日本的统治思想,就它的内容而言,与中国本土也不尽相同,这正如马克思所说的,"被曲解了的形式正好是普遍的形式,并且在社会的一定发展阶段上是适合于普遍应用的形式"。①不过，这是另外一个问题了。

所以，在我看来，把宋学作为一种独立的思想进行研究的时间划在16世纪德川幕府时代是不妥当的。思想发展的阶段并不一定与政治历史发展的阶段相一致。宋学作为独立的思想进行研究，当形成于14—15世纪；它不应该只是由某一个人来完成的，而是以这一时代日益发展起来的宋学讲学、宋学日本化的发展（即和点和训的出现）、研究著作的刊行等为标志，并且由像玄惠法印、义堂周信、歧阳方秀、一条兼良、桂庵玄树等若干代表者共同体现出来的。

自14世纪中期，日本宋学进入了研究的时期，其主要特征之一，便是出现了按中国传来的新注讲授以《四书》为主的讲席。

在日本宋学史上，第一个正式开设讲席的当推玄惠法印（？—1350）。一条兼良在《尺素往来》中说："近代独清轩玄惠法印，宋朝濂洛之义为正，开讲席于朝廷以来，程朱二公之新释，可为肝心侯也。"（"肝心"，日语意即"重要"）这里的"独清轩"，即玄惠法印的号。他虽是一位僧人，但关于他的事迹，除了《天台霞标》外，各种僧传都不见记载，却散见在《花园天皇宸记》《大日本史》《尺素往来》等著作中，这本身就是值得玩味的一件事。史称他以文学素养称世，清熟司马光《资治通鉴》，尊信程朱之学，因而奉召为后醍醐帝侍读，在京都宫廷据朱注而讲经书，《大日本史》说"玄惠始唱程朱之说"。（《大日本史》卷二百七十）日本京畿地区系统地讲授宋学，实起源于此。他的讲学，影响所及，达于朝野。《花园天皇宸记》中曾记录了自天皇至朝臣与玄惠切磋宋学要义的情况：

> 元应元年（1319）七月廿二日甲辰，今夜资朝、公时等，于御堂殿上局谈《论语》，僧等济济交之，朕窃立闻之，玄惠僧都义，诚达道屿，其余人皆谈义势，悉叶道理。

> 元亨二年（1322）七月廿五日癸亥，谈《尚书》，人数同先前，其义不能具记。

这说的日野资朝、菅原公时都是玄惠的学生，于宋学造诣甚厚。后醍醐天皇说他自己研究道学七八年，"与诸人谈，未称旨"，而与玄惠的门生日野资朝相

---

① ［德］马克思：《马克思恩格斯全集》（第三十卷），人民出版社，1974年，第608页。

谈，"颇得道之大体者也"，有"始逢知己"之感，因而"终夜必谈之，至晓钟不息倦"（《花园天皇宸记》"元应元年国七月四日丙戌"）。从这里也可见玄惠法印于宋学的功力。此种形势发展的结果，终于使朝廷擢用儒臣，而以宋学为"建武中兴"的思想根基。

当时，日本皇子龙泉令淬曾有书信致玄惠法印，其中云："伏念叟傍为京学之保障，而士大夫之有文者，莫不从而受教也。而身老矣，虽欲解形村墅，又为王公将相之所要诱而不得自便也。"（《松山集·贻独醒老书》）从这一段描述中可以清楚地看到，此时的宋学讲席，早已超越了佛门禅林，"士大夫之有文者，莫不从而受教，而玄惠一生讲学，弟子门生遍布，至老而不息，已成为京畿地区学术之泰斗，他的讲席，退汉唐注疏，倡程朱之说，开日本宋学研究一代之风。"

自此之后，整个14世纪，无论禅林或世俗讲读宋学者，均不乏其人，如菅原公时、梦岩祖应、义堂周信等，他们分别以程朱新义讲授《大学》《中庸》《论语》《孟子》《尚书》等，"与汉以来及唐儒教章句之学迥然别矣"（《空华日工集》）。其中，由于《四书》和训和点的出现，从而使日本的宋学讲席更达于一个兴盛时期。

原来，中国的典籍传入日本之后，在很长的时间里，日本学者完全是依照中国人的读音方法来阅读的，其间虽有吴音与唐音的变换，但都是汉文的直读。因此，只有具备了相当深厚的中国语言文字修养的学者，才能从事中国文化的研究。这对在比较广泛的范围内传播汉文化是一个障碍，宋学传入后遇到的情况也是如此。

但是，随着对汉文化研究的发展，出现了"汉籍和训"，成为在把原著日译之前克服汉字读音困难的变通办法。所谓"汉籍和训"，就是在汉文原著上，按照每一汉字的训诂意义，标注上日本假名，从而使不懂汉文或汉文程度不高的人，也能理解原著内容。实际上就是变"汉文直读"为"汉义译读"。"汉籍和训"的出现是日本汉文化普及史上的一件大事。从目前史料来看，大约起源于平安朝时代，而真正形成于歧阳方秀的《四书》和训，完成于桂庵玄树的"桂庵标点"，其间又经历了近一个世纪。

《南浦文集》曰："我今说《集注》和训之权舆。昔者应永年间（1394—

1428），南渡归船载《四书集注》与《诗经蔡传》来，而达之洛阳，于是惠山不二歧阳和尚始讲此书，为之和训，以正本国传习之误"（安井小太郎：《日本汉文学史》（昭和十四年，富山房），转引内野台岭：《汉文训读法》）。歧阳方秀（1363—1424）号不二道人，早年于梦岩祖应处受儒释二教，1386年（日本至德三年，明太祖洪武十九年），移居当代硕学义堂周信的南禅寺，专攻程朱之学。三十岁时归东福寺，司掌藏钥，其后为该寺首座。他开讲宋学大概开始于这个时候。《家法和训》曾引歧阳方秀在讲述《论语》时，抨击日本学术界情况说："日本才足利一处学校，学徒负笈之地也，然在彼而称儒学教授之师者，至今不知有好书，徒就大唐（即中国泛称）所破弃之注释，教诲诸人。惜哉，后来若有志本书者，速求新注书可读之。"他为了在日本学术界和宗教界推广"传来新注"，研究了为四书作"和训"的办法，"以便于丛林说禅，宜于土俗世话为要而已"（《家法和点》）。歧阳方秀编制的"和训"，成为其后五山派儒学的标准。这一"和训"法由歧阳的弟子、入明僧桂庵玄树于1502年加以修正，开创了"桂庵标点"，为日本学术界所通行。它的形式如下，如"子曰学而时习之不亦说乎"句，"桂庵和训"为：

子曰学而时习之不亦说乎
しのたまはくまなんでどきにきなよらまたよろこぼばしからずや

它不是按照汉字的读音注释假名，而是根据注释者理解的意义注释假名的，这就使汉文修养不太高的日本人也能读懂宋学著作。从歧阳方秀开创"和训"，到桂庵玄树完成"桂庵标点"，使中国宋学的日本化大大发展了一步，这是日本宋学研究已经成为独立学问的标志。其后，萨南派的文之玄昌著《四书集注训点》《周易传义训点》《素书训点》和《周易大全倭点》，更通过"和训"的办法，把宋学在更广泛的范围内推广了。

这一时期，日本在宋学著作方面也表现了若干特征，这是宋学进入独立的研究阶段的另一个标志。

日本首次刻刊朱熹的《论语集注》，如前所述，在13世纪中期。其后二百年间，在日本宋学著作刻印史上是一个空白。1481年（日本文明十三年，明宪宗成化十七年）桂庵玄树在萨摩（今鹿儿岛）讲学，与萨摩国老伊地知左卫门尉重贞翻刻《大学章句》，世称"伊地知本大学"或"文明版大学"，1492年（日本延德四年，明孝宗弘治五年）桂庵玄树在鹿儿岛桂树禅院再刊《大学章句》，这就是"延德版大学"。"延德版大学"是目前日本留存的最早复刻的宋学著作，被法定为"日本国宝"。此书匡廓横四寸二分，竖五寸三分，四周单边，折目上书"大学"，下记页数，字大三分余，楷法端正，刻工精美。1501年桂庵玄树的《家法和点》上梓，1502年《和刻四书新注》刊出。其后宋学著作的刻刊日见增多，无论在日本印刷史上，还是在日本宋学史上都是很有意义的。

但是，作为宋学形成独立的研究在著作方面所表现的特征，主要并不在于宋著的复刻方面，而在于宋学研究著作的出现。

从宋学传入之后到宋学研究著作的出现，实际上经历了三个阶段。第一阶段作为宋学传播的最初形态，在著作方面主要是禅僧的语录。语录本旨在传布宗教说教，但由于禅僧兼儒佛于一身，所以，13世纪中后期的不少禅僧语录中，都夹杂着他们对于宋学的理解与阐述。因此，从宋学研究著作的角度说，这些禅僧语录是最初形态的研究著作，像《大觉禅师语录》《大休语录》《兀庵语录》《佛光语录》等，都是这方面的代表。第二阶段是向专著发展的过渡形态，主要是文集。有关朱学的研究文集开始于十四世纪前半期虎关师炼的《济北集》二十卷，其后有义堂周信的《空华日工集》五十卷、中岩园月的《中正子》十篇等。这些著作的特点是，作者虽然是禅林中人，但他们摆脱了语录的程式，而以专题论文的形式论述对一些问题的见解，汇编成集。文集的内容，往往涉及面很广。如《济北集》二十卷，前六卷为持稿，七卷以下为文稿，十一卷为诗话，最末二卷论述宋学（包括驳圭堂《大明录》、驳朱子、驳司马光等）。这种包含了宋学研究内容的文集的出现，是日本宋学研究深入的标志。第三阶段则出现了宋学研究的专门性著作，其最早约起源于15世纪中期的云章一庆（1386—1463）所著的《理气性情图》及《一性五性例儒图》等。云章一庆是歧阳方秀的学生，中年时曾讲授《元亨释书》，史称"喜诵程朱之说"。（《本朝高僧传》卷四十二）他所著的《理气性情图》及《一性五性例儒图》是现知最早的研究宋学理气之说的单行著作，可惜已经不存。现存最早的宋学研究著作是他在晚年自七十三岁至去世时止（1459—1463）讲授《百丈清规》的讲义，由他的学生桃溪瑞仙所记，名曰《百丈清规云桃抄》（现存日本永正六年（1509）抄本）。该书首论儒学传统曰："曾子传孔子与其孙子思,子思传孟子,孟子殁则性之事绝而不传,汉儒遂不知性,至宋儒始兴……宋朝于濂溪先生周茂叔云'太极'始,传至二程;由二程到朱晦庵,儒道一新矣"(《报恩章》);以后各章,分别论述心性之学(《大众章》)、儒佛不二《尊祖章》、三纲领八条目、格物致知和诚意正心(《住持章》)等。《百丈清规云桃抄》的出现,很清楚地表示了自宋学传入日本之后,至此已达于独立研究的阶段。其后,这种以宋学讲义形式出现的专门的研究著作,在学术界愈见增多。云章一庆的弟弟一条兼良(1402—1481)著《四书童子训》,是日本最早的《四书集注》的讲义,阐述他对于《四书集注》的理解(《茅窗漫录》)。清原业忠(1409—1467)又编著《易学启蒙讲义》(《百纳袄》)。到15世纪末至16世纪前半期,宋学研究著作已流行于日本学术界,仅清原宜贤(1475—1550)一人的著作,如《周易抄》《易启蒙通释抄》《曲礼抄》《大学听尘》《中庸抄》《童子训》《论语听尘》等共达十六种之多。

正是在上述宋学讲学的发展,宋学日本化的进一步完成和研究著作出现的诸条件下,于15世纪中后期逐步形成了日本的宋学学派。其中最有势力者是以歧阳方秀为代表的京师朱子学派、以桂庵玄树为代表的萨南学派、以南村梅轩为代表的海南学派和以清原业忠、一条兼良为代表的博士公卿派,它们各传弟子门生,各有主张特点。日本宋学发展至此,在学术界已蔚为大观。

从13世纪中期至15世纪末,经过许多学者的努力,日本从中国吸收了宋学,并使之日本化,成为日本的占统治地位的思想,汉文化因此而在日本成为独立的学术,这从学术思想史来说,无论在当时或现在,都是值得我们注意并研究的一件大事。

1979年6月于北京大学

徐福东渡的史实与传说①

在中日古代关系史的研究中，一直有一个无法解开的历史之谜，这便是关于徐福东渡的史实和传说，以及它们之间的关系问题。

徐福东渡的记载，最早见于司马迁的《史记》。《史记》在三处四次记载了徐福渡海的故事。从而提出了一个恍惚迷离的历史难题。

《史记》卷六《秦始皇本纪》"始皇二十八年"条载："齐人徐市（fú，即后文之徐福）上书，言海中有三神山，名曰蓬莱、方丈、瀛洲，仙人居之。请得斋戒，与童男女求之。于是遣徐市发童男女数千人，入海求仙人。"这是中国古文献记载徐福东渡故事的起始。《史记》同卷"秦始皇三十七年"条又载："方士徐市等入海求神药，数岁不得，费多，恐谴，乃诈曰：'蓬莱药可得，然常为大鲛鱼所苦，故不得至，愿请善射与俱，见则以连弩射之'……"从这一记载看，徐福入海之后，似乎又回返过一次，其后便下落不明了。秦始皇对此也并未加以追究，因为同一年始皇帝就死于沙丘了。

但是，《史记·淮南衡山列传》中却提出了新的情况。淮南王刘安与将军伍被纵论天下形势，伍被在谈到秦亡时，举出徐福入海求神异物

---

① 本文原载于《文史知识》，1982年第9期。

这件事。他说徐福以巧言欺骗秦始皇，"秦皇帝大说（悦），选振男女三千人，资之五谷种种百工而行。徐福得平原广泽，止王不来。于是百姓悲痛相思，欲为乱者十家而六"。这"平原广泽"究竟位于何方？徐福如何在那里称"王"而不归来？研究家们始终不得而知。

从《史记》的记载来看，司马迁虽然把徐福东渡的故事描述得扑朔迷离，但并没有把这件事与日本联系在一起，甚至连暗示也没有。

然而，奇怪的是，在以后中国人的观念中，却有不少人认为，现在的日本人，有一部分便是当年徐福的后裔。最使人惊奇的是，现在日本的和歌山县，竟然还保存着"徐墓"（徐福之墓），还有固定的祭祀，有些日本人也相信自己就是徐福的后裔。这么说来，莫非当年徐福率三千童男童女，真的到了日本吗？

当我们在研究这一问题时，发现《史记》在记述徐福故事的时候，留下了一个很大的空隙，这便是关于"蓬莱、方丈、瀛洲"所谓"三神山"的记录。由于当时的历史条件，司马迁没有讲清"三神山"的准确方位，也没有明指徐福渡海所到的"平原广泽"就是"三神山"。正因为如此，其后的传说便得以乘隙发展起来。

在西汉时代，除《史记》之外，似乎并没有什么人对探究"蓬莱、方丈、瀛洲"发生兴趣。西晋初年成书的《三国志·吴主传》把徐福东渡与亶洲联系起来，吴大帝黄龙二年（230），"遣将军卫温、诸葛直将甲士万人浮海求夷洲及亶洲。亶洲在海中，长老传言秦始皇帝遣方士徐福将童男童女数千人入海，求蓬莱神山及仙药，止此洲不还。世相承有数万家，其上人民，时有至会稽货布，会稽东县人海行，亦有遭风流移至亶洲者。所在绝远，卒不可得至，但得夷洲数千人还"。这里的夷洲即今天的台湾，而亶洲则似乎是蓬莱神山。东晋葛洪曾隐居翁洲（今舟山群岛），著有《枕中书》一稿，其云："蓬莱山，对东海之东北岸。"东晋孙绰在《天台赋序》中又云："涉海则有方丈、蓬莱；登陆则有四明、天台。"一直到唐代，李白在《梦游天姥吟留别》一诗中还在说"海客谈瀛洲，烟涛微茫信难求"。虽说"难求"，诗中又云"我欲因之梦吴越，一夜飞度镜湖月"。这些文献的叙述，都有一个共同的特点，那就是"蓬莱、方丈、瀛洲"三山已从《史记》所记载的山东半岛外，逐渐移至浙江外海，即东海之东了。所以，唐代的《括地志》在重复上引《三国志》中那段文字时，说："亶洲在东海中",这多加的一个"东"字,正是这种演变的痕迹。但是,《三国志》《括地志》所记的这个"传说",虽然已将徐福到达的目的地由"三神山"变成了亶洲,也还没有把徐福与日本联系起来。如果说有什么瓜葛的话,那么,也可以说,它包含有某些猜测了。

五代后周时,济州开元寺有一位和尚名曰义楚,著有《义楚六帖》一书。著者在该书《城郭·日本》一章中曰:

> 日本国亦名倭国,在东海中。秦时,徐福将五百童男,五百童女止此国,今人物一如长安……又东北千余里,有山名"富士",亦名"蓬莱",……徐福至此,谓"蓬莱",至今子孙皆曰"秦氏"。

这是中国古文献中第一次把徐福东渡与日本联系起来的记录。这段文字很值得探究。第一,它认为徐福东渡确已到达日本;第二,它认为徐福之所以把日本(即倭国)作为目的地,是因为在那里"有山名'富士',亦名'蓬莱'";第三,它认为徐福带去的童男女,子孙繁衍,名曰"秦氏";第四,它认为由于徐福后裔的繁衍,使日本风俗"一如长安"。从全文记载的口气来看,作者似有某些亲身感受,如亲赴日本、耳闻目睹的一般。

我们寻考《义楚六帖》资料的来源,可以推定该书关于日本部分的记载,大约与一位名叫宽辅的日本和尚有关。原来,927年(五代后唐天成二年),日本醍醐时代僧人宽辅,请赴中国。此人是真言宗的高僧,法号"弘顺大师"。他在济州与义楚交往甚厚。所以,《义楚六帖》这部宗教著作,特辟《城郭·日本》一部,记载日本的风土人情,其资料大多出自宽辅的口述传闻,因此,给人以亲临其境之感。《义楚六帖》在研究中日关系史上具有重要的地位,因为《五代史》中没有"日本传",唐宋之间中国关于日本的记载,主要是依据《义楚六帖》。我们据此书的记载,可以推定在10世纪左右,最初是在日本流传着徐福渡海,东达日本的传说。此传说又经过赴中国大陆的日本人的传播,被首次载入中国的文献。

如果说,徐福东渡到达日本的传说,是10世纪左右日本的产品,那么,到了宋代,中国人对这样的传说就深信不疑了。其中最有代表性的,当数宋代大文学家欧阳修的《日本刀歌》了。其中云:

> 传闻其国居大岛,
> 土壤沃饶风俗好。
> 其先徐福诈秦民,
> 采药淹留丱童老。
> 百工五种与之居,
> 至今器玩皆精巧。
> 前朝贡献屡往来,
> 士人往往工辞藻。
> 徐福行时书未焚,
> 逸书百篇今尚存。①

宋代之后,经过将近两个多世纪的流传,在明太祖洪武年间,这一传说又有了新的演进。

14世纪初期,日本高僧绝海中津赴中国,他在洪武元年(1368)为朱元璋所召见。两个人讲得兴来,一唱一和,作了两首诗。现日本《蕉坚稿》(绝海中津的遗文编)中,载有《应制赋三山》一首,其诗曰:

> 熊野峰前徐福祠,
> 满山药草雨余肥,
> 只今海上波涛稳,
> 万里好风须早归。

在此诗之后,附有《明太祖御制赐和一首》。其诗曰:

> 熊野峰高血食祠,
> 松根琥珀亦应肥,
> 昔年徐福求仙药,
> 直到如今竟不归。

---

① 《日本刀歌》载《欧阳文忠公全集》卷十五,奇怪的是《司马文公集略》中也有,不知是欧阳修作的,还是司马光作的,中国学者没有考证。此处依日本松下见林《异称日本传》中说法,定为欧阳修作品,误入司马光的集子。

这两首诗，虽然咏的是同一个主题，却有各自的风格和心情。但是，令我们最为注意的是，绝海的诗第一次透露了当时在日本的熊野山前（今和歌山县境内）日本人已经立起了徐福的祠堂，而且血食不断。至此，我们可以说，长期流传于口头和文字上的传说，已经被演绎为中日人民生活中的一种"虚构的事实"了。它明明只是一种传说，而人们却用建祠（其后还筑墓）祭祀的传统形式，确认这一传说的真实性。在当时，中国、日本和朝鲜三国的历史学家们几乎都确信这个"虚构的事实"，纷纷载入他们的著作中。

明代陈仁锡撰《皇明世法录》卷七十六"日本考"、明代刘仲达撰《刘氏鸿书》卷八"地理部"、朝鲜学者申叔舟在其《海东诸国记》、日本北畠亲房著述的《神皇正统记》等书都记录了徐福到达日本的故事。

我们现在要问，为什么徐福东渡到达日本的传说会首先在日本形成和流传？为什么一部分日本人也相信自己就是徐福一行的后裔？为什么在长达近千年的时间里，中日朝三国的文献都同样地记录着这一"虚构的事实"？为什么大家都相信这是"事实"，并且在流传中给它增添新的内容？

我们说这一切都不是偶然的。自隋唐以来，日本大量吸收中国文化，汉文书籍大量流入日本，史籍中关于徐福东渡寻找蓬莱仙山求不死药的记载也必为日本人所知。很凑巧，日本"有山名'富士'，亦名'蓬莱'，徐福至止，谓'蓬莱'"。而'富士'，在日语中读为"Fujiyama"或"Fujisan"，这与"不死草"日语读为（Fuji-no-Kusa）为一个意思。也就是说"富士"（Fuji）含有"长生不死"之义，如用汉字表示，日本常写一个"藤"。《说文解字》云："藤，虆（lěi）也。""藤"又是什么东西呢？《名医别录》谓"虆，千岁虆"。《方伎传》云："姜抚服常春藤，使白发还鬓。常春藤者，千岁虆也。"这一系列的训解如果是正确的话，那么，我们可以推断，在日本的一些山坡、山岩地带，生长一种中国称为"常春藤"的植物，此种植物可以入药，日语称为"富士"，日本人又习惯上把长生此种"富士草"（Fuji-no-kusa）的山称为"富士山"。当时，据史籍记载，日本的"富士山"很多，并非只有一座。由于中国《史记》等书记载徐福东渡，寻找大海中的"蓬莱、方丈、瀛洲"，采长生不老之药，而日本人则有"Fujiyama"生长"Fuji-no-kusa"（不死之山产长生不老之药）的称法，因此，在传说中就很自然地把徐福东渡一事，附会到了日本身上。更重要的原因则是在徐福东渡的背后，隐藏着一段真正的史实，徐福的神奇而浪漫的传说，不过是不自觉地被用来解释这一段不为人所注目的事实的。这个事实便是自秦汉以来，有大量中国居民迁居日本。

大正年间（1911—1925），日本的考古学家们在日本的西南海岸，发现了大量的铜铎、铜剑、铜锌（参见梅原末治《铜铎出土一览表》）。这些金属器物，与中国大陆及朝鲜半岛出土的均极为相似，有的则完全一致。考古学家后藤守一等认为，这是从公元前4世纪或公元前3世纪起，至公元前1世纪左右的器物。这些器物的制作者，相当多的是在这一时期从大陆迁来的"归化人"。

"归化人"是日本人类考古学中一个专用名词。它专指上古时代从东亚大陆或南洋诸岛移居日本列岛的居民，以区别于日本列岛上的原始土著居民，即区别于"原日本人"（Proto-Japanese），但是，他们本身又在日本列岛民族人种的融合中逐渐被"消化"，而成为今天日本人的祖先。

根据日本发现的上古金属器具遗物，考古学家们推断，从公元前3世纪起，日本已有"汉族归化人"。1958年，日本当代考古学家金关丈夫在日本九州岛东南的种子岛发现一批陪葬物，出土"贝扎"发（贝制片状物，陪葬或咒术用）、"腕轮"（手镯状物）数件，在"贝扎"上，有写着"汉隶"的文字，在"腕轮"上，刻有汉代爬虫纹样的图案。由此可以推言，从战国后期至汉代，一定有不少的中国人在向日本列岛移民，成为当地的"归化人"。

对于"汉族归化人"的活动，中国古文献几乎没有什么记载。可能是因为中国地广人多，少量居民的外流是微不足道的事情，但是，反映在日本的古文献中，却是相当突出。据日本第一部史书《日本书纪》的记载，在"应神天皇十四年"（约2世纪左右）"融通王弓月君率秦人来归"。"应神天皇二十年"，又有"倭汉直祖阿知使主，其子都加使主并率己之党类十七县而来归焉"。815年，日本编成《姓氏录》，其载"仁德天皇（约公元前1世纪）时，秦氏流徙各处，天皇使人搜索鸠集，得九十二部一万八千七百六十人"。《姓氏录》并叙"弓月君为秦始皇五世孙"，"阿知使主为汉灵帝三世孙"云云。

日本古文献记载的那些具体数字并不完全可靠，但对中国大陆秦汉人迁居日本这一事实，却是一致确认的。如果把文献记载与地下文物的发掘相印证，那么，秦汉时代中国人向日本不断地移民，无疑是一个事实。

"汉族归化人"在日本文献中被分为两大部分，大约在3世纪前移民往日本的，称为"秦汉归化人"；在3—7世纪之间移居日本的，一般称为"新汉人"。

"秦汉归化人"主要以养蚕织绢为主，所以，他们的姓氏被称为"ハタ"（Hata）。"ハタ"在日语中的意思是"机织人"，因为他们是"秦汉人"，所以，"秦"在日语中就被念为"ハタ"。其后，"秦氏"子孙繁衍，分出了许多子姓，诸如"羽田""羽太""波多""蟠多""八田"等，所有这些子姓，在日语中均被念为"ハタ"，至今如不写汉字，常难以分辨。此种"归化人"所从事的织绢，在日本是极受欢迎的。日本上层不断地吸收中国这样一些外流的技术人才，以发展自己的经济。《日本书纪》"应神天皇三十七年"曾记载，天皇遣阿知使主等出访吴国，寻找技术人员，"吴王与工女——兄缓、弟媛、关织、穴织四妇女"。这里的"四妇女"，当然不是"四个妇女"，而是吴工派遣了"四个工种的妇女"前往日本，她们照例是不再回返中国，而成为日本的"归化人"了。

随着日本社会经济的发展，仅有养蚕织绢业已不能满足社会日益增长的技术需要，日本从中国吸收了更多方面的技术人才。《日本书纪》"雄略天皇七年"载，中国移民中又有了"陶部高贵、画部因斯罗我、锦部定安那锦、译语卯安那"等，这些名字应是工匠之长，这一些移民，便是前述的"新汉人"。

由"秦汉归化人"和"新汉人"所组成的"中国归化人"集团，不仅在生产技术上推动着日本的发展，而且，在思想文化方面强烈影响着日本。当时日本的不少高级官员，均由中国"归化人"的后裔所担任。目前中国《宋书·倭国传》中保留着日本国现存最早的一份档案文书——《倭国王武上宋顺帝表》，用的是四六骈体，语言典雅，完全是六朝风韵。这种思想影响，一直强烈地存在着。至604年，日本圣德太子颁布"宪法十七条"，每一条都依据中国儒学经典，完全仿照中国的形态。中国思想文化在日本统治思想中占着优势地位，这是无可置疑的。在日本向中国派出"遣隋使""遣唐使"之前，这种影响，在一个相当长的时间里，主要是通过中国"归化人"实现的。

至此，已经十分明白，从公元前3世纪起，中国确曾向日本列岛移民。但是，处在那样的物质条件与文化条件之下，中日双方的历史学家和政治学家，都不可能对"归化人"进行科学的考察，无法探明其源委，"归化人"本身，也无从知晓其自己真实的祖先及历史。但是，在实际生活中，人们却又确实感到在日本居民中，具有不少的中国人血统。于是，天长日久，人们就把自己无法解开的迷惑，附会到了一个可以被附会的事件身上，终于把徐福安排到了日本，徐福东渡便首先被衍生成一篇神奇的故事，在中国、日本、朝鲜得到流传，而且认可了。

徐福东渡的史实、传说和它们的历史演变，清楚地表明了从上古时代起，中日两个民族在经济、文化，以至人种方面的联系是极为密切的。当我们通过文献与文物两个方面把握了这种联系的深刻性的时候，我们可以说，我们已经掌握了打开二千年历史学家们疑惑不解的这个"徐福东渡"的历史之谜的钥匙了。

中国传统文化在日本的命运[1]

《文史知识》编辑部按：中国和日本，作为亚洲东部隔海毗邻的两个伟大的民族，都曾创造了自己光辉的文化。作为东方形态的文化，它们之间既有着各自的民族特性，又具有十分亲密的关系。最近，我就中国传统文化与日本文化的关系，以及今后可能发展的命运等问题，访问了北京大学古文献研究所严绍璗先生。下面便是我们对谈的记录。

问：现在人们很关心中外文化的关系，但注意点大多在中西文化方面，对于东方文化，研讨的人还不多。您一直从事日本汉学的研究，今年又应邀出任日本京都大学人文科学研究所日学首任客座教授，能否谈谈您对日本传统文化的基本看法？

答：日本文化自古以来就呈现一种多元的形态。在世界各民族的义化中，它大概是属于很善于吸收和融解外来成分的文化形态之一。在亚洲文化发达史上，曾经出现过以汉字为中心的东亚和东北亚文化共同体。日本作为这一文化共同体内除中国以外最活跃的国家之一，它在一

---

[1] 本文原载于《文史知识》，1986年第3期。

个很长的时期内，习汉字，学汉文，吸取汉文化（以及汉字、汉文传递的佛教文化）作为自己民族文化发展的滋养。这种情况，在日本古代的哲学、文学、史学、艺术以及日常习俗与祭礼中，都表现得十分清晰。日本传统文化的这一特点，正表明了中国古代文化所具有的世界历史性意义。

但是，日本古代文化并没有因为大量接受汉文化的影响而使自己的文化全盘汉化，更没有因此而泯灭。相反，它却在这一消融外来文化的漫长过程中，以自己民族的生活作为土壤，形成了它自己本身以族群观念、家族制度、神道、和歌、大和绘和茶道等为核心的、具有充分表达自己民族精神的文化形态。

问：您说日本古代文化"在消融外来文化的漫长过程中，以自己民族的生活作为土壤"而形成了"具有充分表达自己民族精神的文化形态"。我觉得，您提示的这一特点所提供的历史经验，应该是非常有意义的。您能否做一些具体的阐述？

答：古代日本由于它的特殊地理位置，以及人文方面的诸多原因，当它从原始文化向古代文化发展的时候，就逐步形成了对外来文化的模拟能力。当时，作为它模拟的主要文化类型，便是以汉文化为核心的东亚大陆文化。在文化发展史上，一般地说来，"模拟"并不是一件坏事情，它与当代所谓的"抄袭"是内涵很不相同的概念。文化类型的模拟，使一个民族得以分享另一个民族已经获得的文明成果，它从总体上推进了世界文化发展的进程。日本文化在四五世纪还处于原始的阶段，而在八九世纪便跃向了一个辉煌的时代——此即"平安文化"时代，这显然是与对中国文化的模拟分不开的。

例如，作为日本民族文化精神代表之一的和歌，其歌型由"三十一音音数律"所组成，即以"五·七·五·七·七"的音数排比而成，像这样一种"五七音"错落的组合，是与中国的韵文，特别是与乐府诗体有着密切关系的。

我们知道，文化的类型也像生物的种属一样，可以分解和合成。日本古代文化的消融能力，正表现在它分解汉文化和重新合成自己的文化上。例如，和歌的形态虽然是模拟汉诗的，但它是分解了汉诗"诗型"的诸因子，吸收了其中最有音律感的成分，改造了自己传统的歌谣，填进了像"枕词"这样一种具有民族色彩的新内容。这种吸收与消融是以它本身的美意识观念为基础进行的。当8世纪末，定型和歌形成的时候，便成为表述日本民族心声的一种优美高雅的纯文学形态。日本古代文化与中国文化的交流，大概都是以这样一种形式发展着的。

问：日本古代文化在它的发展中，融进了这么多的汉文化因子，那么，可以推测，汉文化在古代日本一定是非常兴盛的。有人说，假如没有汉文化，日本就没有现在这些文化，即使有一些也不会发达的，您以为如何？

答：历史的研究不能建立在"假如"的基础上，我们只能以已经形成的事实作为研究的对象。

日本古代文化对中国文化的模拟与消融，是一种在真正意义上的"文化交流"，因为它对于中国文化，不是只停留在单纯欣赏、翻译和研究上，而是采取切实的步骤，把中国文化消融在自己的文化中。毫无疑问，日本古代文化发展的这一势态，使汉文化在日本一直处于非常隆盛、而且备受尊重的地位。

文化的传播，主要是依靠人的流动与书籍文献的流动来实现的。目前，日本保留着一部九世纪后期的虽然是个体私人编撰的，事实上又具有官方色彩的"汉籍藏书目录"——《本朝见在书目录》（后世把它称为名为《日本国见在书目录》。"见在"，意即"现在"），它记录了当时日本国家公务机关，如图书寮、大学寮、弘文院、校书殿以及天皇私人所藏的汉籍，共1568种，17209卷的细目。这在当时的交通条件下，实在是很壮观的了。这几年我开始调查中国明代及明之前的汉籍散落于日本各地者，这当然不可能是完全的，共得到7500余种。一个国家收藏有另一个国家如此多的文献，在世界上恐怕也是仅见的了。

汉文化在日本的传播，是逐步由高层向基层推进的。最早，汉文化只是在朝廷与公卿大吏中传播和使用。仅以九世纪为例，814年，嵯峨天皇即位，在不到四年的时间内，便敕撰了《凌云集》与《文华秀丽集》两部汉诗集，启三百年平安文化之先声。此后一百年间十五代天皇，相继致力于汉文化的接受和消融。827年，淳和天皇敕撰汉诗文集《经国集》，此书与前二集合称为"平安敕撰三集"。838年，仁明天皇在皇宫内开设中国《群书治要》的讲筵。855年，文德天皇敕令完成用汉文撰写的《续日本后记》。860年，清和天皇把御注《孝经》颁示全国。879年，阳成天皇时代完成了仿中国的第一部实录——《文德实录》的编撰。892年，宇多天皇时代完成了汉文撰写的《三代实录》。所有这些都表明，朝廷中的汉文化是极为昌盛的。当时，作为公卿大臣后备的"太学"，也完全是以汉文化为其教养内容的。我们称这一时期的汉文化，是"贵族型的文化"。

从十二三世纪开始，皇权旁落，战争不断，日本文化本身面临严重的摧残。这时，只有佛教僧侣们置身于战争之外，他们刻汉籍，习汉文，作汉诗，成为汉文化在日本的捍卫者与传播者。其中以禅宗的"五山文化"最为辉煌。我们称这一时期的汉文化，是"僧侣型的文化"。

17世纪江户时代之后，德川幕府以朱子学为其主要的精神支柱。私人讲学都以弘扬中国儒学为旗帜，或为其助力，或力挫其锋，学派迭起，争鸣不已，使汉文化渗透到基层。更由于商业逐步发达，町人（商人）崛起，一时间中国古代通俗文学广为传播，并相仿作。我们称这一时期的汉文化，是"庶民型的文化"。

问： 那么，中日文化之间的这种关系，在近代有什么变化呢，如何估计这一变化的意义？

答： 作为日本进入近代标志的明治维新，曾经以中国古代的政治理论——尊王攘夷作为它的一种精神支柱，但是，维新的结果，导致了日本人对中国的观念发生变化。当时，在日本国内，存在着对立的两大政治派系——"民权论"与"国权论"。前者主张还政于民，后者主张国家集权，它们都是日本资本积累加速发展的产物。虽然他们之间有许多的争斗，但是在思想文化上，都主张"与中国诀别"。1884年，福泽谕吉发表著名的"脱亚论"，实际上就是公开宣言日本在政治与文化上，同中国分离，参加西方列强行列。自19世纪末叶以来，中国传统文化从整体上说，已不再成为日本文化发展的模式了。尽管如此，一个民族已经获得的文化与文明成果，是不可能轻易地消除的。例如，大家看过日本电视剧《姿三四郎》，其中伊藤博文在鹿鸣馆招待各国使节。这个"鹿鸣馆"是完全仿欧式的建筑，是日本政府与欧洲使节交往的礼宾场所，但它却取名于中国的《诗经·小雅》"呦呦鹿鸣，食野之苹；我有嘉宾，鼓瑟吹笙"，这是一种多么有意思的文化现象！

明治维新使日本传统文化与中国文化开始分离，势在必然。但这并不意味着与中国文化完全决绝。近代日本人的中国观，是一种矛盾的、分裂的中国观，或者可以说是二元论的或多元论的中国观。由于20世纪上半叶日本军国主义思潮的发展与泛滥，一些日本人一方面对现代中国抱着一种轻侮的态度，但另一方面对中国传统文化，却始终不敢怠慢，抱着一种敬畏的感情。这就是说，中国传统文化在日本民族文化的心态上所造成的影响，恐怕不是几个世纪所能消除的。

尽管日本近代文化吸收了欧美文化，但文化的民族特点，以及隐藏于这些特点中的汉文化因子，却仍然在它的各个层次上发展着，这便是日本近代文化发展的一个特点。

问：您谈到日本近代文化，一方面是在与中国文化的分离中形成的，另一方面，汉文化的一些因子又隐藏在日本近代文化的不同层面中。这个见解是新颖而有意义的，能否详细地谈谈这方面的认识。

答：这两方面，正是中国传统文化在近代日本的命运。日本近代文化，仍然是一种多元文化。不过，比起古代文化来，多元的形态更加复杂了。今天，有一些日本人喜欢把日文、汉文、英文三者拼接起来，组成一种特殊的文句，例如，有的人写"醉ingやめ"，大概是"一醉方休"吧。从语言的角度上，不是一种好风气，但从中我们却可以窥见日本近代文化的特点。

我们如果与日本的底层相接触，就可以发觉，虽然这个国家观念、家族制度等都发生了改观，代之而起的是资本主义自由、民主的观念，其中有夹杂着极为复杂的"国粹主义"情绪。但是，日本传统文化——如和歌、茶道、大和绘等中所表现的这一民族关于美意识的种种观念，却一直潜藏在生活之中。而其中令人注意的是，中国传统文化特别是儒学的中庸思想、礼乐观念等等，仍然在他们当代紧张的生活与争斗中，起着一种内心平衡与协调的作用。《论语》一书，在今天的日本，仍然畅销。依我的统计，自1945年战后至1984年，日本的《论语》译注与研究著作，已经出版了五十余种，有的还持续印刷了十余次，真有些供不应求之势。儒家的为人信条，仍然影响着他们的修身治家。例如，在京都市从修学院道到北白川京都大学人文科学研究所的三公里长的马路上，竖立着三块同样内容的宣传牌，上面用斗大的墨笔书写着："昔孟母三迁，今已不能，为可爱的孩子创造良好的环境吧！"（原文是日文句子，此地的汉文句是被访者口译的。）它用孟母三迁的故事来告诫居民们环境对于孩子成长的重大影响作用。在这样的宣传牌上，不是可以看出现代日本文化中仍然潜在地隐秘着的可以说相当深厚的中华传统文化的影响吗？

事实上，只要我们稍加留意，在日本当代的文化生活中，仍然可以分解出它所消融的汉文化因子。日本每年七月十六日、十七日在京都举行"祇园节"，消除鬼厉，以迎接盛夏。虽说在京都举行，却也可以说是各地日本人向往的节日。这一节日以盛大的彩车游行为其中心，（依据我1985年在现场观察到的实况看，游行共有）彩车31辆，结成长队，以佛刘鼓点，缓步穿行通衢大道。在这31辆彩车中，第5号车名为"函谷铧"，取材于《史记·孟尝君列传》中"鸡鸣狗盗"的故事；第10号车名为"白乐天山"，取材于唐代诗人白居易向道林禅师问佛法的故事；第14号车与第18号车，分别名为"郭巨山"与"孟宗山"，均取材于中国《二十四孝图》；第16号车名为"伯牙山"，取材于《吕氏春秋·本味》；第17号车名为"鸡山"，取材于尧治天下；第27号车名为"鲤山"，取材于中国民间鲤鱼跳龙门的故事。这31辆彩车于游行的前一天，全部停放于京都各条通衢大道上，观赏者们着和服、穿木屐、拿纸扇，成千上万，流连忘返，整个城市，充溢着日本民族传统的精神美感。

像京都"祇园节"所表现出的日本民族的传统文化特色，以及潜藏于这些特质中的中国传统文化的因子，清楚地表明了即使在当代日本的生活中，中国传统文化仍然发生着潜在的影响。这种情况，恐怕和近代欧美文化与日本文化的关系很不相同的了。

问：您是否认为，在日本近代生活中，中国传统文化仍然像过去一样，可以同日本文化结合得完美和谐？那么，中国传统文化在日本今后的命运会怎样呢？

答：明治维新以前，中国文化在日本是作为意识形态加以吸收的。这种情况，早在一百年前就已经开始发生了变化。近一个世纪以来，中国传统文化在日本主要是作为世界区域性文化的一部分，成为日本学术界研究的对象。日本因此而形成了一门新的学科，从前，他们称为"支那①学"，现在称"中国学"。尽管如此，就像我们在前面谈到的那样，中国传统文化在日本人心态上的影响，将是深刻而长久的，在今后的若干生活中，仍然可以得到许多充实的表现。

有一个情况，可能是我们意想不到的。近十几年来，随着日本经济的成长，企业管理已成为一门令人眼花缭乱的学科。日本的企业管理家们近年来愈来愈重视中国传统文化在这方面提供的经验。当然，中国古籍中不可能有管理现代化企业的记录，但却充溢着许许多多协调人与人关系的经验之谈。日本有一本为高级企业家阅读的专门性刊物*PRESIDENT*，每月出版十六开本500页一期。1985年第10期便是"《史记》的领导学，日立公司研究特集"。本集论文的撰著者，从处理"人与人关系"的角度，研究了《史记》中许多人物的成败得失。例如，题为《汉王朝中兴之祖武帝的荣光与落日》的论文，研究了汉武帝如何主动地否定祖上传下的小康稳定局面，运用"超积极方式"在争斗中开拓自己的事业；题为《宫廷中的不倒翁陈平实像》的论文，研究了陈平的谋略与保身之术，总结他如何在成功之后，虽遭刘邦怀疑，却终能安然处世，并求得发展的经验；题为《项羽——内线作战，败于垓下》的论文，总结了项羽如何因为感情超越了理智，终于在战略上造成过失。这一特集总共研讨了《史记》的十位人物。这样的研究，对于日本企业家们来说，恐怕确实是有点意义的吧！这种研究，在欧美不可能发生，我想，这大概就是中国传统文化在当代日本开始的一种新的命运吧。

今后，中国传统文化在日本文化中，当然还可能会保留它应有的地位，但时代发展了，日本当代文化结构也发生了重大变化，年轻一代不可能按老一辈的方式接受汉文化了。作为研究与欣赏，他们必然要保留一部分；作为实用，他们也会选择一部分，作为已经融入日本民族文化中的汉文化，将在几个世纪中留在他们的精神中，当然，也会舍弃一部分的。

---

① 近代有些日本人以"支那"称呼中国，很多中国人，包括作者，对此感到不适和厌恶。直到日本战败，应中国代表团的要求，盟军最高司令部经调查，确认"支那"称谓含有蔑意，故于1946年责令日本外务省不再使用"支那"称呼中国，特别是在中华人民共和国成立后，日本才渐次放弃使用"支那"，改称"中国"。为了呈现历史事实和文献原貌，本书中涉及的经典文献史料中出现的"支那"、部分专有机构名称中的"支那"未作更改。书中再次出现"支那"一词时不再另行加注。

儒学在日本近代文化运动中的意义（战前篇）①

小 引

在世界文化发展史上，脱离了中世纪封建时代而迈入近代化的民族（或国家），其思想文化发展的主流，曾经呈现出两种截然相反的价值取向。以法国革命和美国革命所表现的精神为代表，倡导"自由、平等，博爱"；以意大利和德意志为代表，倡导"信仰、服从、战斗"。前者成为资本主义文化留给人类的最有价值的哲学财富，而后者终于在20世纪上半叶，把世界拖入了一场极为黑暗的反民主反进步的屠杀战争之中。

日本在19世纪中期以"明治维新"为主要标识，开始向近代社会迈进。一时之间，英国的功利主义，法国的民权思想、美国的实用主义精神等，曾潮涌般地进入这个亚洲东部的岛国。日本的许多有识之士，以思想文化观念的变革作为建设近代社会的先导，追求"殖产兴业"和"富国强兵"的目的。但是，在其近80年的进程中，日本却始终未能建

---

① 此文原载于中国社会科学院日本研究所主办《日本研究》1989年第2期。

成近代民主型的国家，相反，在思想文化领域中，却以民族主义、日本主义、国粹主义的日益发达，而逐渐埋葬了明治年间与大正年间若干民主的思想形态，终于在20世纪二三十年代，与欧洲法西斯主义运动合流，成为亚洲一个穷凶极恶最具侵略性的国家。

这一段历史已经过去了。日本在战后的重建中获得了高速度的经济发展，作为现代亚洲一个最富裕的国家，其在思想文化领域里，常常表现骄矜的大国情态。我国学术界的许多同仁，迫于本国近代化发展的严重任务，常常留意于日本近代化的成功之处，而疏于对日本整个近代文化运动的历史经验的总结，于是，便有诸如"儒学推进了日本战后重建""日本是儒家资本主义"等新奇论说的出现，并风靡一时。

其实，日本历史的发展并没有截然的断层。目前流行的上述诸说，即集中为"儒学救国论""儒学建国论"等，正是战前在思想文化形态方面把日本引向法西斯主义的国粹主义、民族主义等的基本观念，而近十年来，日本政治文化生活中所发生的"教科书问题""靖国神社问题""光华寮问题""藤尾发言""奥野发言"及至"东芝机械事件"等，都具有历史上一以贯之的思想文化背景。

一、儒学的日本化与日本封建末期儒学的特征

古代日本一方面具有以岛国的地理条件和人文条件为基础而形成的族群文化，一方面又大量地吸收汉字文化。中世纪时期的有识之士，虽也曾提出过"和魂汉才"的文化战略，但是，儒学文化却愈益成为日本封建社会意识形态的重要支柱——此即作为社会群体的、抑或个人自我的哲学观念、道德标准和价值取向等。

一般说来，儒学在日本的流布中，虽然总体上缺少独创性，但也仍然受到民族心态的浸润而趋向日本化。所谓日本化，指的是儒学在表现形式和具体内容方面，都更能体现接受与推行儒学的日本诸社会集团、社会阶层的需要，更能符合他们的利益要求。在这个意义上说，日本儒学与中国儒学相比，它几乎完全抛弃

了中国儒学中本来就不甚发达的关于抽象思维的理论研讨，表现为一种更加直观的政治伦理学形态。

江户时代作为日本前近代型社会的末期，在占统治地位的意识形态中，以藤原惺窝（1561—1619）和林罗山（1583—1657）为代表的正统儒学，是最为活跃的思想力量。这一学派所表现的观念特征，不仅仅作为官方哲学对德川幕府的统治，而且对由明治时代开始的日本近代文化运动，具有极重要的作用。

藤原惺窝—林罗山儒学，一种最直观的政治伦理学说，在意识形态上恐怕至少具有下列三方面的明显特征。

第一，他们从中国朱子学的道学性质的史学中，获得了一种符合"武士本位"和"敬神本位"的需要而严格认定身份制度的理论。

中国的儒学，历来重视对历史事件给予"正名论"的道义评价。《春秋》笔法，皮里阳秋，便是儒学阶位制的表现，朱熹在"正名"的伦理观上，集儒学之大成，他编撰《资治通鉴纲目》，完成了他的"道学的史学"的建构。

林罗山仿朱熹《资治通鉴纲目》之法，根据所谓"大义名分"编撰《本朝编年》。他说："盖上下定分而君有君道，父有父道。为臣而忠，为子而孝，其尊卑贵贱之位，古今不可乱，谓之上下察也。"于是，林罗山通过《本朝编年》，"定君臣上下之分""华夷内外之辨"，从而确认儒学的阶位等级制度在日本社会生活中的伦理学意义。（《罗山文集》卷68）

第二，他们变异中国儒学的忠孝伦理观，推出"以忠为本"的武士道德。

中国儒学道德，以"孝"为基础，扩而为"忠"。日本自8世纪《古事记》和《日本书纪》出，便倡导天皇"万世一系"说。迨至镰仓时代，武士阶层崛起，他们以效愚忠于主子而获其利。德川幕府本是在将军武士的征伐战中建立起来的一个政权。这种政治势态，自然要求社会依据阶位制厘定的等级，提倡观念上的绝对忠诚。

林罗山提出"忠孝"原本不二，然一旦冲突，则忠孝之比，便是重轻取舍的原则问题。他以战场的"阵勇"与"偷生"作比喻，倡导"为主人而阵勇战死，则大忠，亦大孝，若偷生苟免，则忠孝俱灭。"这样一种以"忠"为本的观念，成为武家精神的理论支柱，造就了以后日本的武士道德。（《罗山文集》卷32）

第三，他们把儒学与神道结合起来，并且确认其本位文化的地位。

藤原惺窝作为江户儒学的主要创始人，一开始便把儒学（特别是宋学）与日本本土的神道相结合，倡导"儒神一致论"。藤原氏说："日本之神道以正我心怜万民、施慈悲为奥秘，尧舜之道亦以此为奥秘也，唐土曰儒道，日本曰神道，名变而心一也。"（《惺窝文集》卷4）林罗山步其后，主张"神道即理"，从而为日本神道寻找到了一种更为精辟的理论表述形式。他们鼓吹"神道"与"理"同在，"理"与"心"同在，因此，"神道"与"心"同在。（《罗山文集》卷55）这样，中国宋学的心的修养，便是日本神道的致神之法了，儒学便与神道合为一体，由此而造成了日本儒学独特的发展道路。

"儒神合一"的日本儒学，在意识形态中排斥一切异学。藤原惺窝指佛学为"异端"，林罗山指佛学为"虚学"，指耶稣教为"妖狐"。（《惺窝文集》卷4，《罗山文集》卷3、卷7。）他们习惯于在把外来文化判为"异端"的名义下，予以扫荡，以维护儒学本位文化的权威性统治地位——虽然儒学本身也曾经是一种外来文化。

上述诸方面特征，互相渗透，彼此默契，构成了一个独立形态的政治伦理体系——它具有强烈的封建性，道德性和封闭性。由于德川幕府的政治力量，这一政治伦理体系，便在17世纪初期至19世纪中期，成为日本社会占统治地位的意识形态。

二、日本近代文化运动的发展与儒学危机

日本明治维新是改造旧体制、秩序，推进国家近代化的运动。一般说来，在1879年（明治十二年）天皇第一次颁布《教学大旨》之前，明治政府采取过许多维新措施，以实现其目标。

1869年废除了封建的等级制度，代之以贵族政治和平民阶级，1871年取消了地方藩阀，实现了府县制度。在经济领域里，日本在历史上第一次使国民获得了可以自由选择职业的权利，并通过土地改革来实现税收制。在此基础上，政府决定通过发展工商业的政策，以发展和保护工业化。所有这些措施，都显示了维新

之初新政府的生命力和变革的决心。

与政治、经济变革相一致，或者可以说，作为这两种变革的先导，维新之初，朝野许多人士提出了"向世界寻求知识"的口号，追求新知识、新文化成为时代的趋势。在开始被揭开的世界潮流面前，日本人具体而深刻地体验着欧洲的先进性和亚洲的落后性。为了迅速实现"文明开化"和"富国强兵"的目标，他们尽可能忠实地学习西洋文化，并快速传播，以求缩小自己与欧美的现实差距。于是，便造成了日本的近代文化运动——它无疑是加强和提高了日本人在维新中的应变能力和承受能力。

日本近代文化运动的起始，是以向国民进行精神启蒙为宗旨，其目的在于以西方近代的文化观念和科学思想，涤除传统儒学对国民精神的禁锢，创造与近代化相一致的国民精神。

维新初期，维新的政治家和思想家们，便把兴办近代教育置于无可争辩的重要位置。他们认为，创造日本未来历史使命的首要任务，便是要把国民的文化素养，提高到与"文明开化"相一致的程度。1872年，内阁政府命令实施近代新学制，太政官为此发布《文告》。《文告》声讨旧教学体制的腐败和儒学家的误国，说他们"虽动辄倡为国家，却不知立身之基，或趋词章记诵之末，陷于空谈虚理之途，其论虽似高尚，而鲜能行于身，施于事者"。当时的维新派大臣木户孝允（1833—1877）也指称他们"以《论语》一册，不为国家倡言立身。若沿袭此弊，则为国之大害也"。于是，在新学制实施之中，许多儒学家被从学校中清除出去，这对日本儒学的政教主义无疑是重大的打击。它为从旧教学体制培养遵循"彝伦之道"的人向开发近代社会的人的"知性"——即从培养具有封建性道德修养的人才，向培养开放型的具有西洋文化与知识技术的未来人才的转变，开通了道路。

为了达到这样的目标，大量地招聘欧美专家，担任各级学校的教师，并积极地向海外派遣留学生，便成为明治文化运动的两大项目。

在新的文化潮流面前——先是英国的功利主义，继之法国的自由民权学说、美国的实用主义精神，直至德国的国家主义，前呼后拥地涌入日本社会。日本接受新文化的学者与之相呼应，一时间他们提倡欧美知识文化、抨击儒学中心主义的著作与译本大量出版，冲击着日本人精神世界的各个领域，构成了近代文化运动的主流。当时,几乎一切主张维新的政治家和思想家——无论他们在哲学上是属于唯物学派或唯心学派,在政治上是属于国权论或是民权论,这时候都把迎接近代化的批判的武器对准了本国的儒学,他们近乎结成了反儒的联盟。

日本近代哲学的开创者之一西周(1829—1897)是较早接受英国功利主义的学者之一。他把"健康""知识""富有"称为达致人生最大福利的三大纲领。西周贬斥"温良恭俭让"的儒学价值观,称它"凿空摸索",毫无意义。与西周同一时代的津田真道(1829—1903),很早显露了唯物论倾向。他在著名的《明六杂志》上,以"促进开化之方法"为题,撰文指责儒学"高谈空洞理论""虚无寂灭",他把"五行性理""良知良能"指为"虚学"。当时,被称为"东洋之卢梭"的中江兆民(1847—1901),是日本近代文化史上著名的战斗无神论者,他辛辣地嘲讽儒学的研究家们说:"只在书本上学习,头脑里只记得古人说过的一些话,那就像绸缎铺里的流水账,算得什么学士呢?算得什么博士呢?"(中江兆民:《一年有半 续一年有半》)

在明治时代的文化运动中,最激烈的清算儒学观念的思想家,应该说是福泽谕吉(1835—1901)。他以三次游学欧美的经验,著作等身。福泽氏在著名的《劝学篇》一开始,便抨击江户儒学的封建阶位制观念,称言"天不生人上之人,也不生人下之人",以"天赋人权"之说,宣传自由平等思想。他在《文明论概略》中,更系统地表述了反儒思想。福泽氏说,儒学叫人发愤立志,"只是要成为数千年前的虞舜",这实在是"好像没有出息的孩子,从老师那里领来字帖,拼命照样摹仿一样"。他指称"儒学在后世愈传愈坏,逐渐降低了人的智德,恶人和愚者越来越多,一代又一代相传到末世的今天,简直要变成禽兽的世界"。福泽氏说儒学家们"如此迷信古代,崇拜古代,而自己丝毫也不动脑筋,真是所谓的精神奴隶"。他指出"生在今天的世界而甘受古人的支配,并且还相传敷衍,使今天的社会也受到此种支配,造成了社会停滞不前,这可以说是儒学的罪过"。所以,他大声疾呼:"这种学问直到现在还不知道变通改进,岂不是件憾事么?"(中江兆民:《一年有半 续一年有半》)

明治近代文化运动中持续不断地批判儒学的本质,在于促使日本人从中国文化长期的卵翼之下挣脱出来,这对于积淀在日本思想文化中千余年来的传统,无疑是重大的打击,对于推动日本人的观念变革,起了催化作用。它使日本民众,在开始和已经来到的政治、经济变革面前，具备了相应的应变能力和承受能力。在这个意义上讲，维新学者与政治家们对儒学的批判，是日本近代文化运动中最积极的成果之一。

三、维新变革的多极目标与儒学的复苏

日本近代文化运动作为明治维新总体的一翼，最早是由在倒幕中获胜的维新政府，借用天皇制的政治力量，自上而下发展起来的。我们如若把它纯粹看成是日本追求全面西化的过程，那就未免过于浅薄，如若把它看成是日本儒学全面崩溃的过程，那就又未免过于天真。实际上，由明治年间发轫的这一场以追求近代化为历史使命的启蒙运动，无论是其参加者，抑或是被裹挟进去的，在近代化的大潮流面前，虽然一时都曾表现出程度不同的积极态度，然而，其追求的真实目标，原本是各不相同的。

日本近代文化运动发生之初，便已充满着矛盾和痛苦。天皇制政体在维新中追求的首要目标，是巩固"万世一系"的皇权，它欲图通过殖产兴业，壮大经济实力，以求富国强兵，从而使日本成为国际列强之一。因此，天皇制政体下的近代化，其根本着眼点，在于皇权与皇国，而不是在于国民。他们认为具有"不羁自立之情"的日本国民个人，并不是新秩序形成的有力主体，国家才是"依从自然之理，从天而降立的"。这实际上就是说，在欧美近代民主国家中的"天赋人权"的意识，在日本——维新中的日本，也只能是"天赋国权"，然后才是"国赋人权"。

当欧美文化思想涌入日本时，便在这场文化运动中引起了两个方向相反的后果。一批以自由主义者为主体的知识分子，在批判传统中实现自我，向往民权主义，相反，一批以皇权主义者为主体的知识分子，面对西洋文化的传播，加剧了他们的国粹主义情感。前者的进一步发展，便涉及要求改造国家体制和政治体制，而后者的进一步发展，便与现存的国家体制和政治体制结合起来。大约在明治时代的第二个10年（1878—1888）中，这两种后果已经显现。其追求民权主义

和个人主义的精神方向，已经越出了天皇制政体在维新中追求的根本目标，而国粹主义者们也已开始结集在天皇制政体的周围，欲求实现自身的利益。

日本的国粹主义，原本在江户时代就发达于一时，随着形势的发展，国粹主义便与儒学合成一体。在幕末开国浪潮的冲击下，国粹主义者们提出"东洋道德，西洋艺术"的兴国方略——即将西洋的技术文明解释为儒学的"格物穷理"，又将旧的伦理道德，当作维持旧体制的教理，在肯定日本固有的价值观念与道德观念的前提下，寻求"攘夷之道"。明治维新之初所进行的政治的、经济的变革，尤其是近代文化运动的发展造成的观念的变革，使国粹主义受到很大的打击。但是，天皇制政体的真实利益，却是与国粹主义在本质上是一致的——欲求倡导以天照大御神之孙为核心的"万世一系"的天皇观念，欲求宣扬天皇制神国是万国中最优秀的国体，欲求动员全国上下，以尊卑秩序为基础团结一致，拥护并扩张皇权和国权。因此，在日本国民中，必须进行忠诚教育和本位文化教育——造成对天皇制绝对信仰、绝对忠诚、绝对服从的国民意识。在当时的诸意识形态中，曾经在江户时代充作官方哲学的正统儒学，便是国粹主义实现自身目标的最理想的思想力量。于是，曾经由天皇制支持的近代文化运动，逐渐演变成天皇制政权在"不合国情"的旗帜下，与近代文化相抗衡，重新把儒学作为御用学问，使儒学在危机中复生——这是明治年间日本近代文化运动中最发人深思的思想文化现象之一。

1879年（明治十二年）明治天皇颁发了《教学大旨》，提出了以仁义忠孝为国民道德才艺之核心的敕令。《教学大旨》曰：

> 晚近专尚知识才艺，驰文明开化之末，破品行、伤风俗者甚众。然所以如是者，则维新之始，首破陋习，向世界寻知识以广卓见，虽一时取西洋之所长，徒以洋风是就，恐于将来，终不知臣君父子之义，亦不可测，此非吾邦教学之本意也。故自今之后，基于祖宗之训典，专以明仁义、忠孝。道德之学，以孔子为主，人人尚诚实之品行，然此，各科之学，随其才器，益益长进，道德才艺，本末俱备。大中至正之教学，布满天下，则吾邦独立之精神，可无愧于宇内。

这一篇《教学大旨》与10年前的《太政官文告》恰成鲜明的对比。《太政官文告》指儒学"陷于空谈虚理之途",要求把他们清扫出门以建立新学体制,而10年后的《教学大旨》却又把儒学作为立身之本,指近代学识才艺为器用之末,要求"基于祖宗之训典,专以明仁义忠孝",被推倒了的孔子偶像,依靠天皇的权力又复活而再生。天皇制政体在文化观念上表现的这一特征,便潜伏下了其后数十年间日本近代化道路发展的曲折性和可悲性——这便是战前日本始终未能建设成近代民主型国家的根由之一。

根据《教学大旨》的指导思想,1880年发布了《改正教育令》,确定以讲授儒学道德为内容的"修身科"是中心学科,强调教育的中心在于养成国民的"尊皇爱国之心",从而修正了1872年维新政府确立的自由民主主义的国民教育方向。

大约是近代文化潮流的惯性使然,在天皇发出《大旨》后的数年内,包括东京帝国大学在内,都未能完全遵从皇命,设立所谓的"修身科"。1886年,明治天皇视察东京帝国大学,发表讲话说:"理科、化学科、植物科、医科、法科等,虽可见其进步甚快,然却未曾见有修身学科,此学问之主本所在也。"校长渡边洪基启问"修身科"设置之方法,天皇指令其侍从长回答:"国学汉学固陋,然系历来教育之宜,其忠孝道德之主本,和汉固有。今由西洋教育之方法,设其课程,则于其中须置一修身科,以求在东洋哲学中,探穷道德之精微,使学生近忠孝廉耻,进而知经国安民,此乃堪称我真日本帝国之大学也。"

有鉴于当时日本社会民权主义、民主主义和自由主义的继续发展,特别是有鉴于天皇第一次《教学大旨》得不到彻底的贯彻,1890年(明治二十三年),明治天皇再次颁发《教育敕语》。这一份被称为"教育圣旨"的文告,是一个在近代化中以国粹主义为手段来实施国家主义的极端的纲领。

《教育敕语》说:

> 朕惟吾皇祖皇宗肇国宏远,树德深厚。吾臣民克忠克孝,亿兆一心,世济厥美。此乃吾国体之精华,而教育之渊源亦实在于此。尔臣民应孝父母、友兄弟、夫妇相和、朋友相信、恭俭持己、博爱及众、修学习业,以启发智能,成就德器。进而扩大公益,开展世务,常重国宪,遵国法,一旦有缓急,则应义勇奉公,以辅佐天壤无穷之皇运。如是,不仅为朕之忠良臣民,亦足以显扬尔祖先之遗风焉。斯道实为我皇祖皇宗之遗训,子孙臣民俱应遵

守，通于古今而不谬，施于内外而不悖者也。朕庶几与尔臣民共同拳拳服膺，咸一其德。

《教育敕语》的颁发，不仅标志着天皇制政体在维新的总方向上的退缩，而且意味着向已经获得的近代思想文化成果的严重挑战。它表明天皇制政体已决定把主要的力量放在恢复传统儒学的价值观念、道德伦理上，用以统制国民，巩固皇权。在《教育敕语》颁发之后，日本各地纷纷恢复"祭孔"，各学校设立"修身科"，儒学家与政治家合流活跃于文坛和政坛。由此开始的半个多世纪的日本教育，便被纳入了民族主义和国家主义的轨道，成为以后日本发动一系列对外掠夺战争的军国主义诸人物的摇篮。

四、新儒学的形成与日本儒学运动的本质

19世纪90年代以来，日本儒学的复苏，与传统儒学在形态上并不完全一致。在近代化的大潮流中，传统文化欲夺取近代化的阵地，它势必使自己也具有若干近代化的色彩，这是时代使然——日本"新儒学"便由此而产生。

一般说来，参与儒学复苏思潮的，除了纯粹的政客与浪人外，作为文化人，大概主要是由三方面人士组合成。一部分是幕末的硕学老儒，一部分是参与早期维新的转向者，一部分是留学欧洲的国家主义学说的信仰者，作为《教学大旨》和《教育敕语》的主要执笔者元田永孚（1818—1891）是硕学老儒的典型代表，他们对近代文化有一种天然的厌恶感。元田氏曾撰写《斩妖状》，发誓要"斩除笔下之乱臣贼子"，讨伐当时如文部大臣森有礼这样的维新人士。他作为天皇的侍读，以后晋升宫中顾问官、枢密顾问官、宫内省"御用挂"等，意味着老国粹主义与天皇制政体的直接结合。有一部分文化人早年曾参与维新变革，如维新之初著名的"明六社"成员加藤弘之（1836—1916）曾从事于西洋近代思想的摄取和移植，崇尚进化论，主张自由权思想。但是，他们作为与天皇制政体密切相关的官僚学者，皇权与国体的根本利益由潜在而愈益彰明地影响着他们的观念。

他早年曾提出"天皇人也，人民亦人也"的平等要求，①但1882年发表《人权新说》时，却表示："凡天赋人权主义者，不问其过急与稳健，到底不免为妄想主义"，而"日本民族之皇室，系掌万世统治之权柄，赐惠于为族子之吾臣民"。这一部分学者的转向，是近代文化运动的严重挫折，他们具有较强的号召力。西村茂树（1828—1902）转向后建立的"日本弘道会"，进行以忠孝仁义为内容的修身教育，会员在万人以上。

在日本儒学复苏思潮中最有力量的成员，则是从西洋留学归来的国家主义信徒，他们是20世纪日本新儒学的实际创始人。1890年《教育敕语》颁发后，内阁便有发行"敕语衍义"的意图，经文部省三思，决定委托给在德国留学6年而于当年归国的东京帝国大学中国哲学史教授井上哲次郎（1855—1944）。文部省认为，像井上这样的学者，既非属于传统儒学家这样的固陋者，也不是醉心于英美自由主义之徒。1891年，井上哲次郎撰成《敕语衍义》一书。此书不像当时已经流行的一些同类著作，只是在儒家思想范围内，集中于诠释字义和罗列例解，它别开生面，透过著者本身的德国哲学修养，阐述把孝悌忠信和共同爱国两大德目，作为日本国家道德基石的必要性。井上哲次郎的《敕语衍义》已经显露出他改造传统儒学，创造新儒学的明显趋向。

井上哲次郎著有《日本阳明学之哲学》《日本古学派之哲学》《日本朱子学派之哲学》三部力作，并有《日本伦理汇编》资料集。他的新儒学观，在这些著作中表现得相当清晰。井上氏在著于20世纪初的《日本朱子学派之哲学》的"前言"中说，"今日俄战争已告终结，我邦之威光，大发扬于宇内。欧美学者欲究明日本之所以强大，斯为德川氏300年间之教育主义。此于国民道德发展上影响伟大的朱子学研究，岂可一日忽视哉！"他又说："朱子学之道德主义，专期人格之完成，与今所谓实现自我说，其形式不同，其精神则殆出一辙。"这就是说，井上氏认为，作为正统儒学的朱子学，无疑是日本立国之本，但儒学不仅可以不排斥西欧功利主义，只要强调伦理实践，二者是完全可以统一的——这一观念便是立足于儒学，用儒学去衍化西洋近代文化，又回归于儒学。这便是日本近代文化运动中的"新儒学"的最基本的特征。

1911年中国发生了辛亥革命，1912年日本明治天皇去世。辛亥革命后的中

---

① 参见《明治文化全集》第5卷，1927年，第118页。

国，虽然经历了"帝制复活""孔教国教化"，但毕竟迎来了"文学革命"和五四新文化运动。告别了明治天皇后的日本，迎来了"大正民主时期"，被压抑着的欧洲诸种近代思想，又一次冲击日本社会。这一次，不仅如由"白桦派"文学引起了对陀思妥耶夫斯基的崇拜，哲学界狂热地宣传新理想主义，就是马克思主义在学院中也被人注目，《资本论》甚至被搬上了讲台。

这样一种思想文化发展的势态，促使日本的儒学家们结集自己的力量，寻求对抗之策。1918年，由倡导"尊孔""修身"的一些社团，如"研经会""汉文学会"与"东亚学术研究会"合并成立"斯文会"，以显赫的枢密顾问小松原英太郎为会长。"斯文会"在其《设立趣意书》中说："自明治维新以来，西洋文化流入，国民之知识技能虽获进步，然却轻视精神性文明，以至古来道德信念渐而浅弱，而见动摇之兆。乘人喜新之常情，倡诡激之言辞，以搅乱我思想界者，大有人焉。""斯文会"所表述的这种急切的时代危机感，实在是对当时日本社会迅速发展起来的民主主义、社会主义诸思潮的一种反动。《设立趣意书》坦率地说："本会以儒道鼓吹本邦固有之道德，努力于振兴精神文明，以得于彼利用厚生之关系，求物质文明之发达相陪伴。"这一段表述简直就是《教育敕语》的翻版。有趣的是儒学家们提出了"精神文明"与"物质文明"的概念，强调"精神文明"是儒道鼓吹的日本固有的道德，"物质文明"是西洋的诸厚生技能——这是儒学在面对近代文化思潮的冲击时，一贯坚持的精神与物质二元分离的基本观念，其实也是《教育敕语》的基本观念。该《设立趣意书》最后说："我同志相谋，同忧相会，以期大大振兴儒道，而得以宣扬《教育敕语》之圣旨。"①

我们之所以特别重视"斯文会"及其性质，这是因为"斯文会"是20世纪最初10年末在日本形成的最大的反近代文化的儒家集团。此种由儒学家们组合成的联盟，不仅在思想观念上，而且在政治行动上具有很大的尖锐性——即在其发展中，开始与日本国内各超国家主义极端派别结合在一起，向军国主义发展。

自大正时代中期以来，为对抗所谓"赤化"，而结成了一批由政客、浪人、军人和学者合流的极右翼组织。1918年大川周明等组成"老壮会"，1919年北一辉、满川龟太郎等组成"犹存社"，1924年在乡陆军将校组成"恢弘会"，安冈正笃、大川周明等组成"行地社"，1925年蓑田胸喜、三井甲之等组成"原理

---

① 《斯文》第1卷第1期，1918年。

日本社"，1926年，赤尾敏、渥美胜等组成"建国会"，安冈正笃创办"金鸡学院"。所有这些组织，都具有明确的超国家主义意识形态——他们强调以大和民族作为全部历史与生活的中心和调节者，强调天皇作为领袖的绝对权威。"斯文会"和儒学家们与此种超国家主义合流。井上哲次郎的门生服部宇之吉（1866—1939）在金鸡学院向陆海军将校讲演，把儒学的天命说，描述成日本国民的使命，这便是"八纮一宇""皇道乐土"。服部宇之吉说：

> "儒教"之真髓在于孔子教，然中国于此久失其真精神。乃至现代，误入三民主义，又以矫急之欧化思想，将其拂拭殆尽。有鉴于此，凡东西慧眼之士，皆睹孔子在我邦保存普及，且感叹我国民卓越之文化建设力。""今皇国旷古之圣业，着成于再建中国之伟业，吾等欲同心协力，达成此伟大使命。"①

在日本近代文化运动中，儒学从与国粹主义合流起，直到公开充作军国主义行动的精神支柱，清楚地表明了它作为天皇制政体意识形态的本质，它在明治、大正和昭和前期，都始终作为反民主反进步的思想力量而存在。我们可以这样说，"日本儒学"在近代化中的复苏和发达，是日本自明治维新起80年间，未能建成近代民主型国家的重要的根由，并且架起了在20世纪初迅速向法西斯军国主义发展的桥梁。

---

① 参见[日]服部宇之吉：《新修东洋伦理纲要》"序言"，1938年。

日本现代化肇始期的文化冲突[①]

在20世纪亚洲的历史进程中,发生了许多世界瞩目的重大事件。其中,在亚洲资本主义体系中,日本的发展史,则无疑是一个令世界瞠目的重要现实。于是,学者们便纷纷致力于研讨作为隅居于亚洲东部海域中的这个岛国发达的历史,究竟蕴藏着怎样的秘密,这些秘密对于更广泛地区的社会进程,又究竟能够带来何种昭示。

由于研究者的文化背景不同,观察的角度不同,涉及日本的领域不同,乃至思考的材料不同,当然,在若干研究背后包含着的实际功利目的也不相同,所以,结论常常是因人而异,因时而异,读者往往莫衷一是。

在诸多的研究中,在通向科学的认识方面(也即在认识更符合日本历史发展的本质方面),常常出现误区。例如"儒家资本主义"命题的提出,便是此种认识误区的典型表现。有两种研究现象是应该充分引起注意的。一是研究者往往只注意日本经济的高速增长,力图在此种腾飞中寻找其促成的诸因素,着力于为日本社会的现代化总结经验,却忽视了现代日本在20世纪曾经经历过几近覆灭的溃败,它在现代化过程中有

[①] 本文原载于《传统文化与现代化》,1993年第5期。

过惨痛的教训值得世界深思。此种教训与它的成功经验,是不可分割的20世纪日本现代化过程的总体现实。二是研究者往往只注意日本已经实现了的现代化结果,致力于目前的高速经济增长及由此创造的社会生活来探求其成功之道,却很少把日本的现代化作为一个历史发展的过程来加以考察。所以,研究者沉醉于日本现代化的美景之中,却忘记了它在孕育发端乃至其后的进程中,经历了何等的冲突和痛苦。其实正是此种经济、政治、文化的社会动荡,及其在冲突中求得的相对平衡过程,才是日本"现代化"的真正历史。

一

日本社会的现代进程,肇始于明治维新。(有学者认为,日本现代化开始于江户幕府的后期,此可另为文研讨)。1869年,废除了封建性等级制,代之以贵族政治和平民阶级。1871年取消了地方藩阀和封建俸禄,实现了府县制度。维新政府在日本历史上第一次使国民获得了可以自由选择职业的权利,通过土地改革实现税收制。在此基础上,政府决心通过发展工业企业的政策,以促成工业化。所有这些,都表示了日本明治维新所显示的现代化方向的生命力。

与此种政治性和经济性变革相呼应,或者说,作为这两种变革的先导,1868年4月6日(即江户决定"无血开城"的当天),明治天皇率公卿祭祀神祇,宣读《五条誓文》,其中第五条曰:"求知识于世界,大振皇基。"于是,在"向世界寻求知识"的口号下,追求新知识、新文化便成为时代的趋势。在开始被揭开的世界潮流面前,日本人具体而深刻地经历了欧洲的先进性和亚洲的落后性。为了急速地获得文明开化、殖产兴业和富国强兵,他们于西洋文化,则尽可能忠实地学习,快速地传布,拼命地努力,以求缩小自己与欧美的现实差距。于是,便形成了日本的近代文化运动。这一运动的目标,在于寻求迈入现代社会所必需的诸种导向性观念,并在最大程度上加强和提高日本人在维新中的应变能力和承受能力。

日本近代文化运动的起始,是以向国民进行精神启蒙作为宗旨,其目的在于以西方近代文化观念和科学思想涤除日本传统儒学对国民精神的禁锢，创造与现代化一致的国民精神。19世纪末至20世纪初在日本现代化的肇始时期，作为观念更新的最大障碍是日本儒学。历史在这里显示了无法违抗的辩证内容——在经历了半个多世纪的反复冲突后，它却又在20世纪后期日本社会的生活中，多少表现出自身的精神意义。

当时，致力于日本社会改造的知识分子与政治家，努力于打通日本与世界近代文化的渠道。欧美近代思想文化——先是英国的功利主义，再之以法国的自由民权学说，继之以美国的人道主义与实用精神，直至德国的国家主义，前呼后拥地进入日本社会，一时之间，提倡欧美新文化，抨击儒学中心主义的著作与译本大盛，强烈冲击着日本人精神世界的各个领域，构成了明治近代文化运动的主流。

1871年2月，曾在英国留学的中村正直（敬太郎）（1832—1891），翻译了约翰·穆勒的《论自由》，日译书名为《自由之理》，一时成为追求文明自由的经典。同年7月，中村敬太郎又译出塞缪尔·斯迈尔斯的 Self Help，日译题名为《西国立志篇》，此书记叙西方自古以来三百余位立志成名的名人事迹，鼓吹自立自助，发奋向上，备受读者尤其是青年的欢迎，被誉为"明治之圣经"。

与此同时，村上俊彦于1868年创设"达理堂"，致力于传布法国自由民权学说；成为日本"法兰西学"的鼻祖。1874年，著名的无神论学者中江兆民（1847—1901）自法国归来，设立"法学馆"开馆讲学，生徒达二千余人，被誉为"东洋之卢梭"。1876年，村上俊彦译出了孟德斯鸠的《论法的精神》，日译文题为《万邦精理》，翌年，服部德又译出了卢梭的《社会契约论》，日译文题为《民约论》。此书于1882年为中江兆民重译，定名为《民约译解》，这些著作中所表述的基本观念，推动了当时自由民权运动的发展。

这是一个如痴似狂地向欧美学习的时代。1883年由首相伊藤博文（1841—1909）和外相井上馨（1836—1915）规划而建成的"鹿鸣馆"，是一座绚烂豪华的全西式宾馆。这座宾馆中一切活动，全仿欧洲形式——着西洋服，食西洋餐，跳西洋舞，由此形成了"鹿鸣馆文化"，波及整个社会，以吃面包、夹白脱、喝牛奶、撑洋伞，乃至穿鞋进屋，全部作为"文明开化"的标志。一时之间，街头巷尾，到处是"自由浴池""自由温泉""自由糖果""自由丸药"。民众在长期专制主义压抑之下，总算有了一丝自由的机会。虽然自由的导向是迷茫的，自由的表现是肤浅的，但心态与行动似乎是自由了。

当时，1879年就任外务大臣的井上馨提出"把我国变成欧洲化的帝国，把我国人民变成欧洲化的人民"（见青木书店版《世外井上公传》）。1885年出任文部大臣的森有礼（1847—1889）更主张废日语而以英语为国语，主张日本人与欧美人通婚以改良人种（见《明治正史》第二十编）。这些观点当然是过激的，它表现了在近代社会思想的浸染下，日本国民急欲摆脱传统观念的束缚，向往世界的文明开化。它所造成的直接结果，便是动摇了日本人传统的价值观念体系。

一般说来，日本人传统的价值观念体系是由政治上绝对忠诚天皇的"皇权观"，伦理上绝对信奉贵贱长幼之别的"名分论"，道德上绝对服从虚妄理性的"克己主义"，与文化上绝对崇尚以朱子学为核心的"儒学主义"诸种观念组合而成的。由于欧美近代文化的广泛输入和日本社会自身"殖产兴业"的资本主义经济发展，此种传统价值体系，终于被放置在近代功利主义的天平上，被重新审视了。

二

当时，几乎一切主张维新的思想家和政治家——无论他们在哲学上是属于唯物主义，还是属于唯心主义，在政治上是属于民权派，还是属于国权派，这时候都把迎接近代化的批判武器，一齐对准了本国的儒学文化。一时之间，他们似乎结成了统一战线，组成了反儒同盟。对于日本维新人士而言，摆脱传统束缚——主要是集中力量批判儒学，成为当时推进观念变革的首要任务。

西周的"功利主义"价值观

日本近代哲学的开创者之一西周（1829—1897）是在理论上抨击儒学的早期批判者。西周从少年时代开始学习汉学，对"荻生徂徕之学"尤感兴趣，青年时代奉藩命研究宋学。在1862年他被派遣赴荷兰留学之前，已有极好的日本儒学修养。西周在欧洲接受了法国孔德实证主义哲学与英国约翰·穆勒功利主义哲学的影响，对儒学产生了深刻的怀疑。

西周对于日本儒学的批判，其主要之点便是集中在儒学的伦理道德方面。他依据孔德学说与穆勒学说，采用归纳理论的方法，论证了儒学试图以它的道德伦理观念来涵盖自然与人间的一切现象，"这样的学问是十分虚妄的"；西周将自然科学与社会科学分类排比，区分"物理"与"心理"的不同，说明在任何学问中，观察、经验与验证的重要性。由此他认为，儒学倡导的伦理道德"所论虽穷精微，毕竟事涉凿空摸索，与夫易象、空观何择焉？"

西周以他自己由近代文化观念所构成的功利主义价值观，来取代传统儒学的伦理道德观念。他在《译利学说》一文中，曾经嘲笑儒学的价值观念，实际上是"桎梏性情而求人道于穷苦贫寒之中"。他认为这样的价值观念，无疑是扼杀了人性，而"今世所谓的温柔、敦厚、恭谦、忍让、寡欲、无欲等诸德为入门之第一义"，"是率天下为盗贼也"。他完全否定儒学的"温良恭俭让"的观念。对此，西周在其《人世三宝说》中，提出了著名的"人生三宝"理论，成为日本近代功利主义价值观的核心。

西周的"人世三宝"，指的是"第一曰健康，第二曰知识，第三曰富有也"。他认为这三者是达致人生最大福祉的三大纲领，是"道德之大本"。"故人苟欲修道德，则必始于尊重己之三宝"。西周"健康、知识、富有"的"人世三宝"，是与"三勿"统一在一起的，即"勿害他人之健康，勿害他人之知识，勿害他人之富有"。"三宝"与"三勿"相结合，便是西周的"人世三宝"理论。他认为，如果废除这三宝，那么疾病、愚痴、贫乏这"三祸"便会接踵而来。

西周把他所主张的"人世三宝"理论不仅当成是个人生存的价值准则，而且也把它看成是"社交"（社会）与"治人"（政治）行动的价值观念。西周"三宝"理论，是明治维新以来日本近代文化运动追求自由平等、个性解放的表现，这样一种功利主义的伦理观，与儒学造成了尖锐的对立。

津田真道的"实学论"

津田真道（1829—1903）是明治时代初期具有唯物论倾向的官僚学者。19世纪60年代，他与西周是荷兰留学时的同学，又同为"明六社"的成员。津田氏以后成为明治政坛上的达官贵人，位至日本众议院副议长、贵族院议员等，受封男爵。他曾以《情欲论》称名于文坛。当时，津田真道在《明六杂志》上撰文，猛烈抨击传统汉学。他说："所有学问，大别之有两种。高谈空洞理论的虚无寂灭，五行性理、良知良能等说的是虚学。根据实相，专论实理，如近代西洋的物理、化学、医学、经济、哲学等是实学。此种实学如能普遍流传国内，明达各种道理，就可以说是真正的文明。"（《明六杂志》第二期《论促进开化之方法》）

日本汉学史上有过"实学"与"虚学"之辨。它原本是江户时代藤原—林罗山体系为了排斥异端，保卫儒学的本位文化观念而发动的论争。然而，从江户时代进入明治时代，近代文化运动造成了完全不相同的文化观念。在近代科学及其创造的文明面前，曾经指称"异学"为"虚学"的儒学，现在，其本身又被指称为"凿空摸索"的"虚学"，并非真正的文明。儒学从"实学"转为"虚学"的观念转换，具有深刻的社会意义。津田真道在这里提出的"实学"概念，指的是立足于经验科学之上的经世之学，它包括三方面的内容：（1）以实验手段为基础的近代自然科学；（2）以经验事实为基础的实证主义哲学；（3）发展工业和商业本身的实业活动。

由上述三大内容所构成的"实学"，就其概念本身而言，已经与江户时代汉学中心主义的"实学"概念，大相径庭了。这一概念的形成与提出，势必与传统儒学的经论形成尖锐对立。

在这一时代，维新派学者几乎都主张"实学"的原则，反对儒家的"虚学"。福泽谕吉（1835—1901）在他的代表作之一《劝学篇》中提出："我们应该把远离实际的学问视为次要，而专心致力于接近人生日用的实际学问"，他说："（西洋）各国学者多年研究物理学（指自然科学）这个原则，将地球上的万物分析为五十元素，又发现为六十、八十，试验其性质，说明其功用。此外又利用热、光、电气等无形力的作用，应用于人类的实业，开发了物产工业的道路。"福泽谕吉以此对比儒学，"东洋的士君子，数十年满足于阴阳五行之说，不曾思念进步。如一切工业制作，皆以为下等社会之所为而弃之……纵读今老儒万卷之书，其拙劣可与做饭之家庭妇女相比"。(《劝学篇》)

维新学者对"虚学"的批判和提倡"实学"的观念，本质上是一种崇尚科学的思想。它推进了日本当时近代观念形态的革命，使包括武士与知识分子在内的社会各阶层，投身于工商实业之中，推动了"殖产兴业"的发展，而且它所造成的对科学崇尚的观念——只有"实学"才是真正的学问，而唯有依靠科学的力量，才能实现如欧洲一样的近代文明，一直影响着日本未来的发展。

中江兆民的"文化创新说"

在这一时代展开对传统儒学的批判中，特别值得注意的是日本近代文化运动中的一批唯物主义学者。除了上述津田真道外，最杰出的便是"东方的卢梭"——中江兆民了。中江兆民是日本近代杰出的唯物主义哲学家，是一位致力于自由民权运动的政治活动家和理论家。法国资产阶级自由平等思想给他以很深的刺激，他在当时复杂的思想文化条件下形成了日本近代思想史上第一个无神论唯物主义思想体系，并且从中造就了如其学生幸德秋水(1871—1911)这样杰出的日本最早的社会主义者。

1882年，中江兆民在《政理丛谈》上发表《哲学的宗旨》一文，1886年发表了第一部哲学著作《理学钩玄》，1901年出版了他最后的哲学，也即最系统的宣言《一年有半》与《无神无灵魂》(即《续一年有半》)。在这些论著中，中江兆民为致力于日本近代文化的建设而对传统汉学进行了激烈的抨击和辛辣的嘲讽。他说："我常常觉得中国的诗文，到了宋朝以后，不值一读。毕竟脱不掉古人的窠臼……生在古人以后，就要在古人开拓的田地以外，另行播种，另行收获。韩退之《答李翊书》，所谓'唯陈言之务去，戛戛乎其难哉'，正是指这一点说的。假使沿袭古人的思想，也就是如果在古人的田地里面播种和收获，那就只是剽窃，又有什么值得尊重的呢？"这是中江兆民观察文化价值最基本的出发点。他认为"在古人开拓的田地以外，另行播种，另行收获"，这是文化真正价值的所在。他在这里提出的，其实便是日本文化发展的创造性问题。

基于这样的认识，中江兆民认为江户时代无论是汉学，抑或是国学，都不是真正的学问。他说"本居宣长和平田笃胤这些人，只是发掘古代陵墓，茫茫然不懂得宇宙和人生的道理；伊藤仁斋和荻生徂徕这些人，有时也就经书的注解，提出了意见，而归根结底只能够算是经学家。"他说："只在书本上学习，头脑里只记得古人说过的一些话，那就像绸缎铺的流水账，算得什么学士呢，算得什么博士呢。"中江兆民痛切地指出，古代日本"没有自己独创的哲学"，只是沿袭儒学，由此而造成日本民族的许多劣根性。他指出，"日本中产阶级以上的人物，都是狡猾的标本，厚颜无耻的小人的典型"，"他们浮躁和轻薄的重大病根，也就正在这里；他们意志薄弱，缺少魄力的重大病根，也就正在这里"。中江兆民深切地感叹，由此而造成的"这个社会是多么虚伪啊！"因此，他认为日本的文化事业和教育事业"应该从根本上加以改革"。（见《一年有半》《无神无灵魂》）

中江兆民在青年时代受到过极好的汉学教育，他的老师冈松瓮谷（1819—1895）是幕末著名的中国文化研究家。他在今古文经学中以折中为宗，著有《穷理解环》《初学文范》《庄子考》《楚辞考》并《东瀛纪事本末》等，曾任日本学士院会员。但文化的发展总是显现出辩证法的魄力。中江兆民从他老师那里获得了丰富的滋养，作为自身学术观念的出发点。又以新的文化创造力，否定了他老师的学术体系，成为杰出的无神论启蒙学者。

福泽谕吉的"脱亚论"

在日本近代文化运动中，竭尽全力以图清算儒学传统的最激烈的思想家，恐怕应该说是福泽谕吉了。这是一位在日本似乎已有定论而在世界各国还极有争议的人物。

福泽谕吉受19世纪三四十年代法国七月王朝时期杰出的思想家和政治家基佐（1787—1874）的影响。基佐出任七月王朝时代法国大资产阶级的部长和总理，著有《英国革命史》《法国文明史》和《欧洲文明史》等。福泽谕吉据此把人类的文明进化区分为"混沌期""野蛮期""未开化期"和"文明开化期"四个时期，并进而把当时全球的国家和地域，划分为三个世界类型：第一类型，欧洲与美国为文明国家；第二类型，中国、日本、土耳其等亚洲国家为半开化国家；第三类型，澳大利亚和非洲等国家和地区为野蛮国家。福泽谕吉根据他本人所构筑的以欧美发展为"致极"的这一文明史观，把日本摆脱半开化社会，迈进欧美型的文明社会作为自己的历史使命。为此，他毕生在寻求、创造和实践完成这一历史使命所必需的思想、政治，乃至军事诸方面条件。

福泽谕吉认为"外在的文明易取，内在的文明难求"。所谓"外在的文明"，在当时指的如剪发、吃牛肉、穿鞋进屋、打洋伞走路等生活消费领域里对西洋的模仿。所谓"内在的文明"，指的便是观念变革。从千余年发展、沉淀而又与近代化相抵牾的精神状态中挣脱出来。所以，福泽谕吉刊出《劝学篇》共十七篇，它以英国经验学派的功利主义为基础，主张打破陋习，反对旧传统，努力提倡个人的独立自尊和社会的实际利益。《劝学篇》开首曰："天不生人上之人，也不生人下之人"，起意便旨在击破传统儒学按所谓"大义名分"确定君臣尊卑的等级观念。这几句话在当时几乎成了人人皆知的名言，最好不过地体现了"天赋人权"的思想。《劝学篇》把社会上的贫富贵贱归之于后天学习所造成的"贤愚之别"，敦促国人通过对新知识的学习，创造个人独立，家庭独立，国家独立。《劝学篇》被当时奉为维新的经典，福泽谕吉由此开始了他对传统儒学批判的进程。

1875年福泽谕吉发表了著名的《文明论概略》，这是他一生等身著作中极有代表性的作品。《文明论概略》系统地表述了他的文明观念，其中便包含着对日本儒学最严厉的批评。福泽谕吉说，儒学叫人发愤自强，立志前进，"只是要成为数千年前的虞舜"，这实在是"好像没有出息的孩子，从老师那里领来字帖，拼命照样摹仿一样"。"如此迷信古代，崇拜古代，而自己丝毫也不动脑筋，真是所谓的精神奴隶。"福泽氏痛心疾首地说："儒学在后世愈传愈坏，逐渐降低了人的智德，恶人和愚者愈来愈多，一代又一代相传到末世的今天，简直要变成禽兽的世界。"他历数日本儒学在社会上造成的种种弊病，指出"生在今天的世界而甘受古人的支配，并且还相传敷衍，使今天的社会也受到此种支配，造成了社会停滞不前，这可以说是儒学的罪过"。（《文明论概略》）

福泽谕吉与他所代表的这种"儒学批判"思潮，又在德国"国家主义"的侵染之中，在19世纪80年代最集中地凝结为"脱亚入欧"的观念。1885年3月16日，福泽谕吉在他自己主办的《时事新报》上，以"脱亚论"为题，发表社论，从而在日本社会上形成了一股"脱亚"风潮，逐步导致传统的"一元论中国观"的破产，并且扩展至政治上，成为日本外交中与鼓吹亚细亚主义的"兴亚论"交替使用的两大战略支柱。

"脱亚论"指中国和朝鲜为日本之"恶友",称"为今之谋,与其待邻国开明而兴亚洲之不可得,则宁可脱其伍而与西洋文明国共进退"。这是从传统到现实全部针对中国的宣言。福泽谕吉在为日本寻求现代化的道路上,终于提出了与中国决裂的极端主义战略。这是他在观念上以欧美近代文化为师,批判日本儒学主义与国粹主义的必然结果。"脱亚论"是以日本追求欧美资本主义模式为前提,因而它把东方传统一概视为对手。福泽谕吉的"脱亚论"成为一种社会思潮,它是与日本近代化过程中同时并存的追求"国权扩张"的理论密切联系在一起的。

维新学者这种对儒学的批判,逐渐演进并造成了中央政府的实际力量。1872年国家最高行政长官发布《太政官文告》,指儒学"虽动辄倡为国家,却不知立身之计,或趋词章记诵之末,陷于空谈虚理之途,其论虽似高尚,而鲜能行于身,施于事身"。

当时被称为维新三杰之一的大臣木户孝允(1833—1877)说"国家之百年大计在于人才,欲使人才千载无穷,唯在于真正的教育","儒者以《论语》一册,不为国家倡言立身,若沿袭此弊,则为国之大害也"。于是,在新学制的实施中,许多儒学家被从学校中清除出去,典籍文献被抛掷于街头。1886年东京帝国大学文科招生,竟然只有一个学生报名中国古典哲学(参见东畑精一:《日本资本主义的形成》)。

三

欧美文化思潮涌入日本时,便在这场文化运动中引发了两个相反方向的后果。一批以自由主义为主体的知识分子,在批判传统中向往民权主义;一批以皇权主义为主体的知识分子,面对西洋文化的传布,加剧了他们的国粹主义情感。前者的进一步发展,便涉及要求改造国家政治体制;而后者的进一步发展,便与现存的国家政治体制结合起来。大约在明治时代的第二个十年,这两种后果已经显现。

日本的国粹主义，原本于江户时代发达起来的"国学"。日本国学所追求的目标，是欲求实现一种理想主义的"日本精神"。这种日本精神，首先来源于《古事记》的"神代卷"。它的核心观念便是作为日本创世神话中诸神的"神格"人化，它便是"神——天皇——日本"。所谓"日本"这一国家，便是"天皇"表达意志的实体。对国学家们来说，"日本精神"便是"敬神尊皇"。他们所追求的目标，从一开始便超越了"文化"的范畴，表现为实用的政治观念。

以"敬神尊皇"观念为核心的江户时代的"国学"，在明治时代被皇权论者发展为"国粹主义"——一种针对近代文明潮流而勃然兴起的"排外思潮"。他们宣称："如身在帝国之籍，而其心欲化异邦之俗，则为国家盗贼。皇国臣民欲尽之本分，惟遵神之皇道，明报本反始之大义。"而"日本精神，在于神儒佛之三道，三道并行，则国体愈益尊严，世道愈益清平，故调和合二教，以恢复我完美无缺之国教，以挡击外国之教法"云云。

这是十分有趣的思想文化现象。"国粹主义"庄严宣称"如身在帝国之籍，其心欲化异邦之俗，则为国家盗贼"，然而，国粹主义本身，却致力于使用神道化合来自异邦的儒道与佛道。在此之前的江户时代，神、儒、佛三道之间各不相容，彼此争斗，互相抨击。但是，在近代文明的潮流面前，神、儒、佛三道意识到利益的共同性，调和合一，试图造就一种"日本精神"——其基本核心，便是认定日本的历史、政治及文化的独特价值与意义。从这一价值观念出发，立于皇室中心的思想之上，排挤一切西洋思想与外来文化，以发扬日本民族固有的传统精神。这便是近代的"日本国粹主义"。

从明治时代中期以来，国粹主义者以忧国之士的面孔出现，高倡皇风尊严性，正名分，明大义，修学习业，克忠克孝，警世于一时。江户时代的国学家，曾经把汉学家作为他们的政敌，而明治时代的国粹主义者，不仅不把汉学家作为他们的对手，而且当作自己的盟友，祈求他们成为实现国粹目标的主力军——在近代日本，离开了儒学的支持，国粹主义者就失去了主要的理论装备和思想力量。

这样，从前原本对峙的儒学与国学，在共同的危机面前，便很快地求得了共识。于是，在现代化之初受近代文化猛烈抨击的日本传统主义便以多种形式在思想文化领域中重新振起。

1877年，明治时代著名的汉文学家三岛中洲，以"维持与扩张东洋固有的道德文学"为目的，在东京创设二松学舍。这是明治史上以弘扬儒学精神为宗旨的最早的学校。

下面是该校的课表：

第一学年	第二学年
论语,大学,中庸,孟子,左传,史记,孙子,吴子,韩非子,唐诗选,唐八家文,题跋,序记,绝句,中国文学史,中国时文。	礼记,书经,诗经,易经,老子,庄子,荀子,近思录,传习录,序记,题跋,论说,绝句,律诗,古诗,唐诗选,中国时文。

我们再看一下江户时代名儒广濑淡窗（1782—1856）经营的私塾"咸宜园"的课程安排（参见《大道丛书·趣意书》）：

一级	二级	三级	四级	五级	六级	七级	八级
论语	礼记	国史	蒙求	孔子家语	国语	远思楼诗	名臣言行录
孝经	春秋	孝经	中庸	孟子	左传	书经	资治通鉴
中庸	小学	易经	大学	国史		诗经	世说
大学	孟子	诗经	十八史略	论语		史记	荀子
		书经		日本外史			庄子

这两个不同时代的课程安排，其间有些差异。例如，二松学舍教学中引入了诸子学，扩大了学生与中国文化的接触面与研究面；又如设置了"中国文学史"与"中国时文"，多少体现了时代气息与要求。但是，从培养人的总体思想上，二松学舍显然以恢复江户儒学为基本任务，是直接针对日本教育正在从传授"彝伦之道"转向知性开发的改革进行反拨。

在二松学舍建立的前一年，即1876年，原"明六社"著名成员西村茂树博士就已经批评本社宗旨"引入欧风，将道德沦丧"，率先创立"修身学舍"，广招门徒。不久就取《论语》中"人能弘道，非道弘人"之旨，定名为"日本弘道会"。依西村氏的诠释，弘道会的设立"在于提高国人之道德，以巩固国家之基础"。这里有两层意思，第一，西村认为，近代文化与道德是一组对立物；第二，西村又认为道德与国家是不同层面的同一实体。那么，西村氏的"道德"是以什么样的价值标准作为尺度呢？有一点应该指出，"日本国民道德"是"日本传统主义文化"中一个特定的概念，它专指日本历史上表现的"智、仁、勇"三者为核心的"神道"要求。西村茂树在其大著《日本道德论》中反复申述，力图使它成为日本国民生活的指导原理。这一道德范畴，从表层形式看，是国体神道的表现；从深层内容上看，是儒学主义的理性要求。实质上，这便是恢复日本传统主义的伦理标准。

四

正像历史已经表明的那样，无论是在欧洲还是在亚洲，许多国家和民族在迈入现代社会之始，在文化领域都曾经历过所谓东方文明观与西方文明观的对峙和冲突的历程。日本社会在现代化肇始之初表现出的激烈文化冲突，正是历史进程所显示的时代特征。

日本皇权作为国家最高力量的表现，对于东西方文化冲突而引发的社会激荡，正在寻求支撑社会平衡的支点。1886年，明治天皇视察东京帝国大学。他在帝大讲话中说："理科、化学科、植物科、医科、法科等，见其进步甚快，然却未曾见有修身科，此学问之主本所在也。"校长渡边洪基垂问"修身科"之设置办法。天皇侍从长回答："国学、汉学固陋，然系历来教育之宜，其忠孝道德之主本，和汉固有。今由西洋教育之方法，设其课程，则于其中须置一修身之科，以求在东洋哲学之中，探穷道德之精微，使学生近而知忠孝廉耻，进而知经国安民，此乃堪称我真日本帝国之大学也。"

明治天皇的讲话，表达了两层意思。第一，他肯定了自维新以来，由于接受西洋文化而在"理科、化学科、植物科、医科、法科"等领域内"进步甚快"。

他的侍从长也认为"国学汉学"是一种陈旧的学术，乃至在强调"修身科"时，也明确表示可以置于西洋教育的方法之中。这一系列的认识，与宫廷老儒元田永孚在他"奉旨"撰写的《教学大旨》中起首便指整个社会"专尚知识才艺，驰文明开化之末"等等，是两种不同的心态。在这一发展方向上，皇权并不完全拒绝接受以西洋文化为中心的近代文化。第二，天皇认为，大学教育的主本在于"修身"，即"探穷道德之精微，使学生近而知忠孝廉耻，进而知经国安民"等等。这便是把日本学问的主体作为对彝伦之道的阐发。这一观念旨在扼制日本传统价值观念的崩坏。皇权的这一心态，又与国粹主义者是一致的。

明治天皇的这些心态，实际上表明了皇权为实现社会平衡而制定的界限。这一界限，是把社会各种利益冲突的集团和阶层维持在一个共同体内所必须的，也是确保天皇制政体所必须的。

然而，19世纪末期的日本，由观念分裂而造成的深刻社会危机，并不可能立即就范于天皇制政体确立的社会平衡原则之中。分裂的逐步深刻化，造成皇权平衡原则的倾斜。1890年，明治天皇颁发了《教育敕语》。这是一份针对日本传统价值观念日益受到贬抑而决心极大地振兴皇权主义国家论的纲领。《教育敕语》说：

> 朕惟吾皇祖皇宗，肇国宏远，树德深厚。吾臣民克忠克孝，亿兆一心，世济厥美。此乃吾国体之精华，而教育之渊源亦实在于此。尔臣民应孝父母、友兄弟、夫妇相和，朋友相信，恭俭持己，博爱及众，修学习业，以启发智能，成就德器，进而扩大公益、开展世务，常重国宪，遵国法，一旦有缓急，则应义勇奉公，以辅佐天壤无穷之皇运……

关于这一敕语的宗旨，日本近代早期中国哲学研究的权威井上哲次郎（1855—1944）在1891年出版的《教育敕语衍义》中阐述得最为切中肯綮（井上哲次郎是德国培养的第一批近代日本中国哲学研究家）。敕语下达后，由文部大臣芳川氏提名，内阁同意，便召请这位刚从德国留学归国的东京帝国大学中国古代哲学研究家井上哲次郎撰写《教育敕语衍义》。该衍义经明治天皇本人审读后，以井上哲次郎个人名义刊出，文部省立即将它推行于全国。井上在《教育敕语衍义》中开首说：

> 庚寅之岁（1890），余自欧洲归来，久睹西方文物灿然，忽观故国现状，甚觉彼我殊为轩轾，凄然伤心，百般感叹，集于胸中。我邦之社会改良，亟欲论辩之处甚多。我至仁至慈之天皇陛下，尤以教育为轸念之所，降下敕语，嘱文部大臣颁之于全国，以为学生生徒之所钤式。余谨捧读，为所以修孝悌忠信之德行，培养共同爱国之心，谕示恳切。此其裨益于众庶者极为广大，而结合民心者最为适切。我邦之人，由今之后，将应永久以此为国民教育之基础。(《教育敕语衍义》)

井上哲次郎在《教育敕语衍义》中深刻而贴切地把皇权提出的国民道德规范，阐发为"孝悌忠信"与"共同爱国"两大纲目，并沿着这一方向，阐述他自身关于儒学复兴的观念。其中在两个方面提供了新的思维。

第一，他抛却了以往关于阐述儒学精神中的"孝悌忠信"的许多陈腐见解，简易明白地使"臣民"对于君主的"忠诚"，做了具有了"爱国"本质精神的解说，直接赋予它具备现代性"共同爱国"的价值。从这一思想中可以看出他在德国留学中所接受的现代国家意识。

第二，他在力图建立日本国民道德的时候，致力于以传统的儒学为宗，把德国的国家主义与日本的皇道观念融为一体，开创了一个新的思想文化体系。

1891年，日本发生了轰动的"内村事件"和"久米事件"。原来，《教育敕语》颁布之后，日本所有学校的师生，每天要举行"敕语奉读仪式"——向天皇像鞠躬，奉读《教育敕语》，三呼万岁，最后高唱《君之代》。1891年1月9日，日本第一高等学校照常举行这一仪式。当时，该校教授内村鉴三未向天皇像鞠躬，仅是低头示意，内村是美国培养的学者，基督教徒。此事被人检举，内村被开除公职，一生在流浪中从事著述。

继后，同年又发生了"久米冒渎皇室事件"。久米邦武（1839—1931）是东京帝国大学教授，日本近代历史学与比较文化的先驱学者，曾游学考察于欧美。1891年发表《神道系祭天之古俗》一文，第一次从近代民俗学的立场解释日本神道的由来，事实上否定了天皇是"天神之裔胤"。因而，1892年以"冒渎皇室"为由，久米邦武被开除东京帝国大学教授并解除所有兼职。

这一系列事件表明，日本儒学复兴的时代已经到来（请读者特别留意，本文论述的是"日本儒学"，不是在华夏族群中流传的儒学本体）。

五

19世纪80年代，日本儒学在维新势力的打击下喘息过来，他们的第一个实际行动，便是恢复荒废了许久的"孔子祭"。最早复活孔子祭典是从关东地区的足利学校开始的。足利学校是日本中世纪时代重要的文化遗存。明治维新初，它已被改为町民（即市民）文化活动的场所。1881年，在《教学大旨》的刺激下，儒学家与国粹主义者仿足利古俗，举行了自明治维新以来的第一次祭孔典礼。

此次复活的祭孔与中世纪日本的"孔子祭"是有很大的区别——中世纪的祭孔，是由禅僧举行佛典，诵读《诗经》等，而这次恢复的祭孔，是按神道仪式来进行的。对思想文化史的研究似乎不应忽视这种差别，它倒是生动地展示了思想文化的时代特征。由禅僧按佛典举行的祭孔，正是日本中世时代儒学与禅学互补为用的一种标识；明治时代中期恢复的祭孔采用神道仪式，正是这一时代日本国家神道与日本儒学合流而构成皇权主义意识基础的一种标识。其后，从1907年（明治四十年）起，东京汤岛圣堂每年举行一次"孔子祭"，至1944年一共进行了38次。1945年春，在美军的轰炸中因日本军国主义面临溃败的局面而停歇。

与复活祭孔的同时，1883年6月，右大臣岩仓巨视集合当时持传统观点的学者，以抗击欧化风潮为目的，建立了"斯文学会"。1918年"斯文学会"以更广泛的联合，吸收了日本主要的儒学组织如"研经会""汉文学会""修身会"等，再建为"斯文会"，实现了全日本儒学家的大联合。"斯文会"在《设立趣意书》中作如是陈述：

> 自明治维新以来，西洋文化流入，国民之知识技能进步，然却轻视精神文明，以至古来道德信仰渐而浅弱，以见动摇之兆。乘人喜新厌故之常情，倡诡激之言辞，以搅乱我思想界者，则大有人在。
>
> 本会以儒道鼓吹本邦固有之道德，努力于振兴精神文明，以得于彼以利用厚生之关系，求物质文明之发达相陪伴。[1]

---

[1] 《斯文》第1卷第1期，1918年。

这是一篇很有意思的宣言。第一，它表现了一种深刻的社会危机感。当时，日本经历了明治天皇去世与第一次世界大战，承受了中国辛亥革命与五四运动影响的冲击，思想文化领域中背离《教育敕语》的各种思潮再次涌起，马克思的巨著《资本论》由河上肇教授在京都帝国大学学设立为课程，并被剧作家阪本胜编成五幕十七场大型话剧搬上舞台。前述"斯文会"在《设立趣意书》中描述的日本文化势态说"倡诡激之言辞，以搅乱我思想界"，正是指这种现实的局势。第二，它明确地把日本社会的文明进程区分为"精神文明"和"物质文明"两个层次，认为"利用厚生之关系"的"物质文明"可以是外来的，而"精神文明"必须是"以儒道鼓吹本邦固有之道德"。这是江户时代末期"和魂洋才"观念步入产业社会之后的一种具有现代意味的诠释。第三，它明确地阐述了儒学家的历史使命。《设立趣意书》说："《教育敕语》之圣旨，将藉儒道而得以益明，而儒道之本义，将依《教育敕语》而愈加权威。我同志相谋，同忧相会，以期大大振起儒道，而得以宣扬《教育敕语》之圣旨。"此即十分也是极端希冀通过"日本儒学教育"强化日本国民的"国家使命感"。

这是一场具备特殊性格的儒学复兴运动。它的特殊性集中表现为这一时代复活起来的日本儒学，其主要功能是充当日本社会日益猖獗的国家主义与超国家主义的理论基础乃至外观形式。19世纪末期至20世纪上半期，在"改造日本""雄飞世界""反对赤化"的口号下，国家主义者建立起一批又一批的社团，如大川周明的"犹存社"、蓑田胸喜的"原理日本社"、赤尾美的"建国会"、安冈正笃的"金鸡学院"等，它们无一不是以"天命说"与"大义名分"作为基本理论的。日本法西斯主义理论魁首，人称"思想魔王"的北一辉（1883—1937），他把工作室定名为"孔孟社"。

战前日本中国哲学研究的权威学者服部宇之吉（1867—1939）是这样来论述日本儒学的意义和价值的。他说：

儒教之真髓在于孔子教，然中国于此久失其真精神。至及现代，误入三民主义，又以矫激之欧化思想（指马克思主义），将其拂拭殆尽。有鉴于此，凡东西慧眼之士，皆睹孔子即在我邦保存普及，且感叹我国民卓越之文化建设力。

今皇国旷古之圣业，着成于再建中国之伟业，吾等欲同心协力，达成此

伟大使命。(《新修东洋伦理纲要序》)

这是使人战栗的诠释。日本儒学权威在如此这般地描述了中国现状与中日文化之后，竟然提出"再建中国"是日本"旷古之圣业"。

被称为"法西斯思想魔王"的大川周明（1886—1957）对于日本儒学的这一功能说得更明白易懂。

大川周明被远东军事法庭以甲级战犯起诉，表明了他所谓的"实行万世人君模范的尧舜之道"的法西斯主义本质，这是他罪有应得。这一时代，日本儒学已经丧失了任何文化的意义，它没有成为国民的精神修养，更没有成为协调产业社会的杠杆，由于它复活的本身是与皇权主义结合在一起的，随着皇权观念的法西斯化，日本儒学的主要功能便日益成为军国主义内外政策的玩偶。此种势态，直到战后才有所改观。

1993年4月草于日本京都

1993年8月写定于北大燕园

日本当代"国家主义"思潮的思想基础①

各位朋友：

感谢中国社会科学院日本研究所就日本战后的内外政策举办这样的国际性研讨。研讨就是对话。我曾经就日本战后的"中国观念"发表过一些自己阅读相关文本形成的感知和在日本实际生活体验中获得的感知，其中谈到过日本在第二次世界大战后最初20余年间不同的层面表现的对中国认知的不同的状态，高度评价了其中的"反省的和原罪的中国观念"。日本在战后的60年间，围绕着社会的发展道路，各种思潮跌宕起伏。现在，"不要战争"的"和平主义"在一般的国民中，特别是在经历过第二次世界大战中日本自身发动的对中国的侵略战争的老一代居民中，还能听到他们微弱表达的"不能走从前侵略中国的老路"的声音，但是，这种呼声现在愈来愈少了。毋庸讳言，"国家主义"（nationalism）和"超国家主义"（over-nationalism）却一直在不同的层面上影响着国民的心态，并且广泛而深刻地影响着日本当代社会的发展道路。因此，在我们为21世纪东亚地区的和平与稳定努力的时候，不

---

① 2003年9月5日在中国社会科学院日本研究所承办的"第二届近代日本内外政策国际学术讨论会"上的讲演稿。

能不注意当代日本"国家主义"思潮内含的多层面的价值观念与思想文化基础及其多形式的表现。

这里说的"国家主义",指的是在思想观念层面上,鼓吹与伪造本国(即本民族)在人类文明史上的"特殊性",以这种特殊性为基础,无限地张扬本国在世界关系中的独一无二的"优越性",从而在国际关系中谋取政治层面、经济层面以及文化层面等方面的霸权地位的"合法性";在国内关系中,则以此种虚构的所谓"独一无二的(国家或民族的)优越性"为基础,在最大多数的民众中制造民族狂热,使大多数的民众在所谓"国家(民族)至上"等等的"神圣的光环"中陷入甚至不惜以抛弃生命来显示其国家或民族的这种杜撰的"优越性"的迷梦之中。

"国家主义"首先表现为一种世界观和人生观,在它的发展过程中,可以衍化为行动力量,对人类社会的生存平衡造成重大危害。在这个意义上说,"国家主义"即使在它作为世界观和人生观存在的时候,它就是一种具有进攻性的功能性哲学。在当前的世界上,由于多种复杂的政治、经济和文化方面的原因,"国家主义"思潮正在显示它的扩大和蔓延的趋势,成为人类和平生存的愈来愈危险的破坏性因素。

日本当代"国家主义"思潮的成因是极为复杂的,我愿意就它的思想文化基础,阐述我的几点思考。

我今天与各位研讨五个问题,此即:
序说:问题的由来
第一,神国观念——国体优越论
第二,传统的领土欲望——亚洲解放论
第三,独特的岛国文化——文化优越论
结束语:推进21世纪中日之间的理解与合作

现在,我依次讲述我的这些观念,并愿意与各位进行相关的研讨。

序说：问题的由来

日本在一个半世纪的近代化进程中，国家主义曾经在相当长的时间内成为整个国家和民族的主流意识形态。1888年，当时的枢密院通过了《大日本帝国宪法》，并于1889年2月公布于世。此宪法的第一条曰"大日本帝国为万世一系之天皇统治之。"其第三条曰"天皇神圣不可侵犯。"这是一个近代国家以最高法的形式，把由神话所构筑的民族传说确定为日本国家的正式历史，把由世界各民族在原始蒙昧时代普遍存在的"对神的信仰"确定为日本天皇的皇祖（Ameterasu-Ohomikami，太阳神）与远皇祖（Izanaki-Izanami，共同创造的所谓日本的天神），这种对于文明与科学的亵渎，以及在精神形态上对于国民的愚弄，在世界近代史上是罕见的。1890年明治天皇颁发了《教育敕语》。《教育敕语》以日本国家最高权威的姿态向全体国民作了要求他们绝对忠诚于作为"天神后裔"的皇室的告示，成为皇权主义国家论的纲领，由此而确立了日本近代国家主义的主流意识地位。

近代日本国家主义在它开始出现的时候，与传统的日本国粹主义在表面形态上有所不同，它是以爱国主义作为其外在包装形态的[①]。

[①] 思想文化史上一般把国粹主义作为具有保守观念和立场的文化流派。日本文化中的国粹主义大约形成于明治时代的中期，它以在江户时代形成的国学为基础，以同时代与国学相对抗的汉学（以日本儒学为中心）为其理论支柱作为政治范畴和道德范畴的"爱国主义"在不同的国家（或民族）不同的历史时期不同的社会阶层中，具有并不相同的内容。对于爱国主义的解析如果仅是停留在这个概念的字面上是没有任何意义的，而必须对其内容作实在的考察与研讨。在研讨日本国家主义以爱国主义面貌出现时，作者多次被诘问"贵国当前不也是大力提倡'爱国主义'吗？"其实，我国当前倡导的"爱国主义"主体与日本国家主义的"爱国主义"具有很不同的内涵，它在价值观念上至少具有下列三个层面的基础性内容：第一，它立足于真实的民族优秀传统之中（爱国主义的历史感）；第二，它立足于对祖国为大多数人谋取利益的现实生存形态的热烈的肯定和对发展前途的确定的信念（爱国主义的现实感）；第三，它立足于尊重世界各民族的平等，并致力于与世界各民族共同为人类更加理想的生存而共同努力（爱国主义的世界意识）。三者相互统一，互为表里，构成为一个特定的政治范畴和特定的道德范畴，表现为我国国民主体的价值观念。当然，毋庸讳言，由于长期封建性的中华帝国观念尚未消除殆尽，又面临全球化语境中的多层面冲突而引发的抗击，我国国民的爱国主义在上述主体价值观念之外，也有若干非主流形态的狭隘民族主义的表现。有兴趣的读者可以参考本文作者撰写的《中日文化研究中的"民族主义"评估》，载于《近代以来中日文化关系的回顾与展望：复旦大学日本研究中心第九届国际学术研讨会论文集》，胡令远、徐静波编：上海财经大学出版社，2000年。

1891年东京帝国大学从事中国哲学史研究的副教授井上哲次郎（Inoue-Tetsujirou 1855—1944）奉文部大臣之命，并经由明治天皇本人寓目，以他个人名义发表了《教育敕语衍义》一书，又以文部省的名义，发行到全国的学校。井上哲次郎先生是在日本传统文化的滋养中又接受德国国家主义教育的中国儒学研究家，他一身而融合三种文化，使他对于天皇的《教育敕语衍义》具有了适应近代帝国政治需要的敏锐感觉，井上哲次郎在文中说："我至仁至慈之天皇陛下……降赐《教育敕语》，嘱文部大臣颁至于全国……余谨捧读，为所以修孝悌忠信之德行，培养共同爱国之心，谕示恳切。"又说："盖《教育敕语》之旨意，在于以孝悌忠信之德行，以固国家之基础；以培养共同爱国之心，以备不虞之变。"又说："共同爱国之要，东洋固有之，然古来说明者殆为稀少，余今欲阐述其与孝悌忠信共为德义之大者矣，……乃国家一日不可缺也！"这样，经井上哲次郎作了如此的阐述之后，《教育敕语》原本所具有的依靠天皇权威确立的国家主义本质，却在最广泛的层面上被表述为爱国主义，成为塑造全体国民共同爱国之心的纲领了。

爱国主义是一个神圣的字眼！通观人类的文明史进程，爱国主义也是一把锋利无比的双刃剑，善良的人们在它的召唤之下，为自己的祖国和人类的共同事业献出最宝贵的一切；而掌握着统治权力的私利集团，则使用爱国主义的神圣性让普遍的民众为他们取利献身。前者显现出理性与情感的光辉，而后者始终与罪恶和血污并存。

事实上，由井上哲次郎所阐述的所谓的爱国主义，便是沿袭了由江户时代的国学家们利用《古事记》和《日本书纪》中的神话材料，构筑虚假的"太阳神神授皇权"的观念，张扬所谓124代天皇万世一系的皇谱①，最后落实在"日本是在世界上超越所有国家和民族的最独特的，最优秀的存在"——这是日本神国论最根本的核心，也是构造日本国家主义最基础的思想材料。

《大日本宪法》和《教育敕语》作为日本近代史上最典型的国家主义的宣言，奠定了其后从19世纪后期以来150年间日本国家主义的思想根基，成为以国家权力推行的全民族信仰意识，构成日本的法西斯主义，军国主义

---

① 所谓124代皇谱万世一系，指的是从神话时代的神武天皇（父亲为太阳神第五代后裔，母亲为大海洋中的鳄鱼）至明治天皇，血族相传的谱系。

（militarism）的最基本思想核心，并由于文化学术界的主流成为其附庸，由此而构成各种具有国家主义色彩的文化学术思潮，从而蔓延为一般国民的心态。终于造成了日本法西斯主义、军国主义对于全世界，特别是对于东亚、东北亚和东南亚各民族的深重罪恶[①]。

本来，在20世纪中期，由于日本在它自身发动的侵略战争中的溃败，国家主义思潮不仅已经显示了它对于世界和平的祸害，而且也已经显示了它对于日本民族自身的祸害。但是，当历史又经历了半个多世纪之后，日本社会的国家主义思潮不仅未见其销匿，反而以各种衍生的新形式，散布于社会的各个层面，影响着国民的心态和国家政策的走向。

当代日本社会的持续不断出现的危及日本民族和世界和平安定的许多观念和行动，亦即习惯上称之为的"右翼"的观念行动，包括他们的中国观和对中日关系的处理在内，无论是个人性质的或是集团性质的，追究它的意识形态根源，几乎都是与日本的国家主义思潮密切相关的。

研究和认识日本国家主义的历史渊源和它的发展脉络，揭示日本国家主义的思想文化本质，遏止日本国家主义在21世纪的恶性发展，对于推进世界与东亚的和平和稳定发展，构筑21世纪中日关系的新思维是不可回避的重大课题。

那么，构成当代日本国家主义思潮的思想文化基础究竟是什么？我体会至少由下面三个层面组成。

---

① 当代日本学术界在关于近代日本政治思想史的研究中，愈来愈回避使用"法西斯主义"这一概念。相当多的学者认为，"随着他们研究的深入，发现日本在第二次世界大战的实态与法西斯的特征并不一致，这个概念只适合使用于欧洲，甚至只适合使用于意大利"。当前，日本不少的相关著作都以"总力战"的模糊概念来替代"法西斯主义"和"军国主义"。本文作者认为，"法西斯主义"（fascism）在本质上是一种"超国家主义"。政治思想史上的"法西斯"原本是一个借用的概念，象征古罗马长官们高度的权力。"法西斯主义"作为一种敌视十八九世纪主要哲学思想——法国和美国革命精神的思潮，在20世纪初期起源于欧洲，即刻发展为政治运动。这一思潮的主体体系，很快为亚洲的日本、南美洲的阿根廷、非洲的南非等所接受，成为全球性的反进步反民主的政治运动。法西斯主义具有两个明显的政治特征，并表现为行动趋向。第一是狂热鼓吹本民族的绝对优越性，并进而鼓吹"优等"民族统治世界的"必然性"和"合理性"；第二是狂热宣传全民族（全国家）一个领袖的至高无上的绝对权威，并用强权实行对"领袖"的绝对忠诚和绝对信仰。概言之，其内外政策的基本点便是用"信仰，服从，战斗"替代或拒绝"自由、平等、博爱"；其政策的施行，本质地与崇尚暴力联结在一起。所有这些政治观念与行为原则，与第二次世界大战的日本"政治理念"与"行动状态"是完全一致的。

一、神国观念——国体优越论

20世纪90年代曾经担任过日本国首相的森喜朗（Mori-Yoshiro）先生，在接任这个位置后不久，便在他的说辞中脱口说出了"日本是神国"。这是一句早已应该被历史的尘埃所封存的话语却出自20世纪90年代日本国家的内阁总理大臣之口，世界民主人士在愤懑之余，更感到的是无比的惊讶。首相曾经表示这是一个"口误"，但是，不久他又多次重复地使用了这个词。

森首相所说的"日本是神国"这一命题，最早出自14世纪日本贵族知识分子北畠顕家（Kitabatake-Aeiki）所著的《神皇正统记》中。此书"序论"开首的第一句话就说："大日本者神国也"（おほやまとはかみのくにや）。《神皇正统记》是一部神道学著作，它的全部内容，就是依据"记纪神话"，臆造了一个日本天皇世代相传的"皇谱"。这是日本神道教信仰第一次依据神话编造自己民族的政治史[1]。

使人意想不到的是，在其600年后，当世界的民主进程和科学进程已经达到十分昌盛的时代，特别是在1946年11月30日，日本国会通过的战后《日本国宪法》，已经取消了"皇权神授"和"主权在君"的基本观念，由此而普遍地确立了"主权在民"的观念的这样的时代中，作为当代日本国家权力意志中心的代表人物竟然会在社会公众面前如此熟练和毫无忌惮地使用《神皇正统记》的开场白，如此反复地加以表述和肯定这一神国观念，我们可以估量到以皇权神化为基础的日本国家主义，在当今日本社会生活中显然还潜藏着十分强大的能量。它深刻地显示了神国观念仍然是当代日本国家主义思潮的重要基础。

那么，日本当代的国家主义者是如何来解释关于"日本是神国"这一概念的含义呢？1997年11月，有一个叫"日本民族文化运动派"的代表访问了中国北京大学[2]。访问团团长、日本祖国防卫总队本部长角野周二（Kakuno-Syuuji）先

---

[1] 本文引用的《神皇正统记》，见《日本古典文学大系》卷八十七，岩波书店，1971年。

[2] 所谓的"日本民族文化运动派"，则是以"维护和扩张皇权为基础"，结集了诸如日本爱国者团体会议，祖国防卫总队，大日本一诚会，亚细亚スプリチュアル民族会议等的右翼集团，在日本国民中推行皇权意识。

生在北大以"论日本和日本人"为题做了讲话。角野先生一开始便说:"在我进入正题之前,先介绍一下明治初期1890年赴日本的希腊出生的英国人Lafcadio Hearn的日本观。众所周知,Hearn后来加入了日本籍,改名小泉八云(Goizumi-Yakumo)。他是一位具有世界水平的文学家。他来日本后,最为惊叹的是日本人礼仪之端方。他得出的结论说日本人礼仪之端方,源于日本的历史和传统的精神。小泉八云所说的"日本的历史和传统的精神"究竟是指什么呢?此乃是"日本以万世一系的天皇为中心的精神文化活动的根基,治国安邦的根本"。

这个讲话使人震惊!因为它使用的几乎全部都是已经被废除的所谓《大日本帝国宪法》和《教育敕语》的陈词滥调,其核心在于重现"大和魂"的精神。所谓"大和魂",它是在原先江户时代国粹主义的立场上建立起来的日本国家主义最基本的价值观——即由皇权神授建立起来的皇谱的"万世一系",由此而确立了日本的"国体优越论";又有以《古事记》和《万叶集》所表现的语言的"言灵"(ことだま)为中心而确立的日本"文化优越论";又以天皇为万民之唯一家长,个人得失荣毁全系于家长一人为中心的日本"家族制优越论"。由此三者为核心构成的"大和魂",成为江户时代以来国家主义者的世界观和人生观。

在当代日本政治思想活动中,"日本民族文化运动派"以小泉八云为例子,强调与鼓吹"日本是在世界上超越所有国家和民族的最独特的,最优秀的存在",从而让世界各国在这个"最优秀的存在"面前钦服倾倒。这一用心,却是必须引起善良的人们的高度重视。因为它竟然如此大胆和直言不讳地重复了战前日本国家主义的基本世界观和人生观,也为森首相的所谓"日本是神国"的概念做了十分贴切的阐述。它十分率直地表露了当代日本国家主义者思想文化的根基。

在此之前的1989年2月10日,日本文部省发布了一个规定,此即重新要求全日本的小学、中学(初中)和高等学校(高中)执行每日早晨升"日之丸"旗,唱《君之代》歌的仪式。同年11月,文部省重申了这一规定必须在1990年4月1日起执行。

历史在一百年间正好走了一个怪圈。100年前日本政府为贯彻其国家主义教育,强化皇权神化的观念,曾经命令所有的学校早晨要举行升"日之丸"旗,唱《君之代》的仪式,并背诵《教育敕语》,向天皇像行鞠躬大礼。当时,曾经严厉地处置了在这样的早课仪式上不向天皇像鞠躬，只向天皇像点头的具有民主主义思想的日本第三高等学校教授内村鉴三（Uchimura-Kanzou 1861—1930），严厉地处置了撰写论文揭示把太阳神作为天皇的祖先只是先民古朴的祭礼的近代人文学家、东京大学教授久米邦武（Kume-Kunitake 1839—1931），特别是在稍后又逮捕了坚持批评皇权神授理论的早稻田大学教授津田左右吉（Tsuda-Soukichi 1873—1961），并以"冒渎皇室罪"进行了刑事判决。当时，作为主流意识的国家主义，以教育作为其强行灌输的先导，并以国家权力相威胁，强制把国家主义造成为国家的主体意识。

本来，在日本军国主义溃败之后，"日之丸"这一面旗帜和《君之代》这一首歌曲理应得到反省和处置。就像战后东德和西德废弃了当年纳粹德国的旗帜和歌曲那样，在日本民族的心中理应铲除此种国家主义的文化符号。但是，"日之丸"和《君之代》不仅没有得到应有的处理，反而再一次以国家权力的形式，以教育作为国家主义教化的先导做法，在今天的日本重新开演，试图让它在日本民族中代代承传。

一位在日本极具声望的先生曾经警告我："先生在国际会议上议论一个国家的国旗和国歌，您认为这是合适的吗？请你们尊重日本国家的主权！"这种急不可耐的不顾体面的躁动情绪，正是内心涌动的"日之丸"和《君之代》之类情绪的强烈表露。[①]

作为具有近代民主和科学观念的人文科学家，我们尊重每一个国家的国旗和国歌，更无意对他们做出这样和那样的价值评价。但是，以自己的生命赢得了第二次世界大战反侵略胜利的人士，确实是有权利，而且也完全是有必要来揭示"日之丸"这面旗帜和《君之代》这首歌曲所含的文化符号价值的意义。目前作为日本学生每天被规定要以行"注目礼"仰看升空的这一面旗帜，当年在为国家主义为基础的军国主义势力的攻击之下，它是随着它的军队插遍了所有被它侵略和踩躏的土地上；目前作为日本学生每天被规定要高唱的这首歌曲，当年它是

---

① 1996年11月，中国"中日关系史学会"与日本"日中关系史学会"协作在中国北京天坛饭店举行"20世纪中日关系回顾与21世纪展望研讨会"。本人在提交的发言文稿中对日本文部省在中小学重新强行开启升旗仪式的真实意图提出疑问。参加会议的一位京都大学名誉教授当即提出上述抗议，会上一时有激烈论辩。

随着它的军队在所有被它侵略和蹂躏的土地上响起的。毫无疑问,"日之丸"和《君之代》是当年日本国家主义转化为侵略行动的符号象征。世界上每一个热爱和平的人士,都有权力,也有责任阻止这些侵略符号的再现!

日本筑波大学的一位教授曾经说:"我是很爱日本的,但是不知道为什么,我看见日本的这面国旗,就心惊胆战!"这是正直的日本民族的良心,我们应该向他们表示敬意!

在确认神国论构成当代日本国家主义基础性观念的研讨中,有人对我们说,"在当代日本人中,很少有人相信天皇是神",因而认为"这个问题已经解决了"。但是,事实上,在日本国家主义思潮中,"神国论"的观念却仍然极为深刻。

关于"天皇是人还是神"的问题,1946年11月战后《日本国宪法》取消了皇权神授和主权在君的法规,在法律上实行了天皇由"神"到"人"的转换,昭和天皇本人也在同年昭告全体国民,明确认定自己不再是神的代言人。但是,在实际生活中,国家主义不仅一直在推动修改这一宪法,而且在1989年明仁天皇的即位仪式中,继续举行证明天皇"不是人而是神"的"大尝祭"。

所谓"大尝祭",就是在天皇即位的典礼中,举行由即位天皇单独在一间存放所谓"三神器"的密室内与作为皇祖的太阳神沟通的仪式。所谓"三神器"即当年太阳神委派她的孙子降临日本大地时所赐予的"剑、镜、玉"。在日本的皇家谱系中,每一个天皇在即位的时刻都有一个祭祀所谓"三神器"的仪式,以确认自己是太阳神的后裔。在本次明仁天皇即位的前夕,日本民主势力与非神道的各种宗教力量,曾经就天皇即位仪式中应不应该有"大尝祭"与国家主义者进行过十分激烈的论辩,国家主义者曾经用暗杀的手段对付反对"大尝祭"的人士,而皇室和日本内阁却承认了举行"大尝祭"的必要性。

毫无疑问,日本国民对于"日之丸"和《君之代》以及"大尝祭"的观念和情感的对立中,表现出了两种国家观念的冲突。在这样鲜明的冲突中,突显出神国论(即"国体优越论")仍然是当前日本国家主义的流行中有相当的思想基础。

二、传统的领土欲望——亚洲解放论

1985年8月15日，日本在职首相中曾根康弘（Nagasone-Yasuhiro）率领18位内阁大臣以公职身份进行了参拜东京靖国神社的仪式，开启日本在职内阁总理大臣和内阁阁僚公开祭奠第二次世界大战甲级战犯亡灵的最恶劣的行径。1996年总理大臣桥本龙太郎（Hashimoto-Ryuutarou）以私人身份参拜靖国神社，2001年到2006年间，当时的总理大臣小泉纯一郎（Koizumi-Ichirou）先生每年又无定期地参拜靖国神社。在日本当代政治史上，由政府首脑主演的"参拜丑剧"不断地表演，不肯罢手，其释放的政治思想指向无疑是极为明白，又是极为重要的。

日本右翼一直把"祭祀靖国神社"解释为"这是日本自古承传的民俗"。但是，既然被远东军事法庭判处死刑的甲级战犯的亡灵已经被安置其中，那么这个神社便具有了特定的政治象征意义。记得1985年8月15日，日本首相中曾根康弘参拜靖国神社，当地的《京都新闻》第一版通栏大标题标示"军国主义分子中曾根康弘今日参拜靖国神社"。一家普通的地方晚报，立时把自己首相这样的参拜活动，定性为军国主义分子，指证这是"军国主义活动"，具有尖锐性、正义性和准确性。但是到了20世纪90年代，发展到21世纪，日本那么多的政治家和媒体怎么对日本的政治要人们一再、二再、三再地参拜靖国神社、挑衅东亚与世界和平，就不明白了呢？怎么都使用"这是日本的民族古风俗"来解释了呢？

把参拜靖国神社作为日本20世纪80年代以来日本军国主义重新活跃的政治性标志是一点也不为过的，它的背后隐藏着的是日本"右翼"挥之不去的世代传承的"领土欲望"。

30余年来，围绕着关于日本军国主义发动的侵略战争的性质，这样一个几乎成为全世界民众共识的问题，却常常听见日本各届内阁大臣的狡辩性的"放言"！（在日本文化语境中，"放言"，意即"胡说"。）

例如，军人出身的内阁法务大臣永野茂门（Nagano-Shigekado）声称："南京大屠杀事件是捏造的；大东亚战争并非侵略战争，而是日本为求生存，解放殖民地及建立大东亚共荣圈而认真思考的产物。战争的目的在当时基本上是可以被允许与正当的。"

即使在被称为致力于和平的村山内阁中，竟然也有一个环境厅长官樱井新（Sakurai-Akira），他讲得更加露骨："日本并非想发动侵略战争而打仗"，"与其说是侵略战争，毋宁说是几乎所有的亚洲国家都托它的福，从欧洲殖民统治中获得独立，……只不过半个世纪，整个亚洲便出现经济繁荣，也使它们的民族强盛起来。"

日本学术界的右翼学者与之相呼应。一位年纪不算大的学者，1960年出生福田和也（Fukuda-Kazuya，1960年出生）竟然有如下的表示。他说："大东亚战争一方面是为了获取资源，另一方面显然是一场解放殖民地的战争……关于这一点，只要看一下世界地图在战前和战后的变化，马上应该感到明白——曾经覆盖整个亚洲的'英国领地''荷兰领地''法国领地'等字眼，在战后的地图上全部消失了。对此，日本人应该感到骄傲。因为正是日本人，使亚洲地图发生了这种变化。"①

所有这些观念和言论，都是旨在谋求日本在20世纪发动侵略战争的"正当性"和"合法性"。他们以"世界解放论"或"亚洲解放论"作为其行动的标牌，在所谓"驱除西方殖民主义"的口号下，掩饰他们自身的殖民扩张行径。政客与学者的相互呼应，表明此种国家主义思潮在社会各个层面中渗透的严重性。

关于对所谓"世界解放论"和"亚洲解放论"本质的理解，尽管有学者认为这是涉及关于殖民地理论的问题，有先生这样说："应辩证地理解殖民主义的历史作用，不能把破坏性使命与建设性使命截然分开来。殖民主义在实施破坏性使命时，也在不自觉地实施建设性使命，而在实施建设性使命时，它的破坏阻挠作用也并未停止。"这看起来是多么公允的说法。但是，只要熟悉东亚政治思想史而不抱意识形态的偏见，那么自然就明白，当代日本国家主义者在战争问题上的这些表述，则几乎全部来源于侵略战争准备时期和进行时期的日本法西斯主义理论家北一辉（Kita-Ixtuki 1883—1937）和大川周明（Oukawa-Syuumei 1886—1957）等人的说辞，其核心内容则是狂妄的领土欲望。从当代国家主义者所阐发的如此之多的言辞来考察，其实并没有任何"新"理论可言，也不需要用那些高深莫测的殖民地理论和所谓的"后殖民地理论"来加以解释的。

---

① [日]福田和也：《正是日本人》，高木书房，1994年。转引自冯玮：《论日本殖民统治与殖民扩张主义的特性》，载于《第二届近代日本内外政策国际讨论会文稿》，2003年。

所有这些构成当代日本国家主义思想的重要内容，它内含着最真实的利益欲望，便是发端于日本中世纪时代末期，特别是在江户时代后期极端嚣张起来的"武士领土野心"。20世纪日本发动的侵略战争只是把这种蓄积已久的欲望付之于具体的血腥行动而已。

19世纪初期，在寻求未来日本的前途方略上，有一个从事博物学研究的学者叫佐藤信渊（Satou-Nobuhirou 1769—1850）于1823年撰写了《宇内混同秘策》一稿。他以"提举国力，雄飞世界"为构想基础，在文稿中表述了他所谓的治国方策说："当今之世于万国之中，土地最为广大，物产最为富饶，兵力最强盛者，莫过于支那国者。……而由皇国征伐支那，如节制得宜，不过五七年间，彼国必土崩瓦解也……故以皇国开发它国，则必以先并吞支那为肇始也。"

佐藤信渊的这部《宇内混同秘策》，原本是他向各个藩阀陈述自己的所谓日本自强的方略。这个"秘策"的根本目标在于"雄飞世界"和"宇内混同"——这就是主张世界各国皆"混同"为日本的一个区域，"使万国君长，尽为日本之臣仆"，从而使日本获得"雄飞世界"的地位。实现此种"混同"的第一步，佐藤信渊竟然主张"必以并吞支那为其肇始也"。佐藤信渊还进一步提出日本应该"席卷支那北方，而以南京为皇居"①。

人们或许会惊奇，19世纪20年代的日本，还是一个闭关自守的蕞尔小国，佐藤信渊竟然会有如此胆量发出以灭亡中国作为拯救日本的"秘策"，竟然会构思出"席卷"中国北方，而以南京为"皇居"的如此狂妄的政治幻想！

其实，这并不奇怪。这一试图并吞中国的政治构想，是基于当时江户时代逐步发展并蔓延起来的国家主义立场而发生的。这一观念的根本之点，在于当时极为活跃的武士群体觊觎海外的领土野心。它在江户时代中期得到日渐高涨起来的国粹主义推动，以大和魂的大皇国观念为核心，从而构筑起向外扩张的建国方策。

日本传统的领土野心，可以追溯到16世纪武士对海外的领土欲望。1591年，丰臣秀吉（Toyotomi-Hideyoshi 1537—1598）发动了对朝鲜的战争。1592年，丰臣秀吉便公然声称"此行将直捣大明国""占领天竺"。当时，只是因为各将军

---

① 《宇内混同秘策》的原文请见日本国粹全书刊行会编：《日本国粹全书》第十九辑，东京日本国粹全书刊行会，1917年1月。

之间忙于内部的攻伐，才未能如愿①。德川幕府政权为安定内部的统治，造成了与外部世界的隔绝，武士对海外领土的野心，一时失去了表现的对象。但是，大和魂的观念却一直在国家意识形态的深层次中潜在地发展着。

稍晚于佐藤信渊的"开国攘夷派"人士吉田松阴（Yoshida-Syouin 1830—1859）于19世纪中期崛起于草莽之中。作为日本维新革命的先驱，自有他的历史积极意义。但是，就是这样一位不到30岁就死于幕府屠刀下的维新人士，他在开国攘夷的方略中表现出了强烈的国家主义本质，为未来的日本前途和世界和平留下了无可挽回的灾难。

1855年，吉田松阴因为"勤王"之举而被幕府投入监狱，他在监狱中写有《幽囚录》一书。吉田氏在此书中为未来日本提出了建国的方策。他说：日本应该"北割满洲②之地，南收吕宋诸岛，可渐示进取之势"。他提示未来的日本政府，在与英美列强的交涉中失去的利益，都可以"偿还于（朝）鲜（和）满（洲）"（在朝鲜与中国之东北等到回报），所以，他提出作为日本对外行动的第一步，则是"割易取之朝鲜，满洲与支那"③。

吉田松阴是把推翻武士幕府政权、重新建立起以皇权为主体的"新日本"，与日本向海外的扩张，特别是与夺取朝鲜半岛和中国的领土和物资，构筑成为一个完整的统一体。人们不难看出，吉田松阴所做的一系列提示，事实上展示了未来日本军国主义"大东亚共荣圈"的雏形，构成为20世纪上半叶日本"大陆政策"的核心观念。吉田松阴的一生确实是短暂的（他死于武士幕府政权的屠刀之下），但是，他的观念和事业已经由他的学生们付之行动和实践了——他的学生中因为参与明治维新有功而获得勋位者，据说有37人之多。其中有显赫一时的内阁总理大臣伊藤博文（Itou-Hirobumi 1841—1909），有外务大臣井上馨（Inoue-Kaoru 1836—1915），有陆军大臣山县有朋（Yamagata-Arritomo 1838—1922）等

---

① 参见[日]丰臣秀吉·《丰太合三国处置太早计》，育德财团，1932年。

② "满洲"一词原为满族的旧称，《清一统志》将山海关外三省统称为"关东三省"，后简称"东三省""关东""关外"等，民国时正式使用"东北"称呼山海关以外的领土。英国、日本、俄国等一些国家仍使用"满洲"（Manchuria）一词指我国东北地区。为了呈现历史事实和文献原貌，本书中凡涉及日本文献史料中出现的"满洲"或"满"、专有机构名称中的"满洲"或"满"一般不作更改，书中再次出现时不再另行加注。——编者

③ [日]吉田松阴：《幽囚录》，见吉川半七编刊本，1891年7月。此本题署"吉田寅次郎著"，"松阴"为其号，名为"矩方"，通称"寅太郎"。

等。这些学生便在他们老师所表达的这样可怕而又嚣张的国家主义观念与变成实践行动之间架起了现实的通道。

此种由江户时代传承下来的对于海外领土财富的欲望,在明治时代初期,即日本全面卷入军国主义之前,曾经有过特别经典性的表述。1891年5月到11月,日本东洋社会党党魁、亚细亚论者樽井藤吉(Tarui-Toukichi 1850—1922)在《自由平等经纶》杂志上连载他的《未定稿》,提出了"大东合邦论"的理论。

所谓的"大东合邦论",就是他们主张基于日本和朝鲜,还与中国具有"一种族繁殖"的"亲和特点",日本面对世界列强,应该与朝鲜建立"合邦",与中国建立"合纵",实现以日本为盟主的三国一体化,定国名为"大东"。这是在日本近代化肇始之初,日本国家主义思潮把观念向实体化方向推进的重要构想,从而使自丰臣秀吉以来,佐藤信渊的"宇内混同"、吉田松阴的"西进南下"等等国家主义幻想,开始以"兴亚""振亚"等作为旗帜而更加具体化了。①第二年(1892),樽井藤吉当上了日本国会众议院议员。

像这样猖獗和狂妄的封建性海外领土欲望,综合而集中地表现在1927年由当时的军人首相田中义一(Tanaka-Giichi 1864—1929)所拟定的秘密文件《帝国对满蒙的积极政策》中,这就是所谓的"田中奏折"。这是当年6月27日至7月7日,日本政府的"东方会议"所策划的对华政策纲领的最集中的表现。田中在这个奏折中说:"欲征服支那,必先征服满蒙;欲征服世界,必先征服支那。"以此作为标志,可以说由中世纪末期武士的领土欲望启衅,经由江户时代的国粹主义,到明治时代的国家主义而到达昭和时代的军国主义,日本的"大陆政策"此时(此即20世纪20年代中期)已告完成。

在上述所简单表述的日本历史的行进中,几乎在它发展的每一个阶段中,国家主义所内具的对于海外领土的欲望,几乎都有从思想观念到行动的直接传承途径,经过这样长期的蓄积,终于在20世纪的上半叶呼应欧洲法西斯主义的猖剧发展而转化为直接而残暴的侵略战争。

在这个领土欲望的发展脉络中,人们从哪里能够体味和感受到如近30年来日本一些内阁大臣所说的"日本并非想发动侵略战争而打仗","与其说是侵略战争,毋宁说是几乎所有的亚洲国家都托它的福,从欧洲殖民统治中获得独立"等

---

① 《大东合邦论》原文见樽井藤吉自编文稿(署名森本藤吉著),1893年,藏于东京大学。

等这样的"善良之心"和"无尽的功德"呢？

日本当代国家主义者顽固地把几个世纪以来露骨的领土欲望宣传为"亚洲解放论"和"世界解放论"，他们心头聚集的这种挥之不去的情结，其观念与理论完全来源于20世纪20年代到40年代之间的被人称为"法西斯思想魔王"的北一辉和他的追随者、人称"大东亚战争论客"的大川周明这些战争论客的说辞。

1923年北一辉在上海的自宅"孔孟社"中据说辟谷40天，撰写成《国家改造案原理大纲》（后改名为《日本改造法案大纲》）。作为日本法西斯主义理论基础的主体，《日本改造法案大纲》以极为强烈的"皇权神国论"作为基础与指导，它说："我大日本帝国天皇乃国民之总代表，国家之根基"，"是把3000年之生命与6000万人作为'一人格'的具体化之皇帝。"基于此种伪造历史而蓄积的狂热，北一辉强调在日本国内强化皇权的目的，就在于谋求"日本（要）执世界之牛耳"。北一辉有如下两段最重要的表述，成为当代日本国家主义内在思想的支柱：

第一段说：

> 英国乃跨越全世界之大富豪，俄国则地球北部之大地主。以星星诸岛作为国境线之日本，于国际上则处于无产者之地位，岂无堂堂正正之名，向彼等开战以夺取其独占之权利乎！

第二段说：

> 随着国家改造之完成，亚细亚联盟乃可义旗翻扬而真正到来，日本乃可执世界之牛耳，宣布"四海同胞皆是佛子"之天道而垂其功于东亚。①

这是在日本极具侵略性的"大陆政策"形成之时，思想史上便有人跳出来与之呼应，试图从理论层面把蓄谋已久的对世界的掠夺解释为从世界的"大富豪"和"大地主"手中"分取其独占的利益"，从而便使这场战争有了"合理性"和"正当性"。北一辉的这些说辞，便成为以后构筑所谓"亚洲解放论"和"世界解放论"的理论源头。

北一辉因为策动军事政变而被天皇处死。他的门徒大川周明则从20世纪30年

---

① 北一辉：《日本改造法案大纲》，《北一辉著作集》第2卷，みすず书房，1959年。

代末期起，进一步发挥了北一辉的"解放战争"一系列观念，他的说辞更加清楚明白。

战后，远东军事法庭以"甲级战犯罪嫌疑人"逮捕了大川周明，这是当时逮捕的唯一一个非军人的甲级战犯。只是在审讯过程中因为他"精神失常"（不知道真假）而没有被判决。这一漏网是一个历史性错误，好比希腊神话中的潘多拉盒子，从中放出了对人类遗患无穷的灾害。当代日本国家主义为侵略战争所作的各色各类的翻案词，几乎都来自这一法西斯理论系统中。

在当代对国家主义的思想和行动的研究中，不要回避揭示他们所追求的真实目标。有日本学者说："当代日本国家主义已经不具备领土欲望这样的物理性要求了，他们注重的可能是更直接的利益。"这一判断的前一部分是过于乐观了，后一部分却有它的真实性。当代日本国家主义更加注重在现实世界的环境中谋取"更直接的利益"这一点也是不错的，但是，如果因此而认为日本国家主义的内涵由此已经消弭了"海外领土欲望"这种被称之为"物理性要求"，那么至少是一种"视觉错位"了。且不说关于中国钓鱼岛的领土归属问题，也不说自卫队日益扩大他们在海外的活动，就在思想文化层面上，当代国家主义思潮为三百年来他们先辈的领土欲望进行"解脱"的动向愈来愈急迫，甚至可以说愈来愈露骨和猖狂。这种辩解的实质，就是内含着同情与渴望，应该是不言而喻的。

有一位曾经在中国的大学中指导中国学生撰写以研究北一辉为主题的硕士论文的"日本专家"对他的学生说："北一辉并不是天皇神权的崇拜者，他完成了从'忠君'到'爱国'的转变。他的《日本改造法案》考虑的是社会主义的内容和实现的方法。"[①]

有日本学者对于学术研究致力于揭示吉田松阴思想中的国家主义内容也显得烦躁不平。他们告诫中国学者说："一个不满30岁的青年，为了日本的近代化牺牲了自己。他一生不贪酒，不耽色，只读书，多好的青年啊！你们说他有'侵略思想'，有什么根据？请你们在说他有'侵略''扩张'的时候，把这些字句打上引号吧！请你们使用'所谓的国家主义''所谓的侵略思想'吧！"[②]

---

① 1997年北京日本学研究中心有硕士生撰写以北一辉为主题的论文，日方指导教授提供的几乎都是为这个"法西斯理论魁首"辩解的说辞，中日方教授的观念差距甚大。

② 1996年北京大学比较文学与比较文化研究所与日本文部省国际日本文化研究中心联合在北京大学举行学术会见，时任北京日本学研究中心的日方主任教授作如上的讲话。

这正是很深刻地表示了在20世纪的100年中，日本国家虽然经历了兴败盛衰的重大变故，然而，对于造成如此重大灾难的国家主义源头之一的传统的领土欲望，及其作为观念形态的大和魂，未能给予应有的反省和历史的评定。让人深感遗憾。

在研讨当代日本国家主义者内心孕育的"传统领土欲望"的时候，又必须再次提到日本文部省。在该省决意恢复升旗和唱歌仪式之前，即早在1982年，文部省就把历史教科书中近代日本军国主义对中国和亚洲的"侵略"，改写成为"进出"。当时遭到亚洲各国的严厉的批判。日本官房长官曾经有如下的表示：

> 日本政府在联合声明中写入"痛感日本国过去由于战争给中国人民造成重大损害与责任，表示深刻的反省"。这一认识迄今没有变化。

这位官房长官还说："日中联合声明的原则，在日本的学校教育和审定教科书时，理应得到尊重。日本政府将充分倾听中国等国对我国教科书有关这类问题的批评，并由政府负责纠正。"

官房长官言辞旦旦，或许因为日本内阁官房长官管不了属于内阁的文部省的缘故吧，1986年，在审定日本高中学生使用的《新编日本史》时，文部省竟然如此表示：

> 日本当时把这场战争定名为大东亚战争（即所谓太平洋战争），并认定其目标是从欧美列强统治下解放亚洲，并在日本领导下建设大东亚共荣圈。

这是多么奇怪，又是多么猖獗的日本教育部声明！

当今日本有一位走红的教授，原先在早稻田大学任职教授，后来在文部科学省国际日本文化研究中心出任教授，现在正在静冈一个大学中担任着校长。此位先生叫川胜平太（Kawakatsu Heita），1948出生。1997年11月刊出一本著作，书题定名为《文明的海洋史观》（中央公论社）。该书结尾一章名为"21世纪日本国土的构想"，作者在西太平洋的地图上从日本列岛出发，经由朝鲜半岛，中国松辽平原，华北东侧，北京，天津，渤海湾，山东，江苏，上海，浙江，安徽，湖北，湖南，广东，福建，台湾，广西东侧，海南岛，香港，囊括黄海、东海与南海全境，又东进菲律宾，南进越南，柬埔寨，缅甸，泰国，马来西亚，新加坡，印度尼西亚，直到澳大利亚北端，画上一个半月形大圈，称为"丰饶的半月弧"（The Sea of Fertile Crescent）。这位川胜平太先生说，21世纪的日本，将是"浮现在西太平洋这一'丰饶的半月弧'上的'庭园之岛'！"依照川胜先生的论说，"（这一半月弧的）太平洋文明的主要担当者是以日本为轴心！"

记忆唤起我们无比的震惊，地图和话语对日本史研究者竟然是这样的熟悉！这不就是当年日本老军国主义在第二次世界大战中整个的西太平洋作战图吗！不就是当年所谓的"大东亚共荣圈"的"日本轴心论"吗！这一论说暗示了21世纪的日本将以上述这个"半月弧"版图为其生命线。19世纪末期作为日本军国主义始祖的山县有朋在阐述他的基本"国策论"中的"日本利益线"时，也恰恰在西太平洋上画了这么一个"半月弧"。历经130余年了，历史的地图竟然如此直率地得到重现，特别是大小尺寸也竟然丝毫未改！此书到2002年10月已是经第十次印刷。像川胜平太教授这样的文人与这样的理论的出现以及他在时下得到的吹捧与走红，为我们重新考量日本当代新国家主义提供了极有价值的视域。

三、岛国文化特征——文化优越论

20世纪的50年代，日本的各种社会力量都在寻求重建战后的日本"国民精神"。1954年，日本著名的文学史研究家西乡信纲（Saigou-Nobutsuna）先生在他的成名著作之一的《日本文学史——日本文学的传统和创造》中，以论述日本古代文学中的"和歌与汉诗"的关系为中心，猛烈地抨击中国大陆文化在与日本文化形成和发展中的作用，他使用"木乃伊"的概念（即"僵尸"的概念）诅咒中国文化，又把在古代日本文学史上与"假名文学"同时并存并相互的"汉文学"界定为"殖民地文学"，从而杜撰在东亚"汉字文化圈"内发展的日本文化为所谓的"纯粹的文化"。

他在他的著作中这样说：

近江朝之后（即7世纪），贵族之间做起汉诗来了……但是，"盗木乃伊的人常常变成木乃伊"，从国家的一切制度，乃至服饰，贵族们尽量想从唐朝移植。不久，连他们的思想感情也产生了殖民地化的危险……奈良朝写作汉诗成风，这正是贵族们受外来文化的毒害，逐步走上殖民地的征兆。①

这正是危言耸听！西乡信纲使用近代西方资本主义国家向外扩张的"殖民地"概念来描述古代日本与中国的关系，这不仅是历史意识的错位，而且包含着极度深刻的用意——他正在日本文学与文化中试图设法剔除自日本列岛文明开启以来以华夏文化为中心的大陆文化对它的滋润作用。

西乡信纲又说："《万叶集》是从对外来文化进行民族抵抗出发而形成的感情的文学。"而"柿本人麻吕（即《万叶集》中的一位歌人）是一个更接近于自然，充满了官能上的热情的健康的日本人……至少他没有接受大陆文化作为他自己的知识修养。这正是柿本人麻吕创作的伟大之处，是奈良朝的作品所不可企及之处。"

日本文学史的实际知识告诉我们，《万叶集》并不是"纯粹本土文化"的产物，它是在多元文化语境中形成的艺术珍品，其中，以"万叶"命名这部歌集本身，就得益于中国文化，至于其中的"歌型的分类"、短歌的"三十一音的组合"、长歌的"歌题"与"歌序"等等，都是与中国文化密切相关。说到具体的作家，像他提到的柿本人麻吕，正是一位很具有汉文化修养，并且把这种修养融入了他的"和歌"的创作中的歌人。无论如何也不能说《万叶集》是抵抗外来文化而形成的文学，也不能说柿本人麻吕的伟大之处，就在于他没有接受大陆文化作为他自己的知识修养②。事实恰恰相反。关于这个命题的基本知识，有兴趣的

---

① [日]西乡信纲：《日本文学史——日本文学的传统和创造》，东京厚文社，1954年。

② 中国、日本和许多国家的日本文化研究者研究《万叶集》的发生的著作已经有很多了。其中有不少著作揭示了《万叶集》与多元文化，特别是与中国文化的关系。有兴趣的读者可以参考严绍璗，中西进主编：《中日文化关系史大系·文学卷》（日文版，大修馆出版社，1995年；中文版，浙江人民出版社，1996年），另可以参考严绍璗：《日本古代短歌诗型中的汉文学形态》（《北京大学学报》1982年第5期）与《〈万叶集〉的发生学研究——兼评西乡信纲的〈日本文学史〉》（中国社会科学院《日本学刊》1999年第1辑）等。本文作者曾于1994年11月7日下午在日本京都为日本明仁天皇特别接见，双方就《万叶集》和《古事记》的阅读交换见解。明仁天皇在获知本文作者喜欢阅读《万叶集》和《古事记》后说："这两种书对于我们日本人来说，也是很困难的，先生以为如何？"我说："是的，要真正读懂这样的古代巨著，实在不是容易的事情。但是，由于《万叶集》和《古事记》具有非常广阔的文化背景，特别是内含有非常丰富的中国文化因素，因此，在某种意义上或许倒可以说，中国读书人阅读这样的作品，反而比日本人有了一些便利。"天皇说："先生说得很对。日本古代受到中国文化的许多恩惠，像京都的城市建筑，几乎是全部模仿贵国长安的。"本文作者每当读到或听到国家主义者的关于"纯粹日本文化"的无稽妄谈，则回忆起与明仁天皇的对谈，便唏嘘不已！

听众，可以阅读我撰写《中日古代文学关系史稿》，和《比较文学视野中的日本文化》等著作。

西乡信纲在伪造日本文学史！以西乡信纲在日本古代文学方面所具有的知识，他不应该如此地不负责和不学无术。其实，与其说西乡信纲是在描述日本文学史，不如说，他是试图通过所谓的"文学史"的传统和创造这样蛊惑人心的词句来表述一种文化史观。——一种把日本文化称之为不受任何外来文化影响的"独特的"和"纯粹的"文化史观。

日本文化纯粹论是大和魂的基础性内容。这一观念的雏形显现于江户时代的国学思潮中。18世纪的本居宣长（Motoori-Norinaga 1730—1801）把《古事记》和《万叶集》的语言特征无限地夸张化和神秘化，强调了以日本语言从事"假名文学"的创作具有不可解释的特殊的"灵性"，被称之为"言灵"（ことだま）。国学家在杜撰日本文学的特征和发展史的基础上，制造了"日本文化的优越论"[①]。

西乡信纲试图通过他的"和歌文学论"在日本文化研究中构筑起一种没有接受过任何外国文化影响和沁润的所谓"纯粹的日本文化"。作为文学史家的西乡信纲或许不被更多的人认识，但是，作为他所鼓吹的"纯粹的日本文化论"，却在战后复活国家主义的文化论方面具有重大的作用。

日本一所最具盛名的大学中，有一位教授对中学教科书中关于古代中日文化的亲密关系的内容提出质疑。他在新闻上发表文章，煞有介事地问道："教科书中关于日本人的饮食、服装和日常生活，至今还保留着唐朝的某些风尚的叙述，我们真不知道指的是什么？"这位教授装成不懂世事的小姑娘，傻乎乎地提出这种在小学校里都不会及格的问题。人们觉得奇怪，这位在如此知名的大学中任教的先生，对于本国文化和世界文化的认知能力竟然这样的低能。比如，他用来表

---

① 本文作者认为有必要说明，江户时代以本居宣长为代表的国学派，与20世纪50年代以来，特别是90年代以来的日本国家主义在理论形成的渊源上也有不同之处。江户时代的国学派尽管他们强调并进而张扬"日本文化优越论"，但是，他们都是中国大陆文化的认真学习者，具有极为丰厚的汉文化基础。本居宣长本人在中国文化的学习上曾经下过十分的苦功。1756年他26岁的时候，曾经手写中国《春秋经传集解》三十卷凡1048页（此本至今保存在本居宣长纪念馆中）。他们在倡导国学的同时，并不否认中国大陆文化对于日本文明的意义，这与当代日本国家主义者中的大多数学者对于中国大陆文化与日本汉文化的无知呈现两种文化态势。

达自己这种极为可怜的问题的"假名"文字,不就是"汉字的变体"吗?否则它为什么叫"假名"呢?而它形成的时代,不就正好与中国唐代相一致吗?①

这位教授的问题的本质,在于他非常鄙视日本文化中至今竟然留存有中国大陆文化的影响,他希望自己真的能够生活在"纯粹日本文化"的气息中。这种政治上的绝对主义和在文化上的自我膨胀,竟然使一些自以为是的教授的形象,变得如此地可怜。

这一可笑的事例或许证明了历史的事实的确是不可更改的,当代日本国家主义试图在文明史的进程中把日本文化从"汉字文化圈"中脱出,进而张扬"日本文化优越论",遇到了实在不可逾越的困难。于是,从20世纪的90年代以来,"日本文化优越论"开始以一种更加理论化的面貌出现于世。这就是当今在日本知识界愈来愈有市场的"海洋的日本文明论"(Concept of Oceanic Japanese Civilization)。

前面已经提到的川胜平太(Kawakatsu-Heita 1948年出生)先生,1995年在《早稻田政治经济学杂志》上刊出《文明的海洋史观》。1997年又在日本具有国家电视性质的NHK上以"人间讲座"的形式,连续三个月讲授"近代はアジアの海から"(近代起源于亚洲的海洋),从而揭起了"日本海洋文明观"的旗帜,一时之间,日本学术界在较为宽阔的层面上彼此呼应。于是"海洋日本文明观"终于形成当今极为时尚的学术潮流。

关于"海洋日本文明观",我将在本专题系列的第三讲中,进行专门的讨论。

这个理论的核心就是认为,假如说两千年老欧洲的历史是摆脱"伊斯兰化"的"脱亚"的历史话,那么,两千年来日本的历史就是摆脱"中国化"的"脱亚"的历史。

这当然是一个伪造的虚妄的命题,就学理事实本身而言,是不值得我们在这

---

① 关于论证日本文明史的形成与发达,及其与亚洲大陆文明,特别是与长江-黄河文明、恒河文明相互关联的著作已经很多了。有兴趣的读者可以参考本文作者著《中日古代文学关系史稿》(湖南文艺出版社,1987年,香港中华书局,1988年)、《中国文化在日本》(新华出版社,1993年)、《中国与东北亚文化交流志》(与刘渤合著,上海人民出版社,1999年;北京大学出版社,2016年)。并有《中华文明的亲和力和东亚文化圈的形成》(第二届北大论坛讲演稿,2002年11月。载《走向未来的人类文明:多学科的考察》北京大学出版社,2003年)等。

里研究讨论的。

但它在两个层面上必须引起我们思想史研究的警惕：

第一，当一个学者在没有任何历史的前提中，在没有任何原典实证中随意提出"新思维"的时候，他常常就有超越学术之外的意图，为此人们一定要保持高度警惕。

第二，一个明显的虚假的伪命题，好比在商店里一眼就能被人看穿的假货，一种伪劣商品但它在日本却能够构成有销路的"市场"，拥有相当数量的顾客这又正是我们有兴趣之处。

这两个层面的事实告诉我们，日本当代国家主义在文化观念上，愈来愈强烈地表现出了作为大和魂核心之一的所谓岛国文化特征在当今社会中搏动的脉络。

他们试图向世人证明日本文化作为纯粹的海洋文明，具有绝对的优越性，它将代表世界的未来，从而为现在和将来谋取文化大国的地位和文化的霸权。

结束语：推进21世纪中日之间的理解与合作

时光匆匆，进入21世纪已经是第8个年头了。东亚地区经历了20世纪曲折坎坷的道路，历史为构筑未来的生活提供了许多痛苦而又宝贵的经验。作为中国学者，无论是从世界的或从东亚的和平和稳定的出发，对于新世纪的中日关系怀抱许多新的希望，为此而有新的思考。从20世纪的整个历史进程中，我们体验到善良的人们所期待的中日之间的友好，是一定应该以理解为基础的，而理解则必须是以坦诚为出发点。只有坚持不懈地揭示并去除诸如国家主义这样一些历史沉淀的非常不合时宜的思想精神形态，才能为中日之间的新思维注入真正激发新生命的活力，从而实现中日两国在现实生活中的真正合作。

谢谢各位听完了这样冗长的讲话。

日本中国学中一个特殊课题——满学[①]

在日本早期中国学的发展过程中,始终伴随着近代军国主义对中国图谋不轨的阴影,它侵蚀着日本中国学学术的科学性、严肃性和正义性。从19世纪末叶开始,在中国学范畴内,萌发了一门称为"满学"的所谓新学科。由于官民双方的倡导,学术界趋之若鹜,一时间呈现发达的景象。

所谓满学(由此衍生了"满蒙学""蒙古学"),这是以中国东北地区和蒙古地区为对象的一种以人文学和社会学为中心的综合性调查研究,尤以收集实地资料为主。本来,就其研究和调查的对象而言,理应属于中国学的范畴之内。然而,抛却中国学的概念,另立新名,这本身就不是学术性的,而是政治性的。在日本近代文化运动中逐步形成的对其境外各区域性的人文与社会的研究,一向都是以国别概念来命名其学术的,如中国学、印度学、荷兰学等。现在,在中国学之外,把对中国东北地区的研究称为满学,试欲与中国学等并列,这无疑是日本企图分割中国的军国主义恶势力在学术中的表现。事实上,如果从所谓满学的内容来看,它事实上是与日本军国主义企图霸占东北地区的欲望与行动

---

① 本文原载于《日本中国学史》,江西人民出版社,1991年。

密切相关联的。它再清楚不过地证明了这一"学术"的虚伪性。

毫无疑问，所谓满学的形成与发达，它是日本近代中国学遭受严重挫折的一个标志。

一、20世纪前日本对满洲研究的回顾

满洲原为满族人的自称，此名始定于1635年皇太极掌权之时。旧时也以满洲指称满族发源之地——中国东北地区。

日人注意于我国东北地区大约起始于江户时代的初中期，亦即17世纪中期左右。造成这一势态的最具有刺激性的因素，便是这一时代满族入主中原，清王朝用武力取代了朱明政权。满族原本于中国东北，而东北地区自古以来为中日之间经由朝鲜半岛相互往来的必行之通道。《山海经·海内北经》就有"盖国在巨燕南，倭北，倭属燕"的记载，证明了此种联系的历史悠久性。所以，原本于这一地区的满族的兴起，自然便引起了日本有关人士的兴趣和注目了。

日本最早关于中国东北地区的记事，主要是知识性的。17世纪20年代（宽永年间）的《鞑靼漂流记》，这是日人游迹于这一地区的最早记录，也是国际范围内关于东北地区的最早报告。欧洲最早的关于满洲的文献，是1682年扈从康熙皇帝巡视东北的传教士南怀仁的《闻见录》，刊于杜赫德的《中华帝国全志》上，此后经历了大约半个多世纪，出现了知识阶层的专门性研究著作。其中引人注目的是江户时代日本双学古文辞学派的魁首荻生徂徕及其胞弟北溪观氏的研究。1688—1736年间（元禄·享保年），荻生徂徕有《满文考》一卷，这大概是日人关于满文的最早著述。日人注意于满文，则始自在全面锁国中，长崎港在处理中国海船的商务方面，间有满文文书，其后在传入的文献中有满文文献，偶尔经荷兰之手，也可获得俄国关于中国东北地区的若干满文资料。这一切便引起了学者们对满文的兴趣。徂徕的《满文考》为日本研究满文的开首，但严格说来，徂徕似乎并不识满文。这一时代最早识得满文的，是幕府政权的一位进口书籍检查官（书物奉行役）高桥作左卫门景保（号观巢）。高桥景保在处理满文诸种资料中

学会了这种文字。他的后任近藤正斋（后来成为日本极著名的目录学家）在其《正斋书籍考》卷三中说：

> 先时有物茂卿（荻生徂徕）《满文考》，然未得明晰。先像高观巢，能通满字之学，尝撰《清文辑韵》二十六、《散语解》二卷，盖斯人读满字为此之权舆，岂不奇哉！

高桥景保实际上开创了江户时代学界对中国满族语言文字的研究，其后，龟田鹏斋著《鞑字考》，诸葛艮轩（晃）著《满字考》，长崎通事们撰《翻译满语纂编》五辑十卷、《翻译清文鉴》五卷等，都是沿着高桥景保的方向发展来的。

在一部分人士注意于满族语言文字的同时，另一部分学者则对满族史充满兴趣。北溪观作为最早的满族史学者，先后有8种著作问世：《建州始末记》一卷，《满洲八旗色目考》一卷，《清客问答》一卷，《清朝探事》二卷，《清朝三藩报录》四卷，《满文官员品级考》二卷，《大义觉迷录译解》六卷，并《台湾乱传闻记》一卷。沿着这一方向发展起来的研究，要推18世纪末至19世纪初由南部藩儒臣永根冰斋（铉）与筑田黑田氏儒臣村山芝坞（纬）协力编辑的《清三朝实录采要》十六卷和《清三朝事略》二卷最具价值。所谓"三朝"，指的是太祖努尔哈赤、太宗皇太极与世宗福临（顺治），此为满族内部实现统一并入主中原的重要时朝。《三朝实录》因为事涉清初开国的许多内幕，绝少有人寓目，实为金匮石室之秘藏。后来在编修《东华录》时，采用的是已经修正的"实录"了。《三代实录》只在编撰《明史》时，廷臣奏请借读，不意有人窃钞，写本竟流入日本，藏于幕府高官（勘定奉行）久世氏处。永根氏与村山氏于勘定奉行处将此《三朝实录》中拔萃之要领，编为《清三朝实录采要》十六卷，并据此撰成《清三朝事略》二卷。此二书不久便返传于中国。1860—1861年间（日本万延年间）《清三代实录采要》以《清鉴易知录》之名，在日本刊行。或许可以说，《清鉴易知录》等的编刊，便是其后日人对中国东北研究的滥觞了。

二、日本国权论者的"满洲观念"

江户幕府后期，日本社会在寻求自身"富国强兵"的诸方人士中，发展起了一批"国权论者"。他们以向日本境外扩张权益作为摆脱自身积弱的基本方策。以佐藤信渊和吉田松阴为代表，他们都把占领我国东北地区作为实施其国权论的基本战略，从而构成了极富进攻性的"满洲观念"。

佐藤信渊在其"提举国力，雄飞世界"的宏图中，猖狂地鼓吹"皇国为万国之根本，具有统一世界的使命。而实现这一使命，则必先始自满洲，次而朝鲜，进而及于支那，更应向全世界推进"。而吉田松阴则鼓吹"北割满洲之地，南收吕宋诸岛，可渐示进取之势"。这里无须再作什么解释，上述言论已经清楚地显示了幕末国权论者的基本战略构想——他们把进攻中国东北地区作为日本海外扩张的全盘战棋中的第一步棋。

如果说，幕末国权论者的这一"满洲观念"还只是代表日本一种封建性的领土野心的话，那么，在明治维新的进程中，作为近代资产阶级性质的新政府，不但全盘承接了幕末的这一"满洲观念"，而且，日益明确地把它作为日本国家的基本国策。1890年，日本陆军大臣山县有朋发表了著名的所谓"主权线"和"利益线"的讲话，声称"日本的利益线应以朝鲜、满洲为界"——这便是日本近代军国主义"大陆政策"的最初构想。1905年，日本与俄国竟然在中国的领土上打仗，其近期目标完全是为了从俄国人手中夺取东北特权，进而占领全东北，作为日本"雄飞世界"的起点。

1931年日本军国主义发动"九一八"事变，1932年策划建立伪满洲国。作为这一系列事件的具体策划者之一的大川周明，事后曾对此进行过详细描述，可以说是在最完整的意义上概述了20世纪前半叶，日本社会占统治地位的"满洲观念"。第一，中国东北对日本具有根本性的利益；第二，日本在中国东北具有特殊的政治、经济权力；第三，把中国东北从中国分割开来，形成"日满提携"（一体化）是日本的现实目标；第四，在中国东北挑起事端，可以缓和日本国内矛盾，调整国内关系；第五，日本在中国东北实现上述目标，有利于在国民精神中驱逐民主主义、共产主义，从而造成所谓"爱国心"（军国主义的国家主义）

的更生——即"满洲日本殖民化",是"满洲观念"的近期目标;"满洲日本领土化",是"满洲观念"的远期目标。

日本近代中国学中发生的所谓满学(或"满蒙学"),便是在此种"满洲观念"指导之下逐步造成的一种军国主义性质的文化现象。

三、日本的"满洲地志学"与考古学

在所谓满学中,最先发达起来的是地志学和考古学。它们与"满洲历史地理学"一起,构成满学的基础。

最早从事"满洲地志学"的作业,可以推到江户时代。前述近藤正斋作为幕府的书籍检查官,曾据文献而撰编了《边要分界图考》十卷。后来,间宫伦崇有《东鞑纪行》三卷刊行,京都儒者山田慥斋(联)据此绘制了《"满洲国"全图》。此图虽然在政治上和军事上实用价值不大,但可注意两点。一是日人在此时已注意到地志学在中国东北研究中的意义;二是使用了"满洲国"的概念。当时的"国",虽然还没有近代国家的意义,但是,把中国东北作为一个特殊的所谓独立地区,却是江户时代已经具有的一种危险的潜意识。

19世纪60年代之后,日本在致力于国内维新的同时,便开始了海外"拓殖"。中国东北作为日本拓殖的最先目标,地志学便勃然兴起。日本陆军参谋部率先进入地志学领域,它从1894年起,先后用了近40年的时间,测绘了称为《东亚舆地图》的中国地志242幅,其中东北地区近30幅。开始时它使用的资料不太准确,不得不参用俄国东清铁道厅的材料,1905年日俄战争之后,陆军参谋部便在东北进行实地测绘,其中关于山川险要的记载,尤为明确。在此同时,日本关东都督府于1912年完成了《满洲志》十八卷的编撰。其中"一般志"四卷,"地方志"七卷,"接壤方志"三卷,"道路志"一卷,"关东州志"一卷。此书据实地调查和诸种报告而成,集军用地理知识之大成,有许多秘密稿本,"系在中国之我派遣将校旅行记"。这里说的"派遣将校",即指日军地志军官,以商人或旅行者的伪造身份,潜入中国,进行秘密勘查和测量。后来,关东军关于"满洲地志"的三套重要地图，皆据此为底本而绘制成。今日本外交密档中有《陆地测量部作业用第11号 军事秘密 西伯利亚·满洲·支那地图》（五十万分之一缩尺）一套共236幅，并有二十万分之一缩尺一套，十万分之一缩尺一套。此十万分之一缩尺，为日本陆军制作作战图的基本缩尺。其中如哈尔滨图有25幅、沈阳图25幅、锦州图21幅、黑山图25幅等，一览无余。

这一时代的"满洲地志学"作品甚多，兹将其重要者列表如次：

年代	图志名	卷幅	作者	备注
1894始	东亚舆地图	242幅	陆军参谋部	
1894	蒙古志	1卷	陆军参谋部	
1901	满洲旅行记	1卷	小越平隆	
1906	满洲通志		中野二郎	主要据俄国资料
1907	满洲地志	3册附图	守田利远	
1908	东蒙古志	3卷	关东都督府	
1912	满洲志	16卷	关东都督府	
1913	吉林省志	1辑	泉廉治	
1916	满洲地志	2卷	满洲社	16卷本之缩本
	蒙古通志	1卷	中岛辣	
1917	北满洲		外务省	俄国资料
1919	吉林省志		中野竹四郎等	
	黑龙江省志		大谷弥十次等	
	蒙古地志	3卷2册	柏原孝久等	
1922	满蒙全书	7卷	"满铁"调查部	
1923	满蒙西伯利亚图		"满铁"调查部	二百万分之一
	俄领沿海接壤图		"满铁"调查部	二百万分之一
1924	南满地质图		"满铁"地质所	三十万分之一
1925	满洲地质图幅		"满铁"地质所	四十万分之一
1932	"满洲国"图		东亚同文会	二十六万分之一
	"满洲国"地图	236卷	陆地测量部	有三种缩尺见上文

与地志学发达的同时，考古学在中国东北也勃然兴起。日本人对于中国东北的兴趣，引发他们以很大的力量考察这一广袤地区的历史遗存，并尽可能作出符

合自己利益的解释。考古作业从形态上看，更具有学术性，因此，从一开始日本学术界的不少人便参与其中，并且由此而养成了日本考古学界后来知名度很高的某些人士。所谓"东亚考古学"，便是从日本学者对中国东北考古的基础上发展起来的。

日本人对亚洲大陆的考古，初始起于朝鲜，在19世纪90年代之后，开始延伸到中国东北。原来，日本人对于朝鲜的考古，一开始便具有明显的政治目的。当时的中日两国政府，对朝鲜的宗主权争之甚烈。朝鲜大同江沿岸，有许多双墓及其他汉文化遗存，此为不言之事实。然而，日本官方通过所谓考古，却证明所有这些汉文化遗存"皆为高丽古物"。此种以学术来亵渎学术的做法，连后来开中国东北考古之先的鸟居龙藏也不能忍受，他在《满蒙古迹考》中说："中日、日俄战争之前，日本学者不喜言朝鲜有四郡，即历史上谓汉民族之入朝鲜，也由政略上否定之。所以某博士对于余之朝鲜之汉代垒说，不愿采用而有高丽说也。"事实上，日本对朝鲜的考古，一开始就是"政治的考古"，在1926年之前的半个世纪中，朝鲜考古完全是日本朝鲜总督府的禁脔，任何学术团体和学者个人，皆不得染指。由此延伸的中国东北考古，与它在本质上是一致的。

日本对中国东北考古的起始，与中日甲午战争几乎同步。1895年，青年考古学者鸟居龙藏，受官方学会之嘱托，由大连入境，对普兰店、海城、貔子窝等地的文物进行考查，由此开始了日本对中国东北整整半个世纪的考古作业，鸟居龙藏本人作为"满洲考古学"的奠基人，也在近40年的时间里，对中国满蒙地区进行过8次重大的考古活动。现摘其主要者，叙述如次。

第一次：1895年由大连登陆，考察普兰店明代古砖，貔子窝石器、熊岳城汉砖、金州石窟等。

第二次：1905—1907年，由东京帝国大学派遣，考查中国东北土俗及古物，在辑安发现"好大王碑"，辽阳发现汉墓。转道内蒙古，考察辽代上京城。此次考古报告有二书，一为用法文写的《Rapport sur une exploration de la mandchoutie Méridionale》（《南满洲调查报告》），一为用日文写的《蒙古旅行记》。鸟居龙藏因此获东京帝国大学理学博士。

第三次：1911年，受日本驻朝鲜总督府之命，对图们江至延吉一线，进行考查。

第四次：1919年，由朝鲜总督府派出，乘列强攻击苏联之时，由海参崴登陆，沿西伯利亚——中长铁路线进行考查。

第五次：1921年，由北海道出发，对库页岛及黑龙江口进行考查，特别是对明代的奴儿干都司的遗址作过精详的搜查。

第六次：1927年，主要勘查辽代上京巴林地区、中京老哈河支流一带，并确认其地理位置。此次考古有著作两种，一为《满蒙古迹考》，一为《满蒙之探查》。

第七次：1930年，此次主要考查辽陵及辽陵壁画，契丹文字。

第八次：1933年，考查辽陵古物，并上京、中京故址遗物。此次考查，由妻鸟居君子、儿鸟居龙次郎、女儿鸟居绿子作为助手。

本来，鸟居龙藏作为一名考古学者，在学术上自有其见解和贡献。但是，鸟居氏的主要考古活动，都是在日本官方的授意之下，几乎每次都由"皇军"保护，而且，考古作业涉及国家主权，上述活动竟然没有一次是在获得中国政府准核之后进行的。

在鸟居龙藏之后，便有滨田耕作、三浦权三郎，立花政一郎、原田淑人、驹井和爱、鸟山喜一等考古学者尾之而来，其中特别要提到的是八木奘三郎及其《满洲旧迹志》三卷。当时，对中国东北的考古，在起始时都是学者个人从国内某一系统领命，获取经费，所以，整体感不强、零碎散乱。在这种情况下，"满铁"调查部便决意介入其中，作一总结。这本来就是日本朝鲜总督府和关东军司令部的意思，但当时有一点顾忌，因为日本人已视朝鲜为自己的领土，于满蒙则尚不敢过于妄为。所以，由"满铁"出面为宜。1923年，"满铁"调查部派八木奘三郎为首，对东北地区已考实的古物，进行分类归编，经五年功夫，撰成《满洲旧迹志》三卷，可以说这是中国东北（主要是辽宁）地区地面古物遗存的一本总账簿。

上述活动都是对地面文物的考查，"满洲考古学"对中国文化的侵略和主权的蔑视，更在于对地下的发掘。从20世纪20年代下半叶至30年代上半叶的10年间，日本考古学者，在辽宁地区自行开地凿土，启挖中国地下文物，几乎全部运回国内，至今留存于博物馆、研究室等处。其中最重要的有5次挖掘。

1927年，日本东亚考古学会组织原田淑人、滨田耕作等，在日本关东厅(日驻辽东半岛长官公署）和朝鲜．总督府等的支持下，对貔子窝碧流河畔进行挖掘，效果甚佳。此次发掘报告，于1929年以《貔子窝》（即《南满州碧流河畔的先史时代遗迹》）为题公刊。

1928年，东亚考古学会又组织驹井和爱，原田淑人、田泽金吾等人，对老铁山进行开挖，此次有关东厅人士直接参加，所有发掘物当即就运送日本东京帝国大学和京都帝国大学，作研究之用。从发掘物可证，此地在汉代是辽东郡治下的一个县，为水陆交通之中心点。1931年刊出发掘报告《牧羊城》（即《南满洲老铁山麓汉及汉以前遗迹》）。

1929年，以京都帝国大学清野谦为主任，东京帝国大学滨田耕作为副，在老铁山南山里进行发掘，从人骨和古物判断此地为山东人迁徙辽东半岛的登陆踏石。其发掘报告于1933年以《南山里》为名（即《南满洲老铁山麓的汉代砖墓》）刊行。

1931年，日本关东厅役员内藤宽、森修二人主持营城子会沙岗子屯发掘。本次发掘对汉墓的构造与墓壁的绘画资料收获甚丰。1934年刊出发掘报告《营城子》（即《牧城驿附近的汉代壁画砖墓》）。

1933年至1934年，东亚考古学会两次发掘古渤海首府龙泉，获得古渤海国大量文物，并在日本陆军陆址测量部支持下，测绘了龙泉所属东京城城址全图。此发掘报告以《东京城》名公刊。

上述由《貔子窝》《牧羊城》《南山里》《营城子》《东京城》构成的五大发掘，是"满洲考古学"最主要的核心。本来，在尊重中国国家主权的前提下，进行考古发掘，必会具有科学价值。事实上，上述极丰富的发掘物，不仅证明了辽宁地区有史以来，一直处于汉字文化圈内，而且证明了它自秦汉以来，一直是中国的领土。但是，令人震惊的是，当时日本中国学界某些"学者"，却利用发掘资料来阐明"中国人对满洲的殖民过程"，并以此论证"满洲独立的意义"。这就清楚地表明，所谓"满洲考古学"，乃是这一时代日本军国主义文化的一个翼面。

四、"满铁"与"满鲜历史地理学"的发生

在满学中,"满鲜历史地理学"的研究具有更为突出的地位。这是因为领导与参与这一研究的人士,大都是日本中国学界当时或后来知名的学者。但是,如果从这一"学术"的发源以及实际运作来考察,那么,它在本质上表现的超越学术界限的政治性质,似乎比学术本身更为明显。这当然不是指参与"满鲜历史地理学"研究的人士都是军国主义分子,它是指在当时的特殊条件下发生的这一学科,其主体性倾向是与日本军国主义对中国东北的吞劫相一致的——尽管本书著者最不愿意获得这样的结论,但事实却正是这样。

所谓"满鲜历史地理学",指的是20世纪初开始的日本人士对中国东北及朝鲜的历史地理的勘查与研究。这一作业的运行,完全是在日本"南满洲铁道株式会社"(简称"满铁")及其首任总裁后藤新平的支持下发生和实现的。

日本经过1905年的日俄战争,夺得了俄国在中国东北的权益。1906年,日本政府为管理原俄国与清朝合营的东清铁路(中长铁路)为中心的东北经济,成立"南满洲铁道株式会社",调任日本台湾总督府(日本殖民台湾时期的最高长官公署)总督儿玉源太郎陆军大将的助手后藤新平(台湾民政长官)任首期总裁。总部设在中国大连。于1907年4月1日开业。"满铁"并不是一个单纯的铁道经营公司,甚至也不是一个单纯的经济经营机构——这在组建之初,就已深谋远虑了。当时,最初考虑从朝鲜总督府调出铁路管理局局长古市公威任总裁。古市氏在其谢呈中说:"经营满铁,绝非单系铁道问题,此乃面对日本以莫大之血汗而获得之权利,实系树百年之长计,事涉国家永远之大事业。"云云,已经道明这一机构的作用了。事实上,"满铁"是日本军国主义在中国进行经济侵略的总指挥部,并且在第二次世界大战中,它是日本对远东战略的经济参谋部。它是日本一个至关重要的国策机关。"满铁"最盛时期有工作人员4500余名,其中有"调查部",(或称"大调查部")全盛人员2000余名,每人皆会一种外语,在40年间,共提出报告6200件,平均每3天提出两份报告,其中如《远东苏军后方调查》《中国抗战力之调查》都对日本决策有过重大作用。它在沈阳、哈尔滨、天津、上海、南京、巴黎、纽约都有派出所。战后不久,从这一机构返回九州帝国

大学研究室的其岛兼三郎教授（后任长崎大学校长）十分感叹地说过："我好比是从近代性的大工厂又回到了手工作坊来了"。可见"满铁"的运行规模。"满铁"在创办时，资本金为2亿日元（约130万美元），当战败清理资财时，竟达26.7亿美元，增加了2053倍，这是一个使人难以想象的惊人数字！加上它在40年间的开支，其从中国掠夺的财物一定超过50亿美元。

"满鲜历史地理学"便发生和实施于这一机构之中。

后藤新平在其《满铁总裁就职情由书》中说："满铁是经营满洲的中心，经营满洲事关中国大陆和俄国南进的问题。"他在接受任命时，与当时西园寺首相会谈，首相认为，后藤"在台湾积有经验，故而从殖民政策成功的角度考虑，人选极为合适"。后藤氏答道，如果有成功之处，"便是与儿玉总督一致之点，在于殖产与教育，以此可以抓住民心"。从这样的观念出发，后藤新平形成了他自己的统治哲学——"文装的武备论"与"比目鱼之眼"。前者指的是对东北殖民地最终需要武力，然而此种武备是以文化的外衣出现的，因此需要"学俗近接"，后者是后藤氏的比喻词，比目鱼的眼睛长在一侧，但却能看清两方面的情况。以此比喻日本作为宗主国，法律制度只能有一种，但必须认明日本与满洲的不同情况，然后施行之。后藤新平如此这般的统治哲学，便引导出了满学中的历史地理调查和"满洲旧惯"（从不动产到民俗、习惯等）调查。

当时，白鸟库吉博士从欧洲回国，提出了"日本应当成为'亚洲研究'的领导者"的口号。这一观念与"满铁"宗旨和后藤新平的哲学十分接近。于是，以当时日本文部省副大臣泽柳政太郎为中介，实现了"学俗近接"。1908年"满铁"在东京分社内组建"满铁地理历史调查部"，委任白鸟库吉博士为主任，成员有箭内互博士、池内宏博士、津田左右吉博士、稻叶岩吉博士、松井等学士与和田清博士等。这是一个甚有实力的组织。

关于"地理历史调查部"的宗旨，白鸟库吉在给后藤的信中讲得十分明确。他说：

> 从学术上看，对满韩地方的根本性研究，可以说有两方面的必要性。一方面是从纯粹的学术见地出发，另一方面，则从"满韩经营"的实际必要出发。现代的诸般事业，不用说它们是应该站立于学术性的基础之上。

这一说法对白鸟氏来说，至少包含两层意思。第一，他明确地意识到，所谓"满洲历史地理研究"，是以"满朝经营"的实际必要作为出发点；第二，他从根本上认为，他们所从事的"学术"，便是"现代诸般事业"的基础。这"诸般事业"的含义，是不言自明，心领神会的。这两层意思，便使以白鸟库吉博士为首的"满洲历史地理研究"和旧惯调查，具有极强烈的政治意义。这一学科所取得的各种业绩，都是在这一总体政治观念指导下实现的。

"满铁地理历史调查部"的主要作业，是在对中国东北地区进行广泛实地勘查的基础上（如白鸟库吉等对金上京故址的考察），整理相应的史料（特别是对如《盛京通志》《吉林通志》《热河志》等进行"再检讨"），在此基础上，进行专门研究。1913年公刊了《满洲历史地理》二卷与《朝鲜历史地理》二卷。前者主要是对历代满洲疆域的考查，如《三国时代的满洲》《金在满洲的疆域》《元在满洲的疆域》等。1913—1915年又公刊了《满洲旧惯调查》九卷，这是对东北地区土地制度和不动产权益转移习惯的调查。前者如《内务府官庄》《皇产》《蒙地》《一般民地》等，后者如《典的惯习》《押的惯习》等。1915年，因为"满铁"决策层意见相左，白鸟库吉将调查部活动从"满铁"转入东京帝国大学，从1915年12月起，先后刊出了《满鲜地理历史研究报告》共十四卷。从而，构筑起了作为满学三大支柱之一的历史地理学。

在上述对东北地区的各种人文学和社会学作业的基础上，随着日本对华政策的日益军国主义化，满学便迅速发展起来，如果剔除许多政客文人和掮客文人之外，可以称得上"学术"的，大致可以分为三大系统——一为那珂通世系统；一为白鸟库吉系统；一为内藤湖南系统。

战后60年日本人的中国观[1]

日本和中国漫长的历史关系和复杂的利益关系，决定了从古代到现在，日本在处理它自身从政治层面到文化层面诸多问题的时候，始终有一个如何处置与中国及中国文化关系的问题。这关系到日本自身的根本命运。近百年来，作为日本国际战略的基本主题，无论是"脱亚入欧论"或是"亚细亚主义"，其核心也正在此。

日本自第二次世界大战战败以来，至今正好是一个甲子周期。在这样一个大周期中，日本人是怎么看待中国的呢？对于战后日本的中国观念，以我个人的领悟，大致可以从三个时期加以考察：第一个时期是从日本战败到中国"文化大革命"，即从1945年到1966年左右；第二个时期是"文化大革命"的10年，即从1966年到1976年左右；第三个时期从"文化大革命"之后到现今，即从1976年到2005年左右。每个时代又可以分出若干阶段来，日本社会像其他社会一样，是立体的、多层面的，每一个日本人都可以有一种对中国的看法，本文所阐述的只是我个人所体验到和观察到的在这三个时期中，日本社会占主流地位的中国观。

---

[1] 本文原载于《日本研究》，2005年第3期。

依照比较文化学的基本原理，一种观念的形成取决于多种社会因素，必定拥有比较复杂的文化语境。就日本的中国观而言，它首先取决于日本国内自身的政治经济和文化状态，取决于日本在东亚地区的生存地位，也取决于日本在整个世界格局中的地位和作用，同时也取决于中国自身的状态与其在世界格局中的地位和关系。这是一个极为复杂的多层面语境系统。

在第一个时代的20年间，日本社会中所表现的"反省的和原罪的中国观念"相当强烈。这主要表现为这个民族中以知识分子主流为代表的社会群体对于战争罪恶的反省和追究。

那么，在战后的最初20年间，日本知识界主流为什么会形成原罪的和反省的中国观呢？

第一个原因是，日本侵略战争的结果是以自己的彻底溃败而告终。战争对亚洲人民造成了极其惨重的后果，同时对日本国土和国民本身也造成了极为严重的后果。这个民族在战争结束时已经面临崩溃和灭亡的边界了。以1946年的经济情况为例：全国有119个城市在盟军的轰炸中几乎已经被夷为废墟了。当年的钢产量为80万吨，相当于1941年的15%；煤产量为6330万吨，相当于1941年的21%；石油的库存量为494万桶，是1941年的10%。全国当时除了空气可以自由供给以外，生活的所有物品完全实行配给制度，每天每人的粮食为290克，其中40%为豆类。在这样破败的生存环境中，从1945年年底开始，360万在海外溃败的军队，加上随军家属350万人，正在返回国内；而国内原有的400万曾经从事军事工业生产的人员，此时也被抛掷到社会上。本土当时尚有驻守的军队和警察250万人也被盟军解散，总数大约有1800万人立时变得无家可归。20世纪30年代日本发动"九一八"事变时，全国人口将近6000万人，此时减去战争中死掉的那部分人，共有大约5300万人，其中有1800万人流浪在这样一块狭小的土地上。生存条件降到了最低状态，大学教授在马路上捡拾垃圾，大学生们在美国军营的边上捡美国人吃剩的罐头，不少女性以盟军的营妓为生。公园里到处挂着醒目的标语："禁止自杀"。正是在这样一种民族遭到严重摧残的情况之下，以知识分子为主体的一部分日本人开始诅咒战争，开始意识到自己身负着历史的罪恶而遭受现世的报应。

第二个原因是，日本是亚洲地区最早传播马克思主义的国家。在19世纪末和20世纪初期，即明治时代后期和大正年间，马克思主义开始在日本传播。毛泽东主席多次讲到的像河上肇这样著名的经济学家在京都大学开设了"《资本论》讲座"。剧作家坂本胜把《资本论》编成了17幕戏剧。然而在日本法西斯主义专政日益严重和残酷的过程中，一部分民主人士被投入了监狱，一部分人士流亡到了世界各地，比如以野坂参三为首的民主人士便生活在中国的解放区。战争结束后，流亡国外的民主人士与囚禁在国内保住性命的那些民主人士也得以汇合在一起，一时间成为推动反省思潮的指导力量。

第三个原因是，从1947年起，激进的民主人士开始在日本社会上重新介绍许多社会革命的著作，造成社会革新的舆论。1952年日本出版的"国民文库"，总共有114种著作，其中马克思的著作翻译了7种，恩格斯的著作翻译了8种，马恩合著的著作翻译了5种，列宁的著作翻译了22种，斯大林的著作翻译了15种，毛泽东的著作翻译了9种，刘少奇的著作翻译了2种，此外还有我国马克思主义理论家胡乔木、胡华等等的著作加起来一共71种，占114种著作中的62%。马克思主义系统的著作在50年代初期，作为"国民文库"被社会激进派所推进，对他们的国民思想产生了一定影响。除了这些理论著作以外，当时社会上开始流行起中国的"人民文艺"。按照日本学界的一般认识，所谓中国的"人民文艺"即指的是现代抗日战争中，以延安为中心的解放区成长起来的人民文学。到1956年为止，日本翻译出版的中国人民文学，比如说有周立波的《暴风骤雨》、冯雪峰的《回忆鲁迅》、老舍的《四世同堂》、叶圣陶的《芳儿的礼物》、柳青的《铜墙铁壁》、孔厥和袁静的《抗日自卫队》、赵树理的《李家庄的变迁》等等。还有《太阳照在桑干河上》《白求恩大夫》《八路军》《东洋鬼军败亡记》（此即马烽的《吕梁英雄传》）、《新中国短篇小说选》《中国解放区诗集》等等。这样一些强有力的社会科学著作和人民文艺使一部分日本国民获得了一种新的精神和思想，促进了他们观念的变化。当代日本著名的中国学家、京都大学名誉教授竹内实告诉我说，"1949年我从京都大学毕业，从这些著作中看到了中国的另一面，看到了光明的中国，受到很大的鼓舞。"

第四个原因是，中国政府对战后日本采取的重大战略决策产生了深刻的社会效应。现在我国国民对当时采取的这些战略决策有了不同的看法，但是在当时，从远东发展的前景来看，这些战略决策是高瞻远瞩、具有伟大意义的。所有历史事件都是在特定文化语境中生成的，离开了特定文化语境就无法正确地解读历史。

重大的战略性决策之一，便是中国政府和中国人民决定对日本军国主义的重大战犯实行惩罚和教育相结合的原则并付诸实施。日本战犯是日本军国主义的核心成员，他们都是罪行累累，其中罪行特别巨大的必须判处极刑。我国政府在远东军事法庭和国内军事法庭上始终遵守这样一个基本原则。对其中大部分成员在放下屠刀之后，只要有悔改之心，也坚持以教育为重的原则。1956年6月17日，中华人民共和国军事法庭对17名战争罪犯依罪量刑，同年6月21日，又宣布对335名日本战争罪犯认定罪行。同年，中国政府从远东未来发展的最根本利益出发，本着最深厚的人道主义精神，对346名日本战犯予以特赦，遣返回国。这一战略措施在东亚地区，乃至整个世界引起巨大反响，今天或许有很多人会对这一处置提出各种各样的异议。但在当时对促进日本社会的反省意识和原罪意识无疑是起了相当积极作用的。这样一些旧军人在回国以后，其中有不少人开始忏悔自己的战争罪行。

1956年被特赦的日本陆军中将远藤三郎，被中华人民共和国军事法庭判处17年徒刑。他在被释放后的同年年底就申请访问中国，毛泽东主席接见了他。他把一把日本军刀亲手交给了毛主席，表示日本军人从此永远不再和中国打仗了。毛主席在接受了他的军刀以后，送了他一幅齐白石先生的画，上面有毛主席的亲笔题词"承远藤三郎先生惠赠珍物，无以为答，谨以齐白石画一幅为赠"。远藤三郎回国后于当年刊出了《旧军人所见之中共——新中国的经济、政治、文化、思想的实际状况》一书。1972年远藤三郎再一次以"日中友好旧军人之会"会长的身份访问中国，受到了周恩来总理的接见。他回去又写了一本书，书题为《日中十五年战争和我》，里面讲述了他是怎样参与了十五年的侵华战争，反省他本人和他所在的军队在对华战争中的罪行。类似的实例有不少，例如，日本第59师团长藤田茂中将在认识自己的战争罪行后，被我军事法庭判处18年徒刑，在被特赦后他组织了"中国归还者联络会"，提出"揭发日本军国主义侵华罪行是日中友好运动的起点"。他自己向记者熊泽京次郎讲述了他所指挥的第59师团在中国土地上所犯下的各种罪行，同时也表达了自己的忏悔之情。熊泽京次郎以《天皇的军队》为名写成实录刊出，向世人昭示所谓的皇军在中国的罪行。他组织的"中国归还者联络会"在20世纪的70年代曾经身体力行保护中日建交不久到达日本的中国代表的安全。1975年9月他访问中国,周恩来总理在重病中接见了他。

重大的战略性决策之二,是中国政府从中日两国最深远的战略意义考虑,从未来远东发展的最长远战略着笔,正式表示放弃政府间的战争赔款。这是现在有些国民最有异议的一个重大问题。当时根据远东军事法庭的计算,从1931年"九一八"事变起,日本对中国的15年侵华战争给中国造成的直接经济损失在1000亿美元左右,间接的经济损失在3000亿到4000亿美元左右。两者相加将近四五千亿美元。1946年日本的外汇结算只剩下20亿美元,以它库存的20亿美元,要向中国赔偿5000亿美元,假如说以每年赔偿10亿美元来计算,需要500年才能基本偿清对中国的债务。按照这个计算办法,日本这个国家四五年之内在经济上就会解体。中国政府从整个东亚地区的战略考虑,在确保日本民族生存的条件之下,宣布放弃了战争赔款。这一战略决策在今天脱离了当时远东的战略形势而重新议论,当然就有了歧义。历史被重新解读也是必然的。但我以为,当时的战略家们所作出的行动是具有深远的爱国主义战略意义的。那么,这一战略意义的支点在哪儿呢?凭我粗浅的体验,我认为这是基于第一次世界大战后战胜国处置德国的历史教训和面对苏美冷战的现实,就远东格局乃至整个世界格局来说,保持日本这个国家的生存条件和保持其民族的完整性,对稳定东亚长久的和平是有积极意义的。这一意义在60年间世界格局的巨大变动中已经表现出来了。

正是由于上述这样复杂的多层面原因,促成了日本在战后20年原罪和反省的中国观念。这种原罪和反省的中国观主要表现在三个方面:一是他们的原罪意识,他们承认自己是有罪恶的;二是谢恩意识,他们感谢中国保存了他们的民族;三是追求的意识,即以新中国为日本未来的榜样。这三种意识是互相融合在一起的。

竹内实在1953年随日本轮船"黑潮丸"号护送在日本殉难的中国工人的衣物回国,担任随船翻译。在天津大沽码头,中国廖承志先生讲话,竹内实涕泪满面,无法翻译。当时的中国,对日本的这一代人来说,既是沉重的,又是炙热的。它是新生、和平、人道的象征,是神圣的形象!一位现在从早稻田大学退休的教授,50年代中期第一次历尽千重万难从香港来到中国内地。他在日记上写道:"啊,这是自由的国度,神圣的国度!我实现了我的目标——到中国去!我要实现我的追求创造一个如中国这般自由幸福的日本！"这是当时一个日本知识青年的日记，今天作为一个中国人读起来还是很感动的。

反省中的日本知识分子，表现出可贵的觉醒，实藤惠秀在1960年把当年从中国强行取走的文献书籍归还给了中国。他自己写道："日本侵略军以查禁'危险文书'为借口，从中国沦陷区各大学抢走大批图书杂志，运回日本——我以整理为名，接受了一些资料。今日细想起来，真是无法无天的罪行啊！"实藤以实际行动表示自己真诚的忏悔反省之心。他于1960年访问中国，他说"我把自己从中国用不正当手段拿走的40余册图书送还中国。中国方面由对外文化协会会长楚图南先生接受。当时，我全身出了冷汗。"

这是一个伟大的举动，它向中日两国的国民，也是向世界显示了抱有正义感的日本知识分子真诚忏悔的良心。

这样的情况表示在战后的最初20年间，两国国民的心灵正在逐渐沟通，日本民族中具有良心觉悟的社会阶层正与中国人民一起努力推进中日友好，在当时美苏对立险峻的冷战格局中，创造了东亚的和平，并增进了中国在世界的地位。当然这并不表示在日本国内就没有战争的残余势力了，只是当时在强大的民主民族运动下，这种战争残余势力被压抑下去了，而没有被显现出来。所以虽然当时政府之间并没有多么友好，可是民间友好的渠道却是越来越宽阔了。1972年中日邦交正常化的时候，周恩来总理说道："这基本上是由于两国民间友好运动的而推动和获得的。"

从1966年开始中国发生了"文化大革命"。这是一个对世界历史进程产生重大影响的社会运动，而且对于世界民主运动所产生的影响和随之而带来的打击是无可比拟的。中国这么大的国家和这么多人口经历了这样整整十年的运动开始改变了日本人对中国的一些基本看法。在这样一场文化运动中，日本知识界主流的反省和原罪的中国观逐渐开始分裂。这一时期的观念可以称为"'文化大革命'的中国观"。"文化大革命"对日本社会的冲击是非常大的，由前20年间中日民间友好运动造成的巨大惯性迫使日本知识界对中国的"文化大革命"产生这样或那样的评价。今天假如我们对他们做一个形而上的分析，无非是一种人赞成中国的"文化大革命"，另一种人反对中国的"文化大革命"。按照我们通常的逻辑，赞成的观点是错误的，不赞成的那些人很可能是深谋远虑的，或者思想境界是很高的。而实际情况则是非常复杂。

依据我的观察和体验，赞成中国"文化大革命"的人主要有三个层面。第一层面的人是在理论上信仰马克思主义，对于中国充满信仰的。请注意我说的不是一般的友好而是一种信仰，这是一种"中国信仰"。这样一些知识分子在年轻的时代就是在日本以及世界从事马克思主义运动，并且曾经为马克思主义理想在国内和国外坚持过抗争或进行过斗争。但是他们没有在日本实现马克思主义，却在中国看见了马克思主义国家的诞生，所以他们认为中国是马克思主义成功的实例，并幻化成认为中国的一切都是马克思主义的表现。然而他们没能了解中国历史的复杂性，也没有能够了解中国革命进程的复杂性。他们向往的中国道路却没有能够完全理解中国道路。令人尊敬的日本历史学家井上清，他的一生是极其杰出的，他刚刚去世不久。在钓鱼岛问题上，他是第一个站出来公开主张"钓鱼岛是中国的领土"。直到前年去世始终坚持认为钓鱼岛是中国的领土。他经常收到子弹、刺刀这样一些东西，但他还是坚持认为钓鱼岛是中国的。我觉得他太了不起了，他年青时代就追随马克思主义，他把中国看成是马克思主义的象征。所以中国在"文化大革命"刚开始的时候，他就欢欣鼓舞，他认为中国的"文化大革命"运动是为了保持马克思主义的纯洁性，是在亚洲地区最重大的示范。他抱着一种真诚的、善良的心。我国周恩来总理曾经先后14次接见过他。他们对于中国的执着，有时候就妨碍了他们更加深刻地了解中国的实际情况。他们在中国"文化大革命"结束以后，在日本受到很多的谴责，我真地为他们感到难过。

第二层面是有不少日本知识分子从自己生存的实际情况出发而相信中国的"文化大革命"。例如很多日本人对自己生存的现实和日本的教育制度不满。他们从中国的革命中看到了很多新鲜的因素。一位非常有名的日本老先生在1974年的时候对我说："我听说你们的教育革命很有意思。你们把学生全部集中在学校里，每天晚上11点要熄灯睡觉，每天早上6点钟起来跑步。多么健康的年轻一代呀！而我们的学生晚上不睡觉，早晨不起来，是烂掉的一代！"他不明白中国"教育革命"的实质，但他从外观上感觉到了这样的训练充满朝气，是健康的一代。像他这样的人还有很多，他们没有经历过"文化大革命"本身，却从"革命"的表层看到了与自己的情绪相契合的某些成分，从而肯定了中国"文化大革命"的意义和价值。

第三个层面，是一少部分极端的个人集团者、投机取巧者与谋取私利的集团。在日本人里有些政治投机分子，他们明白依附在中国这样一个大国身上的好处，于是他们就组织各种各样的社团或者莫名其妙的党派发表声明来支持中国"文化大革命"。比如在《人民日报》上发表的《日本劳动党全党坚决支持中国的"文化大革命"》的声明之类。这个日本劳动党在什么地方呢？这个劳动党就是六七个人组织起来的，还不如我们的一个"战斗队"。他们发表声明，而《人民日报》也刊登他们的声明。当时中国的领导集团也需要获得全世界的支持，也是一种政治投机。我们常在报纸上读到日本的一个什么团体声明支持中国的"文化大革命"，如果仔细调查就会发现它是一个很小的、没有根基的、是利用中国的"文化大革命"来造就他们自身力量的投机取巧式的小集团。

当时也有相当的人是反对或不赞成"文化大革命"的，他们也有各种各样的情况。第一种反对者是一些执着于中国传统文化的学者或文化人。他们对中国的传统文化非常尊敬非常喜欢。当他们看到"文化大革命"是以文化为革命的目标，他们感到非常不理解，而且感到非常反感和愤怒。1974年12月1日，京都大学举行一个学术报告会，报告人是日本研究中国学的巨擘吉川幸次郎。他当时担任日本外务省顾问、京都大学名誉教授、日本艺术院院士、东方学会会长。他报告的题目是《物茂卿与其他日本先哲对中国诸子的研究——日本江户时代的儒法思想斗争》，他以讲述日本江户时代儒法思想斗争为由头，批评中国对于孔子和对于儒学的批判。他一上台就拿了一本书挥一挥，这本叫作《论语新注》的书是他作的，已经印了16次3万册了，一次又一次重印说明有很多日本人在读它。他说："一个日本人可能不了解中国，可是他读了孔子，读了鲁迅就了解中国了。"他对中国充满了激情。然后他把书又挥了挥，把我叫了起来，他说"这本书我送给你了。"当时，在中国进行"批林批孔"的高潮中，一个外国人在公开场合向一个中国人赠送一本在中国被批判的最高代表《论语》，无疑是一个重大的挑衅。尽管我有点发怵，但我还是把这本书收了下来。现在这本《论语新注》还在北大图书馆保存着。吉川幸次郎在这个讲话里面，嘲笑了中国进行的"批林批孔"。如同吉川幸次郎这样因为执着于中国的传统文化，由此而对这场"革命"很反感的，还有相当一批日本文化人。

第二种反对者是一些对中国历史的发展和中国社会的真实情况比较了解的学

者。他们在自身的生存过程中，对中国的历史和现实有很多的把握。他们认为这个"革命"是假借文化而进行的一场政治革命，而在革命进程中间又对中国的许多优秀知识分子加以政治迫害。在这种思考当中，他们对中国"文化大革命"持批评态度。

第三种反对者是对中国革命精神感到恐惧的日本人。日本长期以来对中国有一种恐惧感，他们觉得一个强大的中国必然会对他们造成威胁。中国的"文化大革命"是以非常"革命"的姿态，把自己作为全世界革命圣地表现出来，有些日本人对此有一种非常恐惧的感觉。他们对中国有一种神经质的感觉，这是弱小民族的神经质，所以对中国总是保持一种不赞成的态度。在"文化大革命"中间，他们虽然看到的不是中国经济力量的强大，但他们感觉到中国政治力量的强大，这种政治力量构成一种威慑心理，现在，他们又轮到对强大的经济力量感到威慑力了。

第四种反对者是一些长期敌视中国的日本人。比如当时由日本的国会议员们组成的"青岚会"之类。这些人不是因为中国有了"文化大革命"他们才反对中国，而是因为"文化大革命"发生在中国他们才反对，他们对于中国发生的任何事情都要非议，都要反对抨击。他们是一批敌视中国的职业反华的日本人，在这个层面上，就积聚着很多后来膨胀发展成为具有日本国家主义、民族主义以及日本皇国国家观念的分子。

第五种反对者是日本共产党。本文作者另有他文论述。

从20世纪70年代中期中国"文化大革命"之后，日本人的中国观就进入到第三个时期了。"文化大革命"以后的中国观呈现一种非常复杂的状态，我称它为"变异的中国观"。是什么促使日本人从70年代后期到现在30年之间观念发生很大的变异呢？

第一，从1964年日本举行奥林匹克运动会以后，国力有了重大提升，一个曾经面临快要崩溃的民族，以20年的时间变成了亚洲经济最强的国家，具有无可比拟的优势。在科学技术层面上，从1949年京都大学教授汤川秀树获得诺贝尔物理学奖以来，日本连续获得物理学、化学、生物化学、医学和和平奖的12个诺贝尔奖。科学昌明的思想、科学领先的思想也急剧上升。这对于日本国民的精神形态有重大的刺激。从60年代中期到70年代左右，在整个国家意识层面上，大国主义感情迅速膨胀和上升。

第二，随着国内力量的提升，强化了日本在国际关系中的地位。尽管日本这个国家在东亚国家中的名声很不好，但是在整个国际事务方面却有某种不可替代的作用。它逐渐加大承担了联合国的经费，参与世界七国首脑会议等等。这种在世界格局中的地位助长了它的霸权意识的萌发和发展。

第三，在历史自然的进程中间，随着战后代际更替，新生的两代人在一种既传统又西化的教育环境当中丧失了历史记忆。其中非常重要的是他们在幻觉中间提纯日本的文化。东亚文明史的事实告诉世界，日本文明发展的基本动力当然是在本土，但同时支持这些动力的最强大的后源力量则来源于亚洲大陆，特别是中国的汉字文化。在人类文明史上，从来也没有过什么纯粹的日本文明，但是由于在这30年间他们的意识主流逐步地丧失了历史记忆，开始在幻觉中间生成日本文明是一种纯粹岛国文化的意识，是一种纯粹的日本文明。他们觉得中国是一个地理上很近但是心灵上很远的国家。战后成长起来的这几代人在丧失历史记忆中，生成了一种荒谬的大国文化意识。

第四，在战后对日本军国主义的整肃中，由于当时在50年代初就形成了以美苏为核心的冷战对立，二战中的同盟国已经完全分裂和对立，没有能对于日本旧天皇国家体制进行彻底的整肃和改造。这样就产生了至少三个方面的后遗症。随着时间的推进，这些后遗症便开始发作，有了极为恶劣的表现。

第一个后遗症，没有能够对当时参与战争的所有战犯进行整肃，就有了一批漏网分子。其中可以作为战犯却没有被判刑的岸信介、中曾根康弘都曾经先后担任过日本首相。岸信介担任首相期间，是两国建立外交关系前关系最恶化的时期；中曾根康弘担任首相，是日本战后第一个参拜已经供奉了东条英机等甲级战犯亡灵的靖国神社的首相。

第二个后遗症，没有能够改造日本军国主义国家的象征性符号，比如靖国神社、《君之代》国歌、"太阳丸"国旗等。日本至今也还用的是太阳旗，没有造出一个新的国旗来。当然作为现在日本所用的国旗和国歌，我们在所有公众场合当然都应该保持对它的严肃性，这是出于对一个主权国家尊严的尊重。但是我们从追究战争责任的角度来说，它仍然是日本军国主义的符号。最严重的是，作为战争国家的总体制符号——天皇制国家组织形式被保存至今，从而成为日本所有国粹主义、皇国思潮寄生性的总基地。

第三个后遗症，由于在第二次世界大战期间，日本、德国、意大利这些国家结束战争的形态不相同。德国是由盟军共同攻入而被占领的，日本却只是被美国独家占领的。这样在日本的国民中间产生了一种不可逆转的意识，即所谓日本并没有败给盟军，当然也就没有败给中国，日本仅仅是败给了美国。这种历史的错觉，竟然使日本国民认为"日本既然只是被最强大的国家打败，那么自己也就是世界上的第二强国"。如此荒谬的二战观使日本在战前和战争中形成对亚洲各国，对中国、朝鲜和东南亚的蔑视意识，在合适的土壤中又旧病复发，造成的后果是极为严重的。

这个时期日本对中国观念的变化中，有三种观念迅速膨胀和变异。

第一种变异观念是皇国观念的猖獗。

20世纪90年代森喜朗在担任首相以后多次声称"日本是一个神国"。他每次发表这样的表述的时候，便遭受到日本民主力量和亚洲各国对他的抗议，但他还是继续这样说。这无疑表明神国观念对他来说已经根深蒂固。此话为14世纪《神皇正统记》第一句，原文曰"大日本国乃神国也"。这完全是根据神道编造出来的伪历史。1946年11月30日战后修改的日本宪法已经明确确定天皇是人而不是神。昭和天皇也已经正式宣布他"回归人间，不再是神了"。当时通过的宪法确定了"主权在民"，而不是"主权在君，皇权神授"了。如今日本国家的行政首脑一而再，再而三地运用违宪说辞，明目张胆地声称"日本是神国"，究竟具有什么样的含义呢？1997年11月日本有一些极右组织结合成一个叫作"日本民族文化运动派"访问了中国，在北京大学，这个团的团长、日本"祖国防卫总队本部"本部长角野周二有一个讲话。他在讲话中对陈腐的皇国主义的"神国"观念做了20世纪90年代的重新解读。他说："明治初期，也就是1890年有个英国人叫作Lafcadio Hearn，有名的世界级作家，他来到日本以后，很惊讶，认为日本礼仪端方，Lafcadio Hearn被日本的这种传统文化和历史精神所感动，加入了日本籍，改名叫'小泉八云'。"角野周二说："这鼓舞小泉八云的日本传统文化和历史精神是什么呢？便是'万世一系'。什么是'万世一系'呢？按照神的旨意，日本的天皇是太阳神的后裔。太阳神把自己的孙子派到大地，和海的女儿结了婚，生下的孩子就是神武天皇。从第一代的神武天皇到今天的明仁天皇一共是126代天皇。126代天皇代代相传，构成为'大和魂'的核心。'万世一系'体现出日本国家制度的无比优越性。与中国三百年姓李两百年姓赵、不断改换朝代是完全不同的。"这里，角野周二在阐述"日本是神国"的时候，提到了"大和魂"的概念，必须提起研究者高度的注目。

所谓"大和魂"，这是日本原来从国粹主义发展到国家主义，后来到军国主义的核心精神，它至少应该包含三个层面的内容，第一个层面是以"万世一系"为核心的绝对优越的国家体制；第二个层面是以《古事纪》和《万叶集》为核心的日本文化的绝对优越性；第三层面是以全国为一个大家族，天皇是一个大家长的绝对优越的家族体制。日本在今天已经成为一个经济大国，在政治上也已经成为一个大国了，它幻想着成为一个文化大国，在世界上具有绝对的优越性，让世界像19世纪末期的英国人Lafcadio Hearn那样仰望日本。1989年，昭和天皇去世，明仁天皇继位。历代天皇继位都要举行大尝祭——即祭祀"三神器"的典礼。"三神器"是一组构成统治力的文化符号，这一仪式意在沟通作为皇祖的太阳神与现世天皇之间的精神联系，从而确证天皇的神谱体系。1989年明仁天皇继位的时候，皇国史观者提出要举行大尝祭。当时，日本有两部分人反对，一部分是具有民主思想的人，他们认为这完全是神话，不能通过神话来强化皇国观念，另一部分人是佛教势力和基督教的宗教界人士，1946年日本宪法已经破除了神道教为日本国教的说法，所以他们反对把神道教的仪式以国家权力的形式表现。但是，后来日本内阁、宫内人士和皇国主义者仍然坚持天皇的大尝祭，所以明仁天皇从理论上说是半人半神，是神的附体。

第二个种变异观念是亚洲解放论的复活。亚洲解放论是日本发动二战的行动理论的核心，战后很长时间这个理论被民主势力压制下去了，但是在70年代末80年代初的时候则又开始复活。1985年8月15日，当时的在职首相中曾根康弘率领18位大臣以内阁首相的身份也就是以公职的身份参拜靖国神社，这是战后日本历史上第一次。由于靖国神社的核心是存放远东军事法庭所处死的14个甲级战犯的牌位，它们是作为战争的象征符号存在的。公然参拜靖国神社就是一种挑衅，对远东军事法庭（虽然这个军事法庭在今天看来不完全是一个军事法庭）判决的挑衅，从而就是挑衅人类在第二次世界大战后对日本的判决。十年以后，1997年首相桥本龙太郎以私人身份参拜了靖国神社。从2001年开始，首相小泉纯一郎每一年参拜靖国神社。这样,由日本的行政首脑主演的参拜丑角,明目张胆地挑衅正义力量在第二次世界大战后对日本的判决,准备不认账。

日本是不是准备不认账呢?是的,苗头已经很多了。从1985年以来,日本的内阁大臣中,总有一些人要放言。日本话放言就是胡说。有的大臣一上台就"放言"。

1988年4月,国土厅长官奥野诚亮放言:"白种人将亚洲当作殖民地,是日本给亚洲以解放。"他还说:"由于大东亚共荣圈,亚洲才得以独立。"

1994年5月,法务大臣永野茂门放言:"将大东亚战争定义为侵略战争是错误的。"他还说:"日本为了解放殖民地而建立大东亚共荣圈。"

1994年8月,环境厅长官樱井新放言:"日本并不是想进行侵略战争而战斗的。"他还说:"日本没有想发动侵略战争,与其说侵略战争,毋宁说亚洲所有的国家都托它的福,从欧洲殖民统治中解放出来。只个过半个世纪,亚洲各民族的经济就繁荣起来了。"

1995年6月,副首相兼外务大臣渡边美智雄放言:"《日韩条约》中的合并,并不是殖民地化,也不是殖民地统治。"他认为关于"殖民地"和"侵略"等用语的争论都是没有必要的。

1995年8月,文部大臣岛村宜伸放言:"我不认为那次战争可以使用'侵略战争'这样的词。"

这些放言表达的都是"不承认侵略战争"的思想。他们狂妄地放言,认为亚洲是托日本的福,从欧美帝国主义的殖民中解放,虽然日本败了,但是其他国家经济发展了,民族复兴了。这就是日本当年发动战争的最基本的理论表述,叫作"亚洲解放论"。

顺着历史的线索稍稍往前推的话,我们会发现,这个亚洲解放论蕴含了的领土愿望,是从16世经开始产生的。在那个时候,武士集团互相争斗过程中,是有很强的领土欲望的。丰臣秀吉为16世纪武士集团的首领,他在1591年发动对朝鲜的战争时,就有很明确的目的,设定"此次战争目的就是直捣大明国,占领天竺。"后来,由于当时武士之间的斗争,而且明朝已经出兵朝鲜半岛,就抵制了他们的进攻。江户时代博物学的研究者佐藤信渊,他既不是政治家,也不是军事家,却拟定了所谓的"宇内混同密策",讨论日本未来的出路。他提出日本要立足于"提举国力，雄肥世界"的战略。为此而拟定的战略步骤称，"在当今万国中，土地最为广大、物产最为富饶、兵力最为强盛的莫过于支那，而由皇国征伐支那，如果机制得当，不过五七年间耳，其国土必土崩瓦解矣，故皇国要攻伐他国，必以先并吞支那为起始也。"19世纪的一个博物学者，胆敢说只要七八年就可以使中国土崩瓦解，令人震惊。江户时代是一个闭关锁国的年代，而小小的日本就斗胆敢言令中国灭亡，这说明武士对领土的欲望在内心是极为活跃的。这种欲望到了幕府末年也就是明治开国前，集中表现在吉田松阴集团的意识中，吉田松阴起于草莽之中，主张变革，30岁就被幕府杀害。日本一直把他作为开国烈士加以纪念。而我们今天要是从领土掠夺的角度来看的话，就会发现吉田松阴其实是日本后来"大东亚共荣圈"最早的构思者。他在幕府的监牢里写成了《幽囚录》，为日本未来谋略建国方案，提出"北割满洲之地，南收吕宋诸岛"的战略，称日本对外行动的第一步就是"割取满洲，进军支那"。当时他们已经把我国东北地区和中国其他地区分开了。吉田松阴根深蒂固地认为要实现日本强国的目标，则必须先占领东北。现在日本有些学者总和我们辩论说"吉田松阴是一个30岁的优秀青年，被幕府杀掉了，你们竟然说他是侵略的原主，请你们把侵略二字打上引号吧。"其实吉田松阴确实是侵略的原主，他的"北割满洲，南收吕宋"的思想后来由他的学生们继承下来了。吉田松阴有37个学生参加了开国维新，得到过开国勋章，其中就有著名的伊藤博文，还有山县有朋等人。他的37个学生在明治维新中策划着他的国家计划，所谓大东亚共荣圈其实就是按照这个模式进行的。

20世纪20年代以后，日本意识形态层面出现了两个顽强表现日本军事和政治需求的代表人物，这就是"法西斯思想魔王"北一辉，和"大东亚战争论客"大川周明。作为构成北一辉日本国家主义主要的思想支柱的核心思想，则是他认为英国是跨越世界的大富豪，俄国也是世界北部的大地主，日本以星星诸岛，成为国际上的无产者，日本岂无堂堂之名向他们开战，向他们夺取他们独占的权利吗？所以北一辉说，随着日本国家改造的完成，"亚细亚联盟"时代便可以到来。日本便可以执世界之牛耳。大川周明发挥了北一辉的理论，他的表述更有煽动性。

"亚洲解放论"便是由这样的一个系统发展过来。这一论说在战后日本没有得到应有的整肃，所以在年轻一代当中有着很深刻的影响，而且是越来越深刻了。令我们非常吃惊的是，最近日本有个叫作川胜平太的教授正在像明星一般地升起，还有白石隆等助威，他们创说了所谓"海洋日本文明观"，称日本的文明来自海洋，与亚洲大陆无关。中国文明至今是一个"反海洋亚洲"的"农本式文明"。川胜在1997年11月出版的《文明的海洋史观》的结尾一章，设立标题为"21世纪日本国土的构想"。作者在这一节中画了一个图，从日本列岛出发，经由朝鲜半岛、中国松辽平原、华北东侧、北京、天津、渤海湾、山东、江苏、上海、浙江、安徽、湖北、湖南、广东、福建、台湾、广西东侧、海南岛、香港，囊括黄海、东海与南海全境，东进菲律宾，南进越南、柬埔寨、泰国、缅甸、马来西亚、新加坡、印度尼西亚，一直到澳大利亚北端，他画了一个半月形，并把它称之为"丰饶的半月弧"。就是美丽的日本的"平原之岛"。这个"二十一世纪日本国土的构想"是一个极其严重的警告，引起了我们的震惊。地图和话语是我们非常熟悉的，这张地图就是二战当时日本参谋本部的西太平洋作战地图，就是所谓"大东亚共荣圈"的全境图。

第三种变异观念是明显生长的文化优越论。日本的文明是一个混合的文明，现在日本的一些学者在努力摆脱这个说法。他们认为一个经济大国和政治大国，他的文化大国的形态应该是纯粹的日本文明论。他们想了很多办法，从福泽谕吉开始提出"脱亚入欧"。也就是说虽然地理上分不开，但观念上要和中国、朝鲜告别了，虽然以前是分不开的，以后分开好了。他们还是有点现实精神的，因为承认以前是分不开的。可发展到了20世纪90年代，就是以川胜平太为核心，以及东京的一些教授，提出"海洋日本文明观"，认为日本的文明是从海洋里面产生的，是不受大陆文化影响的。假如说二者之间有什么关系的话，就像欧洲文明以2000年的奋斗摆脱伊斯兰文明的控制一样，海洋文明是与中国文明对抗的一个脱亚过程。这话听起来非常令人震惊，稍有文化知识的人都知道他说的是一个非常奇怪的历史逻辑，实际上完全是一种伪文明史观。首先欧洲2000年的文明怎么会是和伊斯兰斗争的文明呢？我们知道伊斯兰教是7世纪时在阿拉伯土地上由穆罕默德开始创立的，在伊斯兰教产生以前，欧洲已经有着希腊文明和罗马文明这样的文明了，而在伊斯兰文明产生以后一直到16世纪，建立了奥斯曼帝国才开始向欧洲挺进的。奥斯曼帝国的疆域没有超越东罗马帝国的版图，南欧、西欧、北欧的广大区域从来也没有与伊斯兰直接对峙过。欧洲文明史上怎么会有2000年抗争的过程呢？显然，这是利用日本国民的愚昧和无知在日本人中间制造一种神话，诱导把日本文明史变成与中国文明对抗的历史。2000年9月，白石隆在《海洋帝国：如何思考亚洲》中问道："我们现在说的日本，究竟是亚洲中的日本呢，还是与亚洲并列的日本？"问题是如此地荒谬，而气势又是如此地尖锐。这些人要制造一种"纯粹文化日本"是不属于亚洲的理论。可见他们追求纯粹文化已经到了如此狂妄逼人、又如此无知可怜的地步了。而其中的核心，就是追随"侵略战争不认账"而宣扬"文明独特论"，"日本海洋文明观"的最基本的目标便是致力于在日本国民中解构中国文明的力量，在中日文化关系中不仅推行疏远感，而且试图制造"了断论"。我以为这是在未来中日关系中非常具有破坏力的理论形式。

尽管当前日本社会主流的中国观有重大的逆转，但是，作为一个能动的活着的日本，它具有多层面性，对中国的和平主义还在日本相当的层面上流动。这种和平主义表现在什么地方呢？

第一，我们可以感受到，日本还有相当一部分国民在孜孜不倦地、精诚地追究日本的战争责任。如中国的受害者在一而再、再而三地上诉，有慰安妇的上诉和劳工的上诉，在这个过程中，得到了相当一部分有正义感和良心的律师的支持，在日本有阵容强大的律师团在支持他们提出赔偿。

第二，仍然有相当的知识分子在追查日本的战争行为和战争责任。1998年井上清编辑了《日本军队在中国做了什么》，集中揭露了日本军甲午战争中的旅顺大屠杀、上海"八·一三"事变中的暴行、南京大屠杀、在河北与山东的"三光政策"、毒气战、对农业的破坏与掠夺、从军慰安妇等等，并且提出"追究真正犯罪没有时效，应该永远追究战争责任"。很多人不知道，井上清早在1975年8月有一本很重要的书叫作《天皇的战争责任》（日本现代出版社），在70年代的时候，作为一名历史学家，追究天皇的战争责任，而且以相当丰富的材料证明了战争和天皇是有关系的。这本追究天皇战争责任的著作，在1976年就被再版重印，1989年由日本明石书店以《昭和天皇的战争责任》第三次公刊，1991年日本最著名的出版社岩波书店又以《天皇的战争责任》第四次刊印。这是在日本知识界极为有名的著作。为揭露日本军国主义的战争罪行，在揭露中反省日本的历史责任，井上清早在1953年，就由东京大学出版了《日本的军国主义》二卷，1968年出版了《日本帝国主义的形成》，1972年出版了《日本的军国主义》，1975年出版了《军国主义和帝国主义》，1977年出版了《重整军备和军国主义的复活》等等。日本有一批知识分子与井上清的观念相同，锲而不舍地追究日本的战争责任。2003年中国社会科学院日本研究所举行"日本军国主义研讨会"的时候，有一批日本学者参加，并为中方提供许多有价值的材料，用以继续揭露日本在二三四十年代犯下的战争罪恶。

第三，一方面是日本的皇国复辟主义者在参拜靖国神社，另一方面也有相当一部分力量是抵制内阁成员参拜的。每一次他们参拜靖国神社时，我们注意到，外面的队伍很混乱，有欢呼的也有喊着抵制口号的。而且我们在日本各处可以看见抵制国家主义的象征符号，也有一定的力量在运作抵制国家主义修改日本宪法。现在日本的宪法是1946年规定的，保证日本是一个没有武装的国家。

第四，日本的一些有识之士在推动关于日本文明形成的知识教育，让他们尊重日本文明形成的事实，让他们了解中日文明的关系，承认中国对日本文明影响的体现。1992年到1996年我们中日52位学者曾经联合起来用四年时间编著了《中日文化交流史》10卷。从十个方面阐释了民族、生活、思想的关系。担任日方主编的是日本学术界的权威中西进。目的在于阐述历史的真相，东亚文明和日本文明联系的真相，阐释在文明发展过程中各个民族的特殊功劳和中华文明的作用。另外，日本的文艺界人士也做了很多努力，2004年来中国的日本剧团"前进座"，演出了《鉴真东渡》，用艺术的形式演绎中日文明的关系和发展环节。2004年7月份日本的大相扑力士团访问中国。相扑是日本的国技，他们很少到国外表演的，而这次是他们第一流的运动员来北京和上海各演两场，表现了一种亲善和友好。这次演出的全部奖金全部捐赠给了中国青少年发展基金会，这也表明了一种亲善友好的态度。

所有的这些都表现了日本的和平主义潮流，表示了日本今天多层面立体型的社会思潮的复杂性，也显示了具有正义感的日本国民正在努力地拓展东亚的和平空间，使我们对于未来东亚各国政治、经济和文化的良性互动具有足够的信心。

回顾这样漫长的历史思潮的变迁，以事实为基础放眼未来。我想，只要我国国民能够把自己丰厚的爱国正义感与时俱进，推进到"正义理性"的层面，我们一定能够在与各种极端主义思想潮流的搏斗中，以正义战胜邪恶，创造中日两国共同需要的和平文明的生存环境。

第二次世界大战的结局，宣告了日本军国主义的政治、军事和意识形态的溃败，也宣告了在此之前80年间日本社会一系列中国观的破产。历史匆匆地又走过了半个多世纪，日本在战争的废墟上崛起，它已经成为世界的经济强国，却也仍然面临着许多无法摆脱的难题。其中面临着一个扼其咽喉的大问题——即如何处理与中国的关系问题。

历史已经注定了中日两国"合则两利""分则两伤"的生存格局。自20世纪90年代中国发展以来，如何积极稳妥地处理与日本的关系，成为我国为创造自身富国图强必须的国际环境，稳定东亚和世界和平至关重要的课题。

中国儒学在日本近代变异的考察
——追踪井上哲次郎、服部宇之吉、宇野哲人的儒学观：文化传递中"不正确理解"的个案解析[①]

叙　说

从世界文明史中的关于文化传递的视角考察儒学的阐述，和随之对源文本发生的变异，事实上存在着较为宽泛的跨国界、跨民族的复杂文化语境。20世纪是亚洲社会（本文论说的是东亚社会）生存形态发生巨大转型的时代，以此为基础而形成的东亚社会各个国家和各个民族中的各种话语层面，都在寻求表达自己对于转型时代与未来时代的诉求——即表达对实际生存状态的价值立场，并表达对未来社会的价值立场的自我意志。基于这样的思想史阐释立场，那么我们可以断言，由时代意识所造就的实际价值要求必定会生长出新的思想形态，并会以各种话语形

---

① 本文原载于《国际汉学》，2012年第2期。本文使用的"近代"概念指的是从明治时代开始到日本在第二次世界大战中的溃败为止，其绝对年代则从1868年到1945年。在此之前日本史上习惯称为"近世"，在此之后，日本史上习惯称为"当代"。

态纠缠于历史文化并会以"不正确理解"的形式表现出来。①

自19世纪后期以来,日本的文化界有两个层面的思想运作是最值得注意的。一个层面的学者是在近代文化的大潮中,他们思索着力图从江户时代的汉学和国学中挣脱出来,致力于组织一种新的话语形式,这一层面的思想家可以京都帝国大学教授西田几多郎为代表,他的《善的研究》被评价为划时代的哲学著作。西田几多郎几乎竭尽全力试图脱出传统思想的藩篱特别是汉学的理论模式,但最终当他使用一系列康德等欧洲哲学的话语来组建日本哲学的本体时,却仍然纠缠于佛学禅宗的最深刻的影响之中,使他创建"纯粹日本哲学"的企求未能有所终结。②另一个层面的学者则致力于在传统中寻求表述生存时代的思想材料,在重新阐释相关的历史文献材料的表述中展现自己的生存价值观念与试图影响社会未来走向的精神形态。以东京帝国大学留学德国的中国思想研究者井上哲次郎为代表,他的《教育敕语衍义》表明他们开始把江户时代对立的汉学与国学自觉地给予近代性的阐释,整合成了一个思想体系,终于从自由民权潮流中夺得了日本思想界的主流话语。继而,服部宇之吉、宇野哲人相继登上儒坛,世界文化史上被称为"新儒学"的学术流派或许可以说由此而逐步生成就。

1890年,在近代日本国民精神史上是一个具有重要意义的年份。儒学在日本近代的变异或许可以以此作为新起始标杆从中寻找出逐步生成的轨迹。③

原来,日本在自1868年明治天皇新政开始了维新之后,便确定了以"文明开化""殖产兴业"和"富国强兵"为建立新国家的三大目标,但是,在如何实现

---

① 关于理解"实际的价值要求必定会生长出新的思想形态",建议阅读卡尔·马克思的《德意志意识形态》一书。关于理解"新的思想形态会以各种'话语形态'纠缠于'历史文化'",建议阅读卡尔·马克思的《路易·波拿巴政变记》一书。关于理解文化传递中的"不正确理解"形式,建议阅读马克思在1861年7月22日《马克思致斐迪南·拉萨尔》的信。

② 关于西田哲学的研究,日本学界论著众多。本文作者曾在所著的《日本中国学史》(江西人民出版社,1991年)中设有专门章节论述西田几多郎哲学,此前曾有《"哲学の道"の随想:西田哲学への考え》一文载1990年1月日本佛教大学"友好の輪"并收入《比较文学视野における日本文化》(日文版)一书中(北京大学出版社,2004年)。

③ 这里作者使用了"新的起始"一句,旨在提醒读者注意,儒学自传入日本列岛以来一直处在变异之中。所谓"变异",是我们在文化史学的研讨中确认的一个重要范畴。它指文化在流动过程中由于文化语境的不同以及多元文化的碰撞与融合,因而使得各种对源文本的阐述在本质上是一种"不正确理解"。各种阐述若与源文本相比较,则便是源文本的"变异体"。

这一建国目标的基本战略与具体步骤上，举国上下纷纷扰扰，莫衷一是。当时，致力于社会改造的知识分子和政治家们，努力于打通日本与世界的渠道。欧美近代思想文化——先是英国的功利主义，再之以法国的自由民权学说，继之以美国的人道主义与实用精神，前呼后拥地进入日本社会，一时之间，开始了对欧美政治制度、科学技术与文化思想的无节制的介绍和吸收，他们高举"剔出传统"的旗帜，创导"自由"和"民主"，鼓吹建立"民权国家"，在相当的层面上冲击着日本人精神世界的各个领域，一时之间曾经构成了明治近代文化运动的主流。以皇权主义为精神主体的政治家与知识分子，在日渐汹涌的欧美思潮的冲击下，加剧了他们的"国粹"主义情感，他们以"尊皇敬神"为核心，鼓吹"显扬我日本精神，在于神儒佛之三道，三道并行，则国体愈益尊严，世道愈益清平"，创导"天赋国权，国赋民权"，指责民权运动分子"其身在帝国之籍，其心欲化异邦之俗，则为国家之盗贼"。①

日本皇权作为国家最高政治力量的代表，在明治最初的20余年中对于日本传统文化与外来西洋文化思想的冲突，以及由此而引发的社会动荡，一直在寻求政治层面和思想层面平衡的支点。它以最大的宽容，容忍了自由主义分子们反复的鼓噪。但是，随着文化思想的各个派别之间的冲突的日益加剧，社会动荡的日益激化，皇权生存的紧迫性与危机感迫使皇权终于以强硬的姿态表述了国家未来的精神指向。

---

① "天赋国权，国赋民权"的论说，见加藤弘之《人权新说》第一章"论天赋人权处于妄想的理由"。"显扬我日本精神，在于神儒佛之三道，三道并行，则国体愈益尊严，世道愈益清平"等语，见1879年由老儒元田永孚撰写，以天皇名义颁发的《教学大旨》，文载《近代日本思想大系》卷30，筑摩书房，1976年。《教学大旨》文称日本教育之本意在于"依祖宗之训典，专明仁义忠孝"，从而宣示了明治政府在天皇制国体中由初期的主智主义开始向儒学主义转向。1882年文部省公布了仍然由元田永孚撰写的《幼学纲要》，在全国小学校推行实施，强调臣民道德必须从小学抓起，其中心在于教化"仁义与忠节乃为人伦之最大义"，而在"忠孝之间，其'忠'则必先于'孝'"。后来参与日本军国主义战争的近千万军人与准军人都是在这样的教育宗旨中养成的。元田永孚本人则长期在每年的1月为明治天皇进讲儒学经典。依据宫内记录，1872年进讲《尚书·尧典》（首章），1873年进讲《大学·明明德》，1874年进讲《帝鉴图说》，1875年进讲《尚书·大禹谟》，1876年进讲《论语·为政》，1877年进讲《大学·新民之传》，1878年进讲《论语·道千乘之国》，1879年进讲《论语·樊迟问仁》，1880年进讲《诗经·关雎》，1881年进讲《尚书·舜典·辟四门》，1882年进讲《尚书·大禹谟·人心惟危，道心惟微》，1883年进讲《论语·为政》，1884年进讲《中庸》（首句）。

1890年，明治天皇向全国发布《教育敕语》。这是一份针对在自由主义日益高涨中，传统价值观念日益受到毁灭性贬损而决心极大地振兴皇权主义国家论的纲领。它对于未来的50年，乃至今日之日本的国民精神的养成与发展方向，具有指向性的意义。

《教育敕语》说：

> 朕惟吾皇祖皇宗，肇国宏远，树德深厚。吾臣民克忠克孝，亿兆一心，世济厥美。此乃吾国体之精华，而教育之渊源亦实于此也。尔臣民应孝父母，友兄弟，夫妇相和，朋友相信，恭俭持己，博爱及众，修学习业，以启发智能，成就德器，进而扩大公益，开展世务，常重国宪、遵国法，一旦有缓急，则应义勇奉公，以辅佐天壤无穷之皇运。如是，不仅为朕之忠良臣民，亦足以显扬尔祖先之遗风矣。斯道实为吾皇祖皇宗之遗训，子孙臣民俱应遵从，通于古今而不谬，施于内外而不悖者也。朕庶几典尔臣民共同拳拳服膺，咸一其德。①

这是日本皇权主义为其新国家的国民制定的精神养成与发展的纲领。在此前20年间被维新派们几乎扫荡的日本国学与儒学此时便迎来了复兴的曙光。

最引人瞩目的是实施《教育敕语》的后果。1906年（明治三十九年）12月23日，日本当时的现役军人的最高层在东京都北部的栃木县足利学校举行盛大的"祭孔典礼"。当日，日本军人以向中国孔子致意谢恩的形式，欢呼他们经过甲午战争和日俄战争夺得了日本国家在远东的制海权，并发誓推进日本在中国东北地区的利益。日本陆军元帅兼海军大将伊东佑亨(Itou-yuukou 1843—1914)题写了"祭孔碑文"，其手迹碑至今依然竖立在庭院中保存完好，题署"明治三十九年十二月二十三日"。同一天集合在足利学校并竖立纪念碑和种植树木的，还有日本海军大将不久即升任海军元帅的东乡平八郎(Togou- Heihachirou 1848—1934)以及由他们率领的一批日本陆海军将级军官。伊东佑亨在中日甲午战争时期任日本联合舰队司令官，他是黄海战役中进击我国威海卫的直接策划与指挥者。东乡平八郎在中日甲午战争期间任日本战舰"浪速号"舰长，在黄海海域丰岛击沉我清

---

① 明治天皇《教育敕语》文见《近代日本思想大系》卷三十一，筑摩书房，1977年。中文由本文著者自行译出。

朝海军"高升号",打响了近代史上日本军队侵略中国的第一仗。①

徘徊在这个祭奠树林碑前,仰望庙殿中央的孔子座位,真是令人唏嘘不已!当年长眠在中国山东曲阜的孔子的灵魂,一定是听到了黄海上"隆隆"的炮声。炮声停止后这一群进攻中国的战争狂人却以向中国孔子致敬的形式宣告了他们的胜利。自此之后,日本在东京汤岛开始了将近40年的年度祭孔,在"九一八"事变、七七事变之后,中国已经成为日本帝国主义全面掠夺的对象,而祭孔则持续不断,直到日本全面溃败前夕,在美军的轰炸中于1944年作了最后一次告慰仪式。在时代的大变动中,一位逝世已经2000年的中国的思想家竟然在异国的土地上变成了一具进攻他自己祖国的政治图腾。这便是在特定的文化语境中发生的儒学的变异。考察日本近代儒学史,这并不是唯一的特例。1931年策动"九一八"事变的日本陆军中将石原莞尔是一个很有儒学素养的儒学研究家,而被称为"日本法西斯思想魔王"的北一辉,20世纪20年代则把自己的工作室命名为"孔孟社"。北一辉就在这个"孔孟社"里撰写成了著名的《日本列岛改造法案》,成为日本法西斯主义的理论纲领。②

这种假手于某种历史文化传承从而造成有利于为自我利益斗争的思想文化现象,在世界资产阶级革命史上几乎到处可见。16世纪德国马丁·路德的宗教改革运动,是在维护和恢复宗教原旨的名义下,争取新兴市民阶级的利益。17世纪英国的克伦威尔作为资产阶级运动中独立派的首领与新贵族集团的代表人物,在清洗旧贵族势力,乃至处死国王查理一世宣布成立共和国时,也披上了宗教的外衣,"借用旧约全书中的语言、热情和幻想",以动员和积聚为自我目标奋斗的力量。至于18世纪法国的资产阶级大革命,他们的政治家和思想家曾经战战兢

---

① 伊东佑亨,萨摩藩士。日本陆军元帅,海军大将。中日甲午战争时期,任日本联合舰队司令官,在日俄战争中任大本营参谋长。爵封侯爵。

东乡平八郎,与伊东佑亨同为萨摩藩士出身。日本海军大将,元帅。中日甲午战争期间,任日本战舰"浪速号"舰长,在日俄战争中任日本联合舰队司令,1905年5月在对马海击垮俄罗斯海军舰队,确立了日本在日俄战争中的胜利。后任日本军令部部长,东宫御学问所总裁。爵封侯爵。

② 关于1906年日本海军首脑参拜孔子的文化事态调查报告,可以参见本文作者所著《日本藏汉籍珍本追踪纪实——严绍璗海外访书志》第六章"在足利学校遗迹图书馆访'国宝'",上海古籍出版社,2005年;还可参见本文作者编著的《日藏汉籍善本书录》第三卷"附录"之五,第六节,中华书局,2007年。关于石原莞尔、北一辉等与儒学思想的关联,可参见本文作者所著《日本中国学史》第四章"日本近代文化运动与传统汉学的终结",江西人民出版社,1991年。

竞地请出亡灵来给他们以帮助，借用他们的名字、战斗口号和衣服，以便穿着这种久受崇敬的服装，用这种借来的语言，演出世界历史的新场面。当时，古代罗马共和国和罗马帝国几乎所有的英雄人物，都被召唤来为法国资产阶级的利益服务。在东亚历史上曾经与日本明治维新相先后的中国软弱的资产阶级改良运动，其领袖人物康有为也曾说，"布衣改制，事大骇人，莫不与之先王"云云，他为此而撰著了《新学伪经考》和《孔子改制考》等。①在剧烈的社会变革中，传统抑或是传统文化的价值与意义，正如马克思所说，"资产阶级社会的斗士们找到了为了不让自己看见自己的斗争的资产阶级狭隘内容、为了要把自己的热情保持在伟大历史悲剧的高度上所必需的理想、艺术形式和幻想"。②

　　日本明治维新在资产阶级革命的彻底性方面，是远不能和法国18世纪革命相提并论的。在维新之初，当内外各种立国思潮兴起，关于国体论说各执一端之时，天皇制政体也曾经表现出宽容而希求寻找"两利趋同"或"多利趋同"。但是，在日本这样一个皇权主义弥漫的国家里，社会的任何真正的近代性改造，事实上都必须借助于皇权本身。而皇权所追求的维新目标，本质上则在于以社会的若干变动以巩固其统治基础和扩大其实际利益。《明治宪法》的法理基础从法国法最终转向德国法，显示了这个亚洲最早追求近代化的国家在立国的基础上最终坚持了皇权集权主义本质，随之而至的则是以《教育敕语》为代表表明了国家主流意识形态的本质。中国儒学在日本近代的变异由此而起步。

　　政治文化层面上这些匪夷所思的事实，在最深刻的观念核心中显示出日本近代儒学传递过程中的某些本质性特征——在特定的文化语境中，儒学的本源性内容通过儒学阐述话语的表述已经发生了本质性的变异。而这样的变异在那个时代是必然的，是为社会所认定的社会主流话语的组成成分，因而它才能够生存并获得社会最高权力的褒扬。③

---

　　① 《新学伪经考》见《康南海先生遗著汇刊》卷一，《孔子改制考》见《康南海先生遗著汇刊》卷二、卷三，皆为蒋贵麟主编，台湾宏业书局有限公司，1976年。

　　② [德] 马克思：《路易·波拿巴的雾月十八日》，《马克思恩格斯全集》（第八卷），人民出版社，1961年，第122页。

　　③ 以日本"孔教"创导者东京帝国大学中国哲学教授服部宇之吉为例，1901年第一次荣获皇室授予的单光旭日勋章，叙勋六等；1907年，瑞宝勋章，叙勋五等；1909年，授瑞宝勋章，叙勋四等；1913年，授瑞宝勋章，叙勋三等；1919年，叙正四位；1920年，叙勋二等；1928年，叙正三位，叙勋一等，授瑞宝勋章。在近代日本学术史上还没有第二位像他这样接受日本天皇制国家叙勋和勋章如此频繁的学者。

一、井上哲次郎开始运用近代话语阐释儒学

明治天皇的《教育敕语》发布之后，学者们便有了多种的解读注释性的阐述，由于词语陈旧，表述匮乏，社会反应冷淡，未能达皇权主义的意愿。文部省决定远招正在德国留学的东京帝国大学副教授井上哲次郎，由文部大臣芳川氏提名，并经内阁会议研究，决定委托他从事文本的解读。

井上哲次郎（1855—1944）是近代日本中国学形成时期最早从事中国古典哲学研究和教学的学者之一。1882年他27岁就在当时的东京帝国大学主持"印度、支那哲学讲座"。

从日本中国学形成的谱系来说，在从江户时代的传统汉学，向中国学这一近代性的学术"脱皮"中，在文史哲三科中最早形成的学科便要算是中国哲学研究了。但是，从思想学术的本质考察，如果与此后逐渐兴起的日本中国学中的史学研究和文学研究相比较，则日本的中国哲学研究中积存着传统汉学的成分在一些领域中则是相当厚重的，即研究者不仅把中国思想史材料作为研究的客观对象，而且在事实上还把研究的对象作为"自身"或"社会"的特定意识形态的构成材料。①

---

① 在日本思想文化史上，汉学与中国学是不同时代中不同的学术概念，具有各不相同的范畴内容。在17世纪日本文人阶层形成之前，华夏文化在日本列岛的传布并未形成独立的学术，一般可以称为"汉文化"或"汉文学"。这里的文学与中国古代文化史上的文学相等，具有泛文学的内容。即使在日本史上的中世时代后期，宋学的流布逐步构成研究和讲筵，但思想文化史上仍然不称"汉学"而称为"五山汉文学"。17世纪江户时代开始，随着文人阶层的形成和儒学的庶民化，对华夏文化的研究进入汉学时代，先后两个半世纪中，以藤原惺窝、林罗山为代表的朱子学派，以中江藤树为代表的阳明学派，以伊藤仁斋为代表的古义学派，和以荻生徂徕为代表的古文辞义学派，作为基本学术核心从而构筑起了日本汉学。作为这一学术的本质性特征之一，则研究者不仅把研究对象作为纯粹客体，而且也把研究对象作为自身或社会群体特定意识形态的材料。日本中国学是明治时代开始的日本人文学者从万国文化研究中独立出来的国别文化研究。从本质上说，这一学术只是把中国文化作为研究的客体，这是包括欧美学术在内的近代人文学术的最本质性特征。当然，实际状态要复杂得多。国内不少学者常常混淆"汉学"与"中国学"的本质性差别，又在中国学的阐述中依据19世纪到1945年日本对中国的蔑称"支那"，而把中国学称为"支那学"的歧视性称谓作为学术发展的一个独立阶段。这在事实上就承认了连20世纪30年代以来中国国民政府也拒绝接受的"支那"一词在这一特定时期中为中国的代称。我以为探讨日本对中国文化的研究是一定要与日本文化思想史、日本政治史等连接起来，才能把握学术内奥与基本态势。

日本中国学的早期学者对诸如"中国哲学"或"中国哲学史"这一类的学科概念范畴的定义与阐述很不一致。一般说来,"中国哲学"这一范畴的出现,是与日本近代文化中形成的"西洋哲学""印度哲学"等相并列的,东京帝国大学最早建立了"支那哲学"的讲坛。但是,创建之初的所谓"支那哲学",主要仍然是介绍中国古典经学的知识和进行经学文献的解读。因此,与其说它的研究是哲学形态的(philosophy),不如说它更接近于文献语文学形态(philology)。①

1880年井上哲次郎毕业于东京帝国大学哲学科,即入文部省编辑局从事《东方哲学史》的编辑。一年后在东京帝国大学主持"印度、支那哲学讲座"。19世纪80年代的日本,它既是东西方文明交会的十字路口,又是东西方文明观冲突的火山,发展近代化的欲求与新老文化的纠葛交织在许多人的心头。井上哲次郎的学术正是在这样的文化语境中形成,它既隐藏着旧伦理复活的心态,又怀有获得欧美文化的渴望。他于1883年起留学德国,在诸多的欧洲文化中,他热衷于德国的斯坦因(Lorenz von Stein)、盖乃斯德(Heinrich Rudolf Hermann Freidrich von Gneist)等的国家集权主义学说。井上哲次郎把传统的日本儒学与近代的国家主义逐步地相融会于一体,它预示着日本学术界在儒学的研究领域将有新学术产生。

井上哲次郎奉文部省之命归国,于1891年撰写成《教育敕语衍义》(以下简称《衍义》),这一《衍义》经明治天皇本人审读,立即以井上氏名义作为个人著作出版,文部省即刻把它推行于全国。

井上氏在《衍义》的"叙"中说:

> 庚寅之岁,余自欧洲归来,久睹西方粲然文物,忽观故国旧状,甚觉彼

---

① 中国学界有相当普遍的层面把日本近代中国学看成是直接从江户时代的汉学发展来的。这一观念是由于不明了日本近代思想史和文化史所致。日本中国学是在明治时代初期从对世界文化的研究中独立出来的一门近代性学术。其中,对中国哲学的研究是这一学术形成的最早的领域。当时,东京帝国大学设立"印度、支那哲学讲座",以及内田周平于1888年刊出第一部《支那哲学史》,使用的都是"哲学"这一范畴。其主要内容是解读中国古代经学及诸子学的文本。1989年,松本文三郎刊出《支那哲学史》,尝试对中国哲学依照学者自己认定的历史发展分期,描述中国哲学发展的历史过程。然而,1910年,小岛佑马刊出的同对象研究著作命名为《支那思想史》,小岛认为中国古代只有"思想"而无"哲学",日本中国学的学者围绕这一范畴一直存在着争论。

我殊为轩殊（悬殊），凄然伤心，百般感叹集于胸中。我邦社会之改良，亟欲论辩之处甚多。我至仁至慈之天皇陛下，尤以教育为轸念之所，降赐《敕语》，嘱文部大臣颁之于全国，以为学生生徒之所钤式。余谨捧读，为所以修孝悌忠信之德行，培养共同爱国之心，谕示恳切。此其裨益于众庶者极为广大，而结合民心者最为适切。我邦之人，由今至后，将应永久以此为国民教育之基础……

盖《敕语》之旨意，在于修孝悌忠信之德行，以固国家之基础；培养共同爱国之心，以备不虞之变。我邦之人，若尽由此而立身，则民心之结合，岂其难哉！凡国之强弱，盖在于民心结合之若何；若民心之不能结合，则虽有城寨艨艟而不足恃；若民心之结合，则百万劲敌亦不能奈我何。如是，《敕语》之主旨，全在于民心之结合。……

古来和汉之学者，既已阐述孝悌忠信之必行，余则今欲证明孝悌忠信何故而为德之大义者。换言之，即古之人记辩德义为何事，而余今欲阐述何故人之必欲行德义也……

共同爱国之要，东洋固有之，然古来说明者殆为稀少，姑今欲阐述其与孝悌忠信共为德义之大者矣。

孝悌忠信即爱国之主义，乃国家一日不可缺也。无论时之古今，不问洋之东西，凡组织国家者，必欲实行此主义也。如我邦之人，自太古以来，未曾一日放弃孝悌忠信及共同爱国之精神。然近时社会之变迁，极为急激，且西洋诸国之学说教义东渐，世人多歧亡羊，遂使国家一日不可缺少之孝悌忠信于共同爱国之主义，犹且纷扰，疑其是非。于是，惊烦今上天皇陛下，降此诏语，以明国家之所以一日不可缺乏之由。吾等臣民，亟应深切惭愧而反省之……

今幸《敕语》降达，我邦之人若以孝悌忠信及共同爱国之主义为本，则日本国民不出数十年，必大改其面貌。由维新之十今日，其主要成于形体之改良，由今至后，与形体之改良相共，将应期待精神上之改良也。

从这一叙文中看井上哲次郎的《衍义》，可以概述为一个最基本的主题思想，即井上氏深忧日本社会正在日益受欧美文化思想的冲击，世态的加深发展，势必会动摇天皇制国体的国家利益，于是，井上哲次郎便致力于把日本传统儒学中的伦理观念，与德国的国家主义学说结合为一体，着力于阐述"孝悌忠信"即"共同爱国"为日本国民的两大德行，为所有的臣民对天皇应尽的义务，从而试图从"爱国主义"的立场上创立起一种新的日本精神。

井上哲次郎的《衍义》，从儒学阐述史的立场考察，最可注意点有二：

第一，井上哲次郎抛却历来关于"孝悌忠信"的陈腐旧说，直接把它与"共同爱国"连接为一体，申言这是拯救日本当时陷于西洋文化颓败中的唯一之道，不仅使人耳目一新，而且使这一诠释具有了现代价值观意义。与10年前天皇的近臣元田永浮等江户老儒用陈腐不堪的言辞来指责"文明开化"不同，在井上哲次郎的一系列的阐述中，非常注重近代性的国家意识的表述，其重点在于使臣民对于君主的忠诚，具有了"爱国"的最普遍与最神圣的意义，这就把传统儒学的政治伦理与德国国家集权主义学说融为一体。这是近代日本儒学主流学派的最基本的特征之一。

第二，当井上哲次郎在着力于重建日本国民的精神时，虽然阐述的主旨是传统儒学的伦理道德，阐释的通道是德国的国家主义，但是，这内外两个理论对于日本而言，却都是"异邦文化"，这对井上哲次郎来说确是一个颇为棘手的问题。于是，他又以十分的努力，致力于强调日本天皇臣民爱国的真正内容在于建立起日本形态的"皇统观念"。

井上氏在为《敕语》的第一句话"朕唯吾皇祖皇宗，肇国宏远，树德深远"，作"衍义"时是这样阐释的：

> 当太古之时，琼琼杵命奉天祖天照大御神之诏而降临，列圣相承。至于神武天皇，遂讨奸除孽，统一四海，始行政治民，确立我大日本帝国。故而我邦以神武天皇即位而定国家之纪元。神武天皇即位至于今日，皇统连绵，实经二千五百余年之久，皇威愈益高涨，海外绝无可以与相比者。此乃我邦之所以超然万国而独秀也。

这一阐述表述的最基本的观念是在江户时代臻于成熟的最典型的"日本大肇国观念"——所谓日本天皇为"天孙降临"，乃"万世一系"；所谓日本国民则为"天孙民族"，乃"八纮一宇"；故而，日本乃"神国"矣，所以"超然万国而独秀也"。这一阐述表现了井上哲次郎确实把握了《教育敕语》的真精髓，是他在《衍义》中贡献于日本国民面前的"爱国"的真内容，这也是近代日本儒学阐述在这一层面变异的真灵魂。

《教育敕语衍义》构筑起了一个把中国儒学、德国普鲁士专制主义与日本神国尊皇观念融为一体的缜密思想体系。这个思想体系以黏着于天皇制国体为基础，以儒学的政治伦理为内核，以神国皇道观念为灵魂，以国家主义为表述形式。

井上哲次郎以深厚的儒学教养，足实的德国文化的熏陶渗透和对天皇制国家的忠诚，以一系列新旧话语阐述的连续，开启了近代日本儒学阐述的一个完全适用于现实生存主流政治社会思潮所需要的新学派。

1912年，井上哲次郎再受文部省之嘱托，撰著《国民道德概论》。遵循他在《教育敕语衍义》中所阐述的价值原则，更加全面地展开了他的"新儒学主义"的伦理观。此书在战前作为国民的道德论的权威著作，其影响几乎渗透于国民教育的各个方面。

井上氏在《国民道德概论》这一著作中阐述了一系列具有纲领性的观点。其中最重要的可以归为三个方面：

第一，井上氏提出了日本精神、儒教修养、佛教信仰、西洋文化为日本国民素质养成的四个基本层面。

第二，井上氏提出"日本国民的道德不单纯是国民性道德，而且也是日本国体的道德。"他提出的这一"国体道德"的核心则是"日本的国体是以万世一系的皇统为基础建立的，这也就是日本国民的道德基础"。

第三，井上氏提出了"国体道德"的七条标准：一、国体与政体的分离（即忠诚于天皇制国家与内阁政府的变动无关）；二、忠君与爱国必须一致；三、确立祖先崇拜的信仰；四、认定综合家族制度的事实与优越（即全体日本国民是一个神属大家庭，天皇则是这一大家庭的家长）；五、遵从皇室先于国民而存在的伦理；六、确立并遵从君臣名分大义；七、恪守全日本国民的一致性。

在此之后，井上哲次郎又发表了三部力作：《日本阳明学之哲学》《日本古学派之哲学》和《日本朱子学派之哲学》。在这三部著作中，井上氏以总结江户时代儒学的形式来阐述他对儒学价值的理解与释义。遵循他的基本观念，把儒学的伦理与国粹派的尊皇观念的统一，把日本的传统（指包含了儒学与国粹神道诸方面）与西洋的价值观念的统一做了合理主义的诠释。或许可以说，从《教育敕语衍义》到这三部"三学派之哲学"，井上哲次郎在日本近代社会形成之初的思想文化语境中，开创了对外来的儒学给予了以近代国家主义为核心的新阐述，事实上已经包含了20世纪新儒学的最基本的国民精神养成的价值要求，此即"平抑个人欲望""重塑人格立场""张扬传统价值""强化伦理信仰""抵御西洋毒化"，从而使本源于华夏文化中的儒学跻身于日本近代主流学术的层面中。井上哲次郎便是可以称为这一重大文化工程的奠基者。前述1906年日本海军最高层的"祭孔典礼"便是这一阐述体系的衍生物。

19世纪末叶与20世纪初期的日本学术界，对井上哲次郎与他的儒学研究有两种截然不同的价值评论。当时，杰出的无神论学者中江兆民，在他的哲学名著《一年有半》中曾经这样说：

> 我们日本从古代到现在，一直没有哲学。……近来有加藤某和井上某，自己标榜是哲学家；社会上也许有人承认……而实际上却不配称作哲学家。
>
> 没有哲学的人民，不论做什么事情，都没有深沉和远大的抱负，而不免流于浅薄。①

这是多么沉痛的声音！中江兆民在这里说的"加藤某"和"井上某"，分别指的是东京帝国大学校长加藤弘之和东京帝国大学教授井上哲次郎。

这也不是中江兆民一个人的看法。当时，包括东京帝国大学的研究者在内的日本学术界，一时盛行"东大二腐儒"之说——此乃"西洋腐儒井上哲次郎"与"东洋腐儒岛田重礼"之谓也。②

当然，当时更多的新兴的"支那哲学家"，在《教育敕语衍义》刊出之后，便争相迎合井上氏的价值观念，以对儒学作国家集权主义的解释作为中国哲学史研究的主要内容，从而把对儒学的阐释引上了绝对主义支配下的意识形态方向。这部分学者，以井上氏在职的东京帝国大学支那哲学文学研究室为中心，结集成一个新的学派。由于这个学派的数代魁首战前一直担任着东京帝国大学"中国哲

---

① [日]中江兆民：《一年有半 续一年有半》，吴藻溪译，商务印书馆，1979年。
② 参见[日]吉川幸次郎等编：《东洋学的创始者们》，讲谈社，昭和五十一年。

学讲座"的首席教授的职务,并且与天皇及天皇制国家有着千丝万缕的联系,故我们可以把在日本近代思想史上对儒学作出国家主义阐述的这一系统称为"官学主流学派"。

1910年,这个学派的成员正式组成"东亚学术会"。关于该会的宗旨,可见其成立时发表的《设立趣意书》:

> 支那的圣经贤传,作为教育《圣诏》之注脚,以资造就人格。其在德育上之价值,任何人亦不能否定之。吾人以此为对象而构成之学术,成为与德教文学关系甚密之吾邦文化之基础。吾人之研究,则致力于发挥吾邦学术之特色,且为国民教育建筑坚实之基础也。

《设立趣意书》本身便是这一学派的宣言。他们所从事的儒学研究,是一种在日本近代社会成型过程中服务于近代天皇制的学术。主流学派及其后的亚流和变种,战前一直处于高度的意识形态之中,且黏着于国家体制并受其强有力的保护。当时,在日本的知识界接二连三地发生了所谓"冒渎皇室"事件,相关人士受到一连串的"处分"。例如,1891年东京第一高等学校教授内村鉴三,因在晨读《教育敕语》时只向天皇像点头而未向天皇像鞠躬从而被开除教职;1892年东京帝国大学教授久米邦武,发表论文《神道系祭天之古俗》,在民俗学与宗教学的立场上阐明"皇权神授"的神话本质,以事实否定天皇乃"天神之裔胤",从而被解除教职……此时,井上哲次郎教授却坐镇官学的大本营东京帝国大学,一直执掌"支那哲学讲座"达30年之久,这或许最为生动地表明了日本近代初期在儒学阐释变异中形成的新儒学与天皇制国家的关系了。

二、服部宇之吉倡导"在新时代对儒学注入新的生命"

由井上哲次郎开创的近代日本儒学阐述的官学主流学派,由于服部宇之吉登上儒坛而有一大跃进,即从张扬普遍的儒学伦理,升华为信奉孔子为"儒学图腾"而倡导"孔教"——儒学在日本近代传递中以"古典回归"为核心的"原教旨主义"由此而产生。

服部宇之吉（1867—1939）1890年毕业于东京帝国大学哲学科。有趣的是，这一年东京帝国大学哲学科只有服部宇之吉一位毕业生。尽管他在毕业之后两年就推出了第一部著作《伦理学》，但年轻的服部氏首选参政之路。1897年他成为文部大臣浜尾新的秘书官兼文部省参事官，第二年转任西园寺公望大臣的秘书官。到1899年，服部宇之吉开始在东京帝国大学担任文科大学的副教授，同年即被文部省派往北京研修。第二年，恰逢义和团起义，他与狩野直喜、古城贞吉等在北京被围困九个星期，事后有关他们此次经历目击记《北京笼城记》刊出。1900年12月，服部宇之吉受文部省派遣赴德国留学，步井上哲次郎之后，在柏林大学等研究中国学问。1902年他奉诏途经美国回国，被派往中国京师大学堂（北京大学前身）出任师范馆主任教授，历时五年。1909年起，服部宇之吉升任东京帝国大学教授，同时兼任文部省官职。1917年起，他踏入皇宫，先是为宫廷主讲《汉书》；1921年正式被任命为"东宫御用挂"，为皇太子讲授汉文；1925年，当时皇太子妃有孕，受命为皇孙起名；1926年升迁为"宫内省御用挂"，为天皇汉文侍读。在此之前，服部宇之吉于1924年当井上哲次郎退宫之后，出任东京帝国大学文学部部长，并于1926年任（朝鲜）京城帝国大学校长。1929年，日本政府为平息中国知识界的反日情绪，通过外务省利用"庚子赔款"设立"东方文化事业总委员会"，服部宇之吉出任日方首席代表，并兼任东方文化学院理事长。1935年东京汤岛圣堂重修竣工，服部氏主持召开"儒道大会"和"祭孔典礼"。"九一八"事变后，日本在我国东北建立"满日文化协会"，服部氏与日本的诸多显贵一起出任评议员。这一系列的经历所造成的文化语境，对服部宇之吉在儒学阐述中的观念的确立与展开，关系极为重大。①

或许有一件事也是有意义的，正像日本中国学中的试图"解构"儒学的魁首白鸟库吉的婚姻是与一个在日本明治时代中较早接受西方思想的家族结合在一起，从而推动了他对东方传统的怀疑主义思考一样，服部宇之吉的婚姻是与一个在同时代日本文化界最后坚持传统儒学阵地的家族结合在一起，从而也就更加激发了他的新时代新儒学观念的展开。1891年，服部氏大学毕业的第二年便与东京帝国大学中国哲学教授岛田重礼的季女岛田繁子成婚。岛田重礼当时被人讥笑为

---

① 参见[日]吉川幸次郎等编：《东洋学的创始者们》，讲谈社，昭和五十一年。

"东洋腐儒",与井上哲次郎的"西洋腐儒"相对称。

服部宇之吉作为追随井上哲次郎的新儒学家,于1892年刊出《伦理学》之后,于1916年出版《东洋伦理纲要》,1917年出版《孔子与孔子教》,1918年刊出《儒教与现代思潮》,1926年刊出《中国的国民性与思想》,1927年刊出《孔夫子之话》,1934年刊出《新修东洋伦理纲要》。1939年去世之后,其遗稿又相继结集刊出了《孔子教大义》《中庸讲义》和《儒教伦理概论》等。众多的著作与活动揭示了服部宇之吉的全部学术,便在于阐发"儒学伦理"和创建"孔教"。

1919年服部氏在"斯文会"创刊的杂志《斯文》第一号上发表《儒学在现代的意义》一文,讲了一段关于他对于"儒学"思考的意味深长的话:

> 任何学术如果仅是墨守成规,不了解伴随事势变化的进步,则终究会失没了与时代的交流,岂复有引导人心之力!适应时代的需要,发挥本来的主义精神,不要失却了自己的本领,这是伴随时运的进步而使学术发达最为必要的……因而,给儒学以新的生命,树立它在新时代的权威,以斯文作为我们的己任,《斯文》的目的仅在于此。①

这一段文字非常生动和深刻地表述了服部宇之吉从事中国哲学(即儒学)研究的总体观念与心态。

第一,他与那些墨守成规的只在书斋中研讨与生活的硕学老儒们不同,非常自觉地意识到时代已经发生了很大的变化,如果墨守成规旧义,"终究会失没了与时代的交流",因而,他主张儒学的研究要"伴随事世的变化"。

第二,他认为,适应时代的变化,不是要"失却(儒学与儒学者)了自己的本领",相反要"发挥本来的主义精神"。这便是要"给儒教以新的生命,树立它在新时代的权威"。

第三,他把完成儒学的上述转变,看作是自己的使命与责任。

---

① 《斯文》第一编第一号,1919年出版。《斯文》是斯文会的会刊,斯文会是1911年由主张"尊孔""修身"的"研经会""汉文学会"等在服部宇之吉等协调下联合再编的日本孔学研究学会。第一任会长由日本枢密院顾问小松原英太郎担任。该会的宗旨在建立之初主要是对大正年间急速发展起来的民主主义与社会主义的反拨。随着日本国家的法西斯军国主义化,斯文会也成为张扬其意识形态的工具。

如是，服部宇之吉便继承了井上哲次郎开启的新儒学研究，并以注入"新的生命"，实现日本儒学从对朱子学的崇敬向对孔子的崇敬转变。我们可以理解这种转变的意义，便是在于"树立它（儒教）在新时代的权威"。

服部宇之吉对儒学所赋予的"新的生命"，便是把儒学提升为"孔教"。"孔教"的概念是服部宇之吉在1911年（日本明治四十四年）提出来的。把儒学演变成"孔教"，这是近代日本中国学领域中官学主流学派形成的最根本的标志。①

服部宇之吉在其《东洋伦理纲要》中这样说：

> 儒教则随中国发展的经验而发达，故而最具民族之色彩，其精神不可能施于历史相异而风俗人情不同之其他民族。儒教乃民族性之教义，非世界性之教义也。
>
> 孔子出春秋时代，集先圣之道而为大成，变民俗（族）性之教义而为世界性之教义。广传于东亚诸国而今又及于欧美天地者，实系孔子之教而非儒教也。孔子后，儒教乃数变。宋之义理性理之说，未必合孔子之教义。唯宋学之大义名分论，泰山孙明复于《春秋尊王发微》中穷其渊源而得以阐明孔子教义之要点。孔子教于我国之影响，亦正以此为最显著彰明者。孟子之

---

① 儒学在世界文化史的发展中的变异是多形态的，在东亚表现尤为特殊。把儒学归为孔子，把孔子推演为"孔教"，从而引导如宗教偶像般迷信与膜拜，早在服部宇之吉之前已经有多形态出现。特别是19世纪后期和20世纪初期，东亚各国在面对世界的巨大变动中为确保自己生存的自我价值而纷纷出现"国粹保存"的思潮，其中的核心表现则又以强化"孔子价值"为张扬各民族的民族传统和实现各自政治欲求。其中，中国的康有为提出"保中国魂"即为"孔教"，此时为东亚创导"孔教"之前驱。百余年来，特别是21世纪开始的10年，如依据2009年4月12日《北京青年报》报道，为电影人士拍摄电影《孔子》，当月11日"孔子世家谱续修工作协会"等26家团体联合致函电影剧组，称"吾等海内外孔氏宗亲、儒教（孔教）信徒，儒家社团"等特联合致函以示关怀……在21世纪还有人公开申言自己是"孔教信徒"，可见把学术作为宗教信仰膜拜的儒教与孔教浮溢于社会层面者仍然存在。日本方面则晚康有为10年左右，思想界如前述宫廷老儒元田永孚于1879年为天皇草拟的《教学大旨》中已经申言日本臣民的"道德之学以孔子为本"，1884年元田又在撰写的《宗教意见书》中主张日本应确立以儒教为主的国教。在《教育敕语》和井上哲次郎阐释的强力影响下，1906年日本出现"孔子祭典会"，1908年建立"孔子教会"，1911年服部宇之吉集合周围同志整合若干学会组成斯文会，称为他创建"孔教"的基地。沿着这样的儒学皇家化和国家主义化，服部宇之吉举起了"孔教"的旗帜。20世纪初期直至抗战结束，朝鲜半岛也存在着以"孔教"之名救亡图存的儒学活动。特定时空中的"孔教"主张与活动是极为复杂的思想运作的层面，本文研讨的是作为近代日本儒学变异中的"服部宇之吉的孔教"。

说，未得孔子教之真意，先儒已有所论。我国之所谓儒教，实非广义之儒教而乃系孔子教之义也。

广义之儒教，多含宗教思想，与我国民观念未必合契；孔子教之"天"，乃系人物之主宰，道德之大本，实含深远之信仰，其他皆以伦理立其说而非以宗教张扬其主旨，此所以孔子教初入我国之时，无有经历思想之冲突而同化为固有之精神也。所谓儒教初入我国之时，以《论语》为先，此一事实足证所谓我国之儒教，实乃孔子之教矣！中国人对孔子之崇奉与对孔教之推行，皆远不如我日本国民。故余可断言，中国有儒教而无孔子教，日本有孔子教而无儒教。

当代的读者，对服部宇之吉博士关于"儒学"与"孔教"的辨析，大概会感到困惑。实际上，服部氏的上述论说也实在不足以证明"中国有儒教而无孔子教，日本有孔子教而无儒教"的命题。然而，在20世纪初，服部宇之吉在日本思想文化界树起"孔教"的旗帜，动员全体日本国民向孔老夫子膜拜，这是一种非常重要的文化现象。它的学术目的以及超越于学术的意识形态目的，在上述文字中已经彰明。略考之，可论说者有三：

第一，与天皇制国体胶着于一体的服部宇之吉博士，深切意识到在经历了明治维新的前期之后，急需建立起一种符合日本天皇制国体在推进社会近代化过程中的意识形态。整个社会主流在经历了对江户时代的汉学的批判，原先的传统儒学已呈颓势，因此必须变换它的形态，以便在新形态中"发挥本来的主义精神"。服部氏作为一个儒学伦理的信奉者，理论的局限使他只能在旧体系中寻找新的需要，这正是他在《斯文》创刊号上所说"给儒教以新的生命，树立它在新时代的权威"的实际的考量。

第二，服部氏在上文中说道："唯宋学之大义名分论，……于我国之影响，亦正以此为最显著彰明者。"这便点明了他倡导所谓"孔教"的宗旨，其精髓仍然在于江户时代的幕府儒学所恪守的"大义名分"。服部宇之吉在《东洋伦理纲要》中说："孔子于《春秋》，明尊王主义，示大一统之主张，而以易姓革命为非……惜荀孟二子，反圣人之旨，以汤武放伐为是。"这一段论说把服部博士为什么要把儒教改旗换帜为"孔教"的心思道了个一清二白。原来，面对广泛的民权运动和正在发展起来的社会主义运动，或许此时的日本比任何时候更加需要在

"大义名分"的古训之下，尊王一统，以易姓革命为非，从而使皇室能久治长安——这便是服部氏发端"孔教"所追逐的最本质的伦理要求。

第三，服部宇之吉在创导"孔教"的时候，提出了一个使人十分困惑的命题："中国有儒教而无孔子之教，日本有孔子之教而无儒教"。这一命题，隐含超越学术的叵测用意。

服部氏在《重修东洋伦理纲要》的"序言"中这样说：

> 儒教之真精髓在于孔子之教，然中国于此久失其真精神，及至现代，误入三民主义，又以矫激之欧化思想（此处指马克思主义——笔者），将其拂拭殆尽。有鉴于此，凡东西慧眼之士，皆睹孔子即在我邦保存普及，且感叹我国民卓越之文化建设力。

服部氏认定自己是"孔教"的教主，把中国的民主主义作为"孔教"的敌人。他希冀确立"孔教"的伦理学的绝对地位，就在于为了杜绝东亚与中国的民主主义，这其实是服部儒学阐述的最隐蔽的基本点。

吴虞先生在《对于祀孔问题之我见》一文中，曾有如下记事：

> 日本服部宇之吉博士，前清京师大学堂教习也。民国某年来北京，晤蔡孑民。语曰："北京大学近遂不尊崇孔子，且又废经，大不可也。"孑民答曰："北大崔适教授讲《五经要义》《春秋复始》，陈漢聿教授讲《经学通论》，黄侃、沈尹默教授讲《诗经》，梁漱溟教授研究孔家哲学，北大何尝废讲经？北大于孔、墨、老、庄、管、晏、荀、韩之学说，均一视同仁，平等研究，而对于诸人，亦即平等待遇，不似君主专制时代，推孔子一人独尊，高立于诸家之上耳！"①

蔡元培校长的回答耐人寻味，他不仅回击了服部宇之吉对五四新文化运动的主要堡垒北京大学所谓"不尊崇孔子，且又废经，大不可也"的无知指责，而且，事实上也指明了在20世纪东亚近代民主化的进程中"推孔子一人独尊"的非学术性本质。

服部宇之吉的"孔教"观念并不是一个孤立的思想，它以"天命说"与其配

---

① 参见《吴虞文录续》。

伍,从而形成一个进攻性的体系。

"天命"原本是孔子学说中的一个概念,如"五十而知天命""畏天命"等。这里的"天命",其本意当与"自然之道"相近。服部宇之吉在几乎所有的著作中都强调了"天命说"。他的学生阿部吉雄在20世纪70年代回忆服部氏时说:

> 先生似乎是从《论语》中提炼出来的,总是以孔子为范本,激励贵贱躬行……
>
> 说到孔子的"知天命",先生提出了自觉于"天的使命"的新说,而且,这一新说成为先生自身的信念,这个信念,便是先生活动的一个根源。①

那么这个"天命"到底是什么呢?依据日本神道史为基础皇国观念,日本的国体是以万世不变的皇统为其基础的,日本的皇统又始于"天孙"的降临,因而,日本历代的天皇都不是"人"而是"天神"的人格化。所以,对日本人来说,所谓的"天命",便是亘古不变的皇统的意志。服部宇之吉是明白的,他再三强调的"天命",显然并不是苍茫不测的天穹,而是一种现实的意志力量。

1919年,服部宇之吉在超国家主义者安冈正笃创办的金鸡学院向日本的所谓革新派官僚和陆海军革新派将校(此即日本法西斯主义萌发时期的所谓"改造论派")发表关于"天命说"的讲演。服部氏清楚地阐释"天命之说便是日本国民的使命"。那么,"日本国民的使命"是什么呢?服部氏是这样说的:

> 今皇国旷古之圣业,着成于再建中国之伟业,吾等欲同心协力,达成此伟大使命……吾等任重而道远,吾人今后必需之知识,在于吾等活动新天地之邻国,需从所有方面给予透彻之认识。

服部宇之吉的"天命说"和他提出的"必需之知识",将使他尊崇膜拜的孔老先生感到战栗!一个日本儒学家口口声声申言崇拜"孔教"并自觉充当"教主",却要把自己的邻国即孔夫子的家园作为他们"活动的新天地;把"再建(孔老先生的)中国",作为他们"皇国旷古之圣业"。至此,服部宇之吉的

---

① 参见[日]吉川幸次郎等编:《东洋学的创始者们》,讲谈社,昭和五十一年。

"孔教"与"天命说",已经清楚地显现了它与致力于实现"八纮一宇"的日本皇道主义与超国家主义的各种势力黏着于一体的本质,成为20世纪二三十年代迅速发展起来的日本法西斯军国主义的重要的精神领袖。至此,我们应该弄明白了,为什么在20世纪疯狂的对中国的侵略战争中指挥着数万、数十万乃至数百万侵略军的日本将校军官中有不少人竟然自称是"孔子之徒"。在人类文明史上所出现的各种思想学术的演进,没有像儒学的流布在这样一个特定的时空中被特定的文化语境所制造的话语造成这样令人惊骇的变异!

1901年服部宇之吉34岁,作为"孔教"派魁首,第一次荣获皇室授予的单光旭日勋章,叙勋六等。此后,授勋便一发而不可遏止。1907年,授瑞宝勋章,叙勋五等;1909年,授瑞宝勋章,叙勋四等;1913年,授瑞宝勋章,叙勋三等;1919年,叙正四位;1920年,叙勋二等;1928年,叙正三位,叙勋一等,授瑞宝勋章。在近代日本中国学史上,这是接受日本天皇制国家叙励和勋章最多的一位学者。无论是在中国文化史上,还是在东亚文化史上,抑或是在世界文化史上,一个学者文人由于阐释某一种外国的思想学术而能达到这样的殊荣,在世界文明史上至今仍然是唯一的了。至此,经过半个世纪由井上哲次郎开启、服部宇之吉承嗣发展起来的日本新儒学阐释系统便达到了巅峰。

三、宇野哲人提出"孔教"的核心便在于"权威主义"

与井上哲次郎和服部宇之吉等在儒学阐述中具有明目张胆的意识形态要求稍有不同,当时日本儒学研究中另外有一些学者,他们以阐述儒学为务,主要工作于学院的天地之中,与天皇制国家和社会政要并无多大的政治的、学术的,乃至钱财的实际关系,但是他们在精神上却认同井上氏、服部氏等人的价值观念,自身也致力于把儒学的政治伦理作为国民基本的精神内涵而努力,并享受到国家的殊荣。这部分学者可以称为官学主流学派中的经院学者,其中,可以宇野哲人(1875—1974)为最具价值的代表。

作为日本官学新儒学中的经院派代表,宇野哲人与井上哲次郎、服部宇之吉等同样留学德国，是经过德国文化教养而发展起来的中国思想史研究家。他在德国特别热衷于普鲁士学派的政论家与历史学家冯·特莱奇克（Heinrich von Treitschke）的学说和俾斯麦的"铁血政策"。特莱奇克作为普鲁士史官，在19世纪下半叶的德国，鼓吹民族沙文主义，反对社会主义，力主对外扩张，是一个典型的国家主义者。我们从宇野哲人的著作中可以清楚地读出普鲁士的集权主义思潮对他一生儒学观念的影响。

宇野哲人1919年以《洙泗源流考》获东京帝国大学的博士。在此前一年，他已经出任该校的中国哲学研究教授了。宇野哲人生活于明治后期与大正年间，以及跨越第二次世界大战的昭和时代，又长期主持东京帝国大学"支那哲学史讲座"，对日本儒学界乃至整个日本中国学的影响至为深巨。1963年，当时东京大学的"支那学会"特别建立了"宇野奖"，以纪念宇野哲人的近50年的研究业绩。

有意思的是，宇野哲人的儿子宇野精一（1910年出生）也是一位著名的儒家学者，雄踞东京大学中国哲学研究的讲坛近20年，据称他是日本天皇"平成"年号的提议者。宇野哲人的孙子宇野茂彦（1944年出生）为20世纪70年代成长起来的新一代中国哲学研究家。宇野氏一家祖孙三代，在日本近代中国学领域内，横亘近一个世纪，家学相传，自成系统，具有特殊的价值意义。

1900年，25岁的宇野哲人刊出了第一本儒学研究著作《二程子的哲学》，1911年出版了《东洋哲学史大纲》，1914年《东洋哲学史大纲》经修订后再刊改名为《支那哲学史讲话》，1924年出版《儒学史》（上卷），1926年出版《支那哲学概论》，1929年出版《支那哲学研究》等。战后，宇野哲人又相继出版了《中国哲学史》《中国近世儒学史》《论语讲话》等。在这一系列的著作中，宇野哲人始终高扬官学新儒学的旗帜。

宇野哲人在《儒学史》的"序文"中是这样描述自己从事儒学研究的动机的，他说：

> 明治以来三十余年，我邦于日清战役与日俄战役，皆处全获大胜之地位。此乃系"武士道"，特别乃系《教育敕语》之伟大力量！然而，现今之日本思想界，旧道德已失却其权威，而新道德亦未见其确立，痛矣哉！新道德之建设，还在于发挥我邦固有之国民精神，即必从神、儒、佛三教中出，

舍此而无它。有鉴于此,儒学之研究实乃为不可或缺也。

这一席话清楚地显现了宇野哲人对儒学研究的道德主义特征,这正是这一时代中新儒学派所追求的基本目标。宇野氏关于新道德"必从神、儒、佛三教中出"的观念,大约形成于1914年修订《东洋哲学大纲》,并改版为《支那哲学讲话》的时候。原来在《东洋哲学大纲》中,关于中国古代哲学的分期,宇野哲人采用的是松本文三郎和远藤隆吉的理论,把中国六朝时代描写成思想文化黑暗的时代。但是,修订后的《支那哲学史讲话》对中国六朝时代的思想文化的估价有了一个根本性的转变。他把这一时代称为"儒佛合一"的时代,"为中国思想文化的新纪元",并进而认为,正是由六朝开始的此种"儒佛合一","便成为近世哲学(宋学)的源头"。

宇野哲人的儒学研究,其最基本的论说,归纳起来,大致有三:

第一,他强调宋明性理学的意义。这不仅表现在他对宋明性理学本身的评价中,而且还特别明显地表现在他对清代思想文化的论述中。宇野哲人关于清代的学术观念,与几乎和他同时代的日本中国学中的实证主义学者,例如与其创始者狩野直喜的观念,则完全相异。

狩野直喜把汉唐训诂学与清代考据学作为中国古文化中古典学的主要内容,把宋明性理学作为传道学的主要内容,狩野直喜创建早期日本中国学的一个重要的业绩,便在于他把古典学放置于与传道同等意义的学术地位上,这对于江户时代的汉学而言,具有"拨乱反正"之功。

宇野哲人则持完全不同的见解。他认为清代的考据学根本不能列入哲学的范畴,甚至也不属于思想的范畴。他甚至认为,正是由于清代的考据学把自身作为学术的目的,从根本上遗忘了对于"道"的追求,这便导致了清朝的最终的灭亡。

宇野哲人关于中国清朝灭亡的原因的分析,与井上哲次郎等对于日本在甲午战争与日俄战争中取胜的原因的分析,恰成因果表里,其根本的意义在于显示与推崇儒学的德化力量。

第二,宇野哲人在儒学阐述中,强调把儒学与孔子之教区分开来。他追随服部宇之吉的论说,倡导中国的儒学和日本的"孔教",推行名分权威主义。他在《儒学史》中说:

中国发生的儒教，移植于日本，添加了日本的色彩。抑或正是在这样的意义上说，日本的儒教最得孔子之真意。此即孔子重"大义名分"的思想，在古来盛行"异姓革命"之风的中国，未能充分地发达，而在我邦才始为如是充分地显现。

宇野氏的观念，非常清楚地显现出他的理论的全部实质，在于确立与维护"大义名分"权威主义地位。毫无疑问，这种伦理上的权威主义，是与"八纮一宇""万世一系"的皇国政治权威相一致，并为其服务的。

第三，与倡导"大义名分"和反对"异姓革命"相一致，宇野哲人在中国哲学史中主张"扬孔抑孟"，特别批判孟子的"民本"之说。

在20世纪初期的日本中国学中，狩野直喜认为，孟子的"民本"思想，"是儒家的共同思想，并非孟子所独创"。狩野氏指出，这一思想由孟子提出，亦并非偶然，"应该考察与孔子时代不同的孟子时代的政治情况，从而可以说明孟子这一矫激之词的必然性"。但是，宇野哲人对此持不同的见解，他认为，考察所谓政治性的和社会性的条件是没有意义的。此种观念，几乎贯穿于宇野哲人对于中国文化的整个认识之中。他说："毋庸赘言，孟子是一个政治家，然而，与其说是一个政治家，不如称他为政论家。因此，应该根据他的政论，而不是根据他的政治情况来考察他。"从这一基本的理论与方法论出发，宇野氏便认定，孟子的"民本"之说，有悖于孔子的思想，而"只有孔子之道，（才）与我日本国体相一致"。

实际上，毋庸多说，作为战前日本最著名的中国哲学史家之一，宇野哲人理论中最精粹的成分，是直接从他的先辈井上哲次郎、服部宇之吉等人的学说中承继来的。出于对集权主义皇权的道德性和政治性的信仰，他在观念上和方法上具有浓厚的孔学护教主义色彩，除此之外，甚至连个人的学术嗜好也未能有所表现。

尾声：儒学变异尚在进行中

日本学术界在从明治维新开始到战败的前后80年间，在中国哲学的研究阐述领域内存在许多学派，例如有以松本文三郎和远藤隆吉为奠基人而形成的"分期史学派"，又有以小岛佑马和武内义雄为代表的"实证主义学派"等，他们大都是执着于学术研究的经院派学者，更有以山路爱山为代表的"民间学派"，他们是未能登上大学讲坛的研究者。这一学术态势表明，本文所评述的"儒坛闻人"的学术，并不能囊括这一时代日本中国学界对儒学的全部阐述研究。但是，在战前的学术界，几乎所有儒学研究，都受制于官学学派的主流学者，他们的观念与成果，在国家机器强有力的保护与支持下，经过众多的新闻媒体，成为国民的意识之一，这是不争的事实。井上哲次郎、服部宇之吉和宇野哲人三位学者，相继站立于儒坛的最巅峰，他们的学识，前后相承；他们的门生，以斯文会为核心，遍及于各大学的讲坛；他们的著作论文盈屋满架。其理论核心，如上所述，一言以蔽之，即从儒学中提炼出为确保皇国集权主义所需要的伦理，并进而与神道皇国观相融会而成为超国家主义的意识形态的材料。官学学派不仅仅在儒学研究阐述领域中构成主流学派，而且，其学术观念与公刊的成果，既对日本国民的精神具有强烈的进攻性，也对东亚特别是中国具有强烈的挑战性，其余波流传至今日。

当代德国的中国学家傅海波（Herbert Franke）在《欧洲汉学史简评》中有这样的设问：

> 欧洲中国学研究中，有没有在它的形成阶段，在给定的国家里有政治和社会背景的国家模式？……欧洲学者在确定课题和方法的时候是不是自由的？是否有时受策划机构、政府或政党的影响？……这些问题可以引向深入地理解欧洲汉学的创始和它的变革。[①]

同样的问题可以面对20世纪日本的儒学研究，其答案我以为已经明朗。

当日本中国学中这一段对儒学承诺书中特殊的历史已经过去很久之后，1988

---

① [德]傅海波：《欧洲汉学史简评》，《国际汉学》第7辑，第80—81页。

年5月18日，在日本中国儒学阐述史上，又是应该记录下的极不光彩的一天。这一天，日本国家主义极端势力在东京平河町举行了所谓"支持奥野发言国民会议"，"以便鼓励因为在日中战争问题上一连串发言而辞职的前国土厅长官奥野"。本文著者特别注意到，时事通讯社如下的报道："这次集会是由东京大学教授宇野精一等发起的。"①

前已陈述，这位宇野精一教授非为他人，他是宇野哲人的儿子，子继父业，他是20世纪中期成长起来的又一位在日本儒坛上显赫的中国哲学史研究家，1955年至1970年长期担任东京大学中国哲学史讲座的主任教授，撰写有《东洋思想》十卷、《儒学概论》《中国古典学的发展》《小学译注》《明解孟子》《儒家思想》等皇皇大著。这样一位具有学术身份的学者，却在中国哲学史研究之余暇，竟然不顾自己78岁的高龄，不顾学者的尊严，出面组织极右分子支持奥野之流对中国侵略"有理"的叫嚣，真是叫人遗憾不迭。但是，如果从战前日本儒坛前述的儒学变异体的论说考察，那么，我们便会在遗憾之余，觉得这是理所当然的了。

当今日本在意识形态领域中，国家主义与超国家主义思潮虽然不占主要地位，但其内含的毒性则时有发作，究其精神的历史根源，那么，日本近代中国学中的儒学阐述中的种种变异，它的心路历程与成果业绩，留给今天的思考实在是沉痛、深刻而又现实的。

---

① 依据日本时事通讯社1988年5月18日东京电讯。

日本当代海洋文明观质疑[①]

日本在战后的60年间，围绕着社会发展道路，各种思潮跌宕起伏。现在，和平主义（pacifism）确实在一般的国民意识中仍然占据着主流，但是，毋庸讳言，以国家主义（nationalism）和超国家主义（over-nationalism）为核心的各种思潮，在当代日本社会意识的主流话语中，挑战和平主义，也一直在不同的层面上此起彼伏，影响着国民的心态，并且广泛而深刻地影响着日本当代社会的发展道路。

从20世纪90年代中后期开始，在当代日本的各种社会思潮中，迅速地发展起了一股关于重新认识日本文明的所谓新的"文明史观"。这就是由一部分学者提倡的所谓"海洋日本文明论"（Concept of Oceanic Japanese Civilization）。这一"文明史观"不仅以"文化的形态"表现出来，而且从一开始就明确地宣布了他们的政治主张。我作为从事东亚文明史的研究者，以浓厚的学术兴趣和相应的学术警觉追踪这一"文明史观"的流布，由此而形成了我的思考、困惑和质疑。在此希望与大家一起研讨。

所谓"海洋日本文明论"是怎么发展起来的呢？

[①] 本文原载于《日本学论坛》，2005年Z1期。

原来，在1995年的时候，当时在早稻田大学任职的、现在在国际日本文化研究中心任职的川胜平太（Kawakatsu-Heita 1948— ），在《早稻田政治经济学杂志》上刊出一篇论文，题目叫《文明的海洋史观》，1996年他出版了《从海洋观察历史》（藤原书店），1997年他又出版了另一部著作《文明的海洋史观》（中央公论社）。同年，川胜平太又在日本具有"国家电视"性质的NHK以"人间讲座"的形式，连续三个月讲授"近代はアジアの海から"（近代起源于亚洲的海洋），从而揭起"海洋日本文明论"的旗帜。

2000年9月现任日本政策研究大学院大学副学长的白石隆（Shiraishi-Takashi 1950— ），由中央公论社出版了他的《海洋帝国：如何思考亚洲》一书，以呼应川胜平太教授的"海洋日本文明论"。2001年川胜平太又出版了《海洋连邦论》（东京PHP研究所）一书，此后，2003年，川胜平太先生又和东京大学教授滨下武志（Hamashita-Takeshi 1943— ）合编了《海洋与资本主义》（东洋经济新报社）。一时之间，日本学术界在较为宽阔的层面上彼此呼应。于是"海洋日本文明论"终于形成当今极为时尚的"学术"潮流。在当今日本界愈来愈拥有自己的市场。

那么，川胜平太各位所提倡的所谓"海洋日本文明论"包含什么样的内容呢？

依据川胜平太的阐述，"海洋日本文明论"的核心观念认为，所谓（古代）文明和帝国，本来都是以大陆世界为舞台诞生的，但是，大陆世界代表的是农业文明，是过去了的时代，而近代国家则是从海域世界产生的。

这一说法本来是没有什么新鲜的。它不过是欧洲近代资本主义帝国主流文明史观的翻版。欧洲人说，由于16世纪欧洲人的大航海，开拓了世界史上近代文明时代来临。当然，对于中国而言，其实也包括日本在内，所谓大航海的开始，便是预示着欧洲资本主义对亚洲、非洲、大洋洲，以及加勒比海地区和南美洲的世界性的殖民地时代的来临。

现在，川胜平太、白石隆等诸位先生，在21世纪来临的时候，在他们对日本文明的起源、形成和发展的考察中，重新拣起欧洲帝国的文明史观的话语，提出了所谓近代国家是从海域世界产生的这一陈旧观念，并不是为了帮助我们回忆17世纪以来痛苦的世界历史，而恰恰相反，他们需要暗示我们：正如世界的近代是从欧洲的海洋航行开始的，亚洲的近代文明也是从海域世界产生的，海域世界就是亚洲近代文明的引路人，就是亚洲近代文明的标尺。那么，谁是海域世界呢？这就是"海洋日本文明论"的最基本的出发点和归结点。川胜平太、白石隆先生等告诉我们，所谓亚洲的海洋世界，当然就是日本！

为了论证"海洋日本文明论"是亚洲近代文明的出发点，他们说：假如说，两千年老欧洲的历史是摆脱"伊斯兰化"的"脱亚"的历史的话，那么，两千年来日本的历史就是摆脱"中国化"的"脱亚"的历史。

我提请各位注意，这是一个非常非常重要的命题。这个命题的最基本的意义是说，两千年来，日本的文明，就是在不断对抗中国文明的过程中形成的文明，所谓两千年的日本历史，就是不断地摆脱"中国化"的历史。

"海洋日本文明论"者为了证明他们这样一个命题，于是，就提出了所谓"两千年的欧洲的历史，就是摆脱'伊斯兰化'的历史"的这样一个虚假的伪命题。

我们如果把这两个命题结合起来考察，那么，依照这些"海洋日本文明论"者的说法，两千年来的欧亚大陆的历史，就是整个对抗伊斯兰和中国的历史；两千年来欧亚大陆的文明史，就是在对抗伊斯兰文明和中国文明的过程中形成的。由此而引出的必然的结论是伊斯兰和中国，以及伊斯兰文明和中国文明就是欧亚文明的对立面。

我们可以首先不对这样的所谓"结论"发表评论，我们先要问：两千年欧洲的历史难道真的就是摆脱"伊斯兰化"的"脱亚"的历史吗？稍有世界史知识的人都知道，伊斯兰教是7世纪阿拉伯半岛的麦加人穆罕默德（约570—632）所创立。当7世纪伊斯兰教创立的时候，欧洲已经形成了灿烂的希腊文明和罗马文明。难道这希腊文明和罗马文明也是在摆脱"伊斯兰化"的过程中形成的吗？

事实是，在穆罕默德创立"伊斯兰教"后经过了一千年左右，到了16世纪苏莱曼一世（1494—1566）成为信奉伊斯兰教的奥斯曼帝国的国王之后，伊斯兰教的势力才开始进逼欧洲，占领过贝尔格莱德，侵入过匈牙利，也围攻维也纳等，古老的欧洲一部分，才面临与伊斯兰的冲突。但是，奥斯曼帝国在欧洲最大的疆域，也没有超越东罗马帝国的范围，诸如南欧、北欧和西欧，包括被"海洋日本文明论"者奉为圭臬的大不列颠、爱尔兰等文化，与奥斯曼帝国所代表的伊斯兰并没有过直接的冲突，因此也更谈不上这些地区有过什么"脱亚的历史"了。这么算起来，欧洲大陆文明的局部区域与奥斯曼帝国的伊斯兰势力的冲突实际上大约持续了300年。

这一段欧洲与伊斯兰的历史，在日本中学的历史教科书中都有讲述，我手边这一本由日本教学研究社2002年出版的《历史中学事典》第214页开始的"東ローマ帝国とイスラム世界"一章有着完全的记载。我完全相信，像川胜平太、白石隆这样有名的大学教授和大学校长，当然是不会不明白关于欧洲的这一段最基本的历史。既然如此，"海洋日本文明论"为什么要把欧洲东部与中部的局部区域在300年间与伊斯兰的冲突，夸张成为"两千年的欧洲的历史就是摆脱'伊斯兰'的'脱亚'的历史"？

原来，他们伪造欧洲与伊斯兰冲突的历史，伪造欧洲两千年来所谓"脱亚"的痛苦，完全是为了表明所谓"日本的两千年间的历史"与同样苦难中的欧洲类似，日本也是挣扎在漫长的"脱亚"的过程中，不过，日本所经历的不是要摆脱的"伊斯兰化"的"脱亚"，而是要摆脱"中国化"的"脱亚"而已。

在东亚的历史上，难道真的有"日本两千年努力摆脱中国化"的历史吗？

现实意识形态的需要、现实政治需要，常常会使一些趋炎附势的知识分子患上健忘症。与他们讨论历史事实没有任何意义。在16世纪的时候，法国戏剧界出现了古典主义文学思潮，在戏剧的创作与演出中，提出了"三一律"的原则。他们特别强调说，"三一律"是来源于古代希腊的悲剧。当时，法国的另一些学者告诉古典主义派说，希腊悲剧中并没有"三一律"的原则，著名的法国哲学家安德烈·达西埃（André Dacier）还特地把亚里士多德的《诗学》这部书从拉丁文翻译成法文，目的是告诉法国的古典主义派，古希腊戏剧不存在"三一律"原则，但是，学者们的真诚努力毫无用处，法国古典主义戏剧派继续宣扬他们的创作原则是从希腊戏剧来的。这是因为法国古典主义所倡导的"三一律"的文学原则，完全是为当时法国路易十四实行专制主义的政治统治的需要。世界文化史学上的这样许许多多的事实告诉我们，对于伪造历史、伪造原则的知识分子来说，与他们谈论事实真相是没有意义的。例如，我们如果与"海洋日本文明论"的创导者们来讨论关于日本文明的起源、日本文明发展的事实，例如，关于日本稻作农耕的起源问题、关于日本古代最终在平安建立国都与平安京的经济发达的问题、关于佛教传入日本的问题、关于圣德太子的《17条宪法》，以及古代国家的政治理念问题、关于日本文化中使用真名记事与假名形成的问题、关于日本文化与文学中的汉文化与汉文学的问题，以及与和文文学的关系问题、关于日本版刻印刷的起源问题、关于神道教发展中的"神佛合习"与"神儒合习"的问题、关于历代天皇的宫廷讲座使用的教材文本（テキスト）的问题、关于德川幕府的意识形态问题、关于幕府时代后期和明治时代初期日本派遣前往欧美的使节团几乎都首先到达上海学习的问题等，甚至到明治三十九年（1906）在中日甲午战争和日俄战争中的日本最高军事指挥官员，如当时的日本陆军元帅兼海军大将伊东佑亨(ltou-yuukou)、日本海军大将，不久升任海军元帅的东乡平八郎（Togou-Heihachirou）等数十位日本将官在栃木县的足利学校参拜孔子圣像问题。还有如日本历代天皇的称号与中国古文化的关系，当今日本平成天皇的称号与中国古文献《尚书》的关系问题等。所有这些在日本文明史上的重大问题，都与中国文明相关。难道说，在日本文明的这些层面上，文明成果的取得，都是在与摆脱中国文明成果的"挣扎"和"斗争"中实现的吗？难道这些文明的内容和外在表现，都是"反中国化"的胜利吗？

当然，与"海洋日本文明论"者争论这些问题是没有意义的。我们现在需要研讨的问题是，在这样巨大的文明事实面前，他们为什么要说谎？为什么要伪造历史，制造所谓"海洋日本文明"史观来欺骗现在的日本国民？

我认为，从日本江户时代中期开始，在日本民族文化逐步获得近代觉醒的过程中，他们逐步地意识到，日本民族文化和文明形成的复杂性。这就是说，当时，他们逐步地意识到了，在以"神道为本位"的文化中，显然存在着大量的"非神道"的外来文化。

本来，在世界各民族文化的形成中，在文明时代，由于人口的流动、宗教的传布、商业的往来等，各民族的文化存在着超乎我们想象的大规模的流动，它们以各种方式，相互渗透，在各种各样的变异中相互融合，从而推动了各民族文化的发展。依照我的"文化史学"的观念来说，文明世界中根本不存在所谓"纯粹的民族文化"和"纯粹的民族文化传统"。任何民族的文化从根本上说，都是"变异复合体"。

遗憾的是，日本江户时代中期逐步发展起来的近代性的文化觉醒，由于缺乏相应的近代性文化学理论，从一开始就显示了以本民族文化为"天下独尊"（天下第一）的错误途径。这在"国学派"的一系列论说中表现得相当明显。他们强调日本民族文化的ことだま，以语言的神秘性来张扬自己文化的绝对优越性。这种自我设定的"文化绝对优越感"，终于成为"大和魂"的三大基础内容之一。

明治时代以来，日本的政治家和聪明的文化人，在实现自己国家的"富国强兵""殖产拓业"和"文明开化"的过程中，不管他们在政治上是属于"国权派"或是"民权派"，在哲学信仰上是属于有神论或者是无神论，他们几乎一致地都意识到，在建立以上述三大目标为核心的日本近代国家的国民精神中，有一个谁也无法回避的问题，这就是如何处置"中国"和如何处置"中国文化"的问题。"中国"这个国家概念，"中国文化""中国文明"这样的巨大的历史事实，在日本有史以来的1500年的历史中，已经深深地透入到许许多多的无法计算的国民的生存层面之中了。我以为，在日本政治思想史上先后出现的"脱亚入欧论"与"亚细亚主义"，它们的核心，都是为了处置"日本与中国的关系"，都是为了重新评价已经透入日本社会无数层面的"中国文化、中国文明的价值和作用"的问题。

一百年来，日本的政治家和文化人，为此费尽心血，制造出了一代又一代的理论。我个人以为，现在很时髦的这个"海洋日本文明论"，其实就是"脱亚入欧论"的第三代产品。

我个人觉得，在一百多年的日本政治思想史上，"脱亚入欧论"在处置如何面对中国文化这样一个大课题时，有过三种类型的表现形态。第一种形态是"割断关系论"、第二种形态是"定罪委过论"、第三种形态是"否认关系论"。它们前后相继，恰好形成三个代际。

"割断关系论"的首创者，当然就是福泽谕吉（Fukuzawa-Yukichi 1835—1901）。1885年3月16日，福泽谕吉在著名的《脱亚论》中说："（日本）不幸而有两个邻国，一曰支那，一曰朝鲜"，为日本自己的未来考虑，"与其侍邻国开明而兴亚洲之不可得，则宁可脱其伍而与西洋文明共进退"。他强调日本"未来之主义，唯在'脱亚'二字"。

福泽谕吉的"脱亚论"有两个基本层面，第一层面是他承认过去的日本，在政治文化与文明的发展中，聚积着许许多多的中国文化、中国文明成果的影响，而且他意识到这种关系的深刻性和复杂性,将会影响到未来日本的前途;第二层面,正是在承认两种文化和文明的深厚关系的前提下,他才创导今后必须"脱离关系"。他的"脱亚"是以承认"有关系"为前提的。

我在这里不对福泽谕吉倡导的"脱亚"作价值评价,我要强调指出的是,福泽谕吉的"脱亚"观念,是以承认中国文化、中国文明已经非常深刻地透入到了日本文化和文明之中作为基本估价的,他只主张今后的日本,不要再与中国文化、中国文明保持联系了。这好比是在日常生活形态中的离婚。大家知道,离婚当然是以存在着结婚这种关系作为基本事实的。

到了20世纪20年代后期和30年代,日本的著名思想家津田左右吉(1873—1961)在日本思想史、文化史的研究中发表了一系列具有重大意义的论说,其中最著名的如对"记纪神话的批判"、通过日本的文学认识日本国民的精神状态等等。我们十分注意的是,津田左右吉在研究日本文化的同时,他写作并出版了《道家的思想及其展开》《〈左传〉的思想史研究》《儒教的实践道德》《中国思想与日本》《〈论语〉与孔子思想》五大部研究中国文化的大著作。令我们困惑的是,从学术的本质上说,津田左右吉是一位日本思想史学者,可是,他对于中国古代文化的核心内容却以五部巨著加以评述。而更加令我们困惑的是,在20世纪的二三十年代,中日之间学者的来往已经非常的频繁,几乎所有研究中国文化的日本稍稍有名的学者都到过中国。然而,津田左右吉却从来没有到过中国。研究者由此可以提出质疑,一个研究日本思想文化史的学者,在现代的条件中一次也没有到过中国,从来也没有对中国和中国文化做过实地的实证性考察的学者,却以五部巨著来评价中国文化,究竟是为了什么呢?

我们首先需要考察津田左右吉对中国文化的价值评价,他得出了四个基本估价:

第一,津田左右吉认为,中国文化是一种非宗教性的"人本位文化",与许多以"神本位"为中心的民族文化不同。中国文化把神的替代物帝王放在文化的中心,而成为膜拜的对象。中国文化本质上是一种"帝王中心论文化"。

第二,津田左右吉认为,中国文化是一种在表面上不承认"人的欲求"而在事实上体现"人的肉体性的和物质性的欲求"的文化。他认为无论是儒学,还是道学和墨学,都具有这一基本性质。

第三，津田左右吉认为，通观中国思想文化，从总体上说，它视一般的民众为禽兽。这是一种权力阶级的文化。

第四，津田左右吉认为，中国的思想文化，是一种"尚古主义"文化，具有保守主义的倾向。

我们也不对津田左右吉的中国文化观念再作价值评价，我们的注意点在于，津田左右吉在对日本思想文化史的研究中为什么会衍生出了对中国文化的研究，并以这样巨大的努力，作出了这样全面否定中国文化的结论。事实上，津田左右吉无论在战前对"记纪神话"进行批判，还是在战后拥护日本天皇制度，他的全部努力都在于建立日本国家的国民精神，在于努力纠正和改造他认为的日本传统文化中的各种落后的、非科学的成分。他是从对日本文化的研究和批判出发第一个全面批判中国文化的学者。在此之前，包括他的老师白鸟库吉曾经猛烈地批判过中国儒学的"三代之说"。白鸟库吉是个相当欧化的学者，但是，白鸟库吉主观认为，他对儒学"三代之说"的批判，正是为了使儒学获得"新的生命"。1918年白鸟库吉在《汉文化的价值》这篇论文中还特别说到，日本人在向西方学习的时候，"必须要掌握的，而且应该掌握的东西，便是儒教。"现在，发展到了津田左右吉，他从对日本文化的研究批判中，发现了日本文化中存在着许多落后的、非科学的、不符合他主观意念中的"日本近代国民精神"的东西，于是，他转向对中国文化的研究，于是便发现了中国文化的腐朽和落后，他认为，他找到了中日文化的内在逻辑——这就是，日本古代文化中几乎所有的非理性的、非科学的成分都来源于中国文化。这就是我们称之为的"定罪委过论"。把中国文化作为充满过错的一方予以"定罪"，然后，把接受中国文化的日本文化中的非科学成分，"委过"于中国文化。津田左右吉以他自己的逻辑，把"脱亚入欧"的理论演化成第二种形态。

这一理论逻辑对日本"国文学"的研究与日本文化研究产生了重大的影响。

1954年，日本著名的文学史研究家西乡信纲（Saigou-Nobutsuna）在他的成名著之一《日本文学史——日本文学的传统和创造》中，以论述日本古代文学中"和歌与汉诗"的关系为中心，猛烈抨击中国文化对日本文学形成毒害作用，他使用"木乃伊"的概念诅咒中国文化，又把在古代日本文学史上与假名文学相互补充的汉文学界定为"殖民地文学"。

他说:"近江朝之后,贵族之间作起汉诗来了……但是,'盗木乃伊的人常常变成木乃伊',……奈良朝写作汉诗成风,这正是贵族们受外来文化的毒害,逐步走上殖民地的征兆。"

这真是危言耸听!

西乡信纲使用近代欧洲资本主义向外扩张的"殖民地"概念来描述古代日本与中国的关系。他说,"(只有)《万叶集》才是从对外来文化进行民族抵抗出发而形成感情的文学。"他特别赞扬"柿本人麻吕是一个……没有接受大陆文化作为他自己的知识修养。这正是人麻吕创作的伟大之处。"

然而,我们对日本文学研究的实际知识告诉我们,西乡信纲在这里说的完全不是事实!

《万叶集》绝对不是"纯粹本土文化"的产物,它是在多元文化语境中形成的艺术珍品,其中,以"万叶"命名歌集本身,就得益于中国文化,其中,"长歌"与"短歌"的分类,短歌的"みそひともじ的组合",长歌的"歌题"与"歌序"等等,都与中国文化密切相关。说到万叶歌人柿本人麻吕,就是一位颇具有汉文化修养的歌人。

以西乡信纲在古代文学方面所具有的知识,他不应该如此地不负责和不学无术。西乡信纲是在伪造日本文学史!

他把日本文学中一切伟大的成就,都归结为"纯粹日本民族文学的传统",他把日本文学发展中的挫折和困难,全部归结为"盗木乃伊的人自己也变成了木乃伊"。他对中国文学和文化充满仇恨,称中国文化和文学为"木乃伊",就是把中国文学看作"僵尸"。

在这里,我们也不和西乡信纲讨论中国文学是不是"木乃伊",是不是"僵尸"。即使他认为中国文学就是"木乃伊",那也是西乡信纲个人的见解,也应该允许他的存在。事实上,许多日本学者,还有包括中国在内的世界上的日本文学研究家都已经大量阐明中国文化和中国文学融合在日本古代文学中,成为日本文学发展的强有力因素,促进与推动了日本文学的发展。既然如此,西乡信纲为什么还要这样说呢?这就是他在"脱亚入欧"中的"定罪委过论"的典型表现。

"定罪委过论"有三个基本层面。第一层面是,他们非常注重中国文化与日本古代文化的关系,认为把握两国文化的关系,是研究日本古代思想文化的必不可少的基础；第二层面是，他们把日本古代文化中几乎所有的非理性的、非科学的成分，几乎全部归咎于中国文化。从而迫使中国文化承担日本古代文化发展中几乎全部挫折的责任；第三层面是，基于上述的所谓的"文化觉悟"，他们创导在以后的日本文化发展中，剔除中国文化的透入，以保持日本文化的所谓"纯粹性"价值。假如我们还是拿日常生活形态中的离婚做比喻。离婚的一方现在指摘，以往家庭中的一切过错，都是由于另一方的存在而造成的，为了我今后的纯洁幸福，必须清算你的过错和罪恶。但是，不管要求离婚的一方怎么说，双方在以前存在着结婚这种关系还是一个基本事实吧。

"海洋日本文明论"是"脱亚入欧论"表现的第三种形态。第三种形态非常简单，他们认为，古代中日两国的文化和文明，根本不存在有过类似结婚这种关系，中日两国的义化与文明的关系，是中国一方一直在"自作多情"地追求日本这一方，幻想赢得日本这一方的接受。而日本这一方则是一直在"反抗"对方追求的过程中创造自己的生活。日本这一方可以对世界说："中国，我根本不认识你！"这叫作"否认关系论"。

白石隆在他的《海洋帝国：如何思考亚洲》一书中给读者们提出了一个问题。他问道："日本究竟是不是属于亚洲？"他继续追问道：我们现在说的"日本"，"究竟是亚洲中的日本呢，还是与亚洲并列的日本呢？"

这是一个超过正常知识水平和正常思维能力的问题。它挑战人类的最基本的知识和最基本事实！当然只能由白石隆自己回答了。

我们确实回答不了这个问题，但是，我们意识到当代日本国家主义确实还是比战败前的国家主义要更加精致了。他们终于发现了不再纠缠于"汉字文化圈"的通道，开始到海洋中去寻找"独特的日本文化"，标榜近代国家的起源地和发明权，从而企求可以向世人证明这种文化的"绝对优越性"，以为现在和将来谋取"文化大国"的地位和"文化霸权"。

白石隆要说的是"海洋日本"不在亚洲，"大陆中国"当然在亚洲。那么，一个不在亚洲的"海洋日本"，与一个在亚洲的"大陆中国"，他们之间难道会有什么关系吗？当然就是没有关系了。如果要说"有关系"，那就是一个"不在亚洲的日本"两千年来一直在摆脱一个"在亚洲的中国的殖民化"过程。

这样，我们就明白了，所谓"海洋日本文明论"，就是一笔抹杀日本与亚洲大陆文化联系的文明论，他们以为，只要他们矢口否认大陆文明与日本文明的千丝万缕的联系，他们就建立起了"纯粹的日本文明"，他们用这种虚构的"纯粹的日本文明"，制造日本是亚洲近代的灯塔的神话。

白石隆继续说道，大陆亚洲是农民与乡绅的亚洲，是农本主义的亚洲，中国至今为止还维持着的是反"海洋亚洲"的生存秩序，因此，"海洋亚洲"是中国以外的亚洲。

这一表述清楚不过地表明，所谓"海洋日本文明论"，就是一个针对中国文明的宣言，是一种完全的反中国文明的论说。

一百年来日本的"脱亚入欧论"，在文化与文明意识层的面貌上，一代比一代张狂，一代比一代缺少文化的知识和教养，一代比一代丧失学术的理性和学术的良知，一代比一代从学术的层面堕落为政治的玩偶。当年的福泽谕吉，是一位杰出的学学者，而当今的"海洋日本文明论"者，怎么就变成这样地没有基本知识，除了充当政治的玩偶，就没有什么学术价值了呢！

我在这里说，"海洋日本文明论"是日本"政治的玩偶"是完全有根据的。

川胜平太、白石隆各位在表述他们的"脱亚入欧"的观念中，包含着封建的大和魂的精髓，他们是"日本文化绝对优越论"的疯狂鼓吹者，对东亚和东南亚和平具有极为严重的挑战性和进攻性。

川胜平太把他的《文明的海洋史观》一书的结尾一章，定名为"21世纪日本国土的构想"。作者在西太平洋的地图上从日本列岛出发，经由朝鲜半岛，中国松辽平原、华北东侧、北京、天津、渤海湾、山东、江苏、上海、浙江、安徽、湖北、湖南、广东、福建、台湾、广西东部、海南、香港，囊括黄海、东海与南海全境，东进菲律宾，南进越南、柬埔寨、缅甸、泰国、马来西亚、新加坡、印度尼西亚，直到澳大利亚北端，画上一个半月形大圈，称为"丰饶的半月弧"（The Sea of Fertile Crescent）。川胜平太说，21世纪的日本，将是"浮现在西太平洋这一'丰饶的半月弧'上的'庭园之岛'！"依照川胜的论说，"（这一半月弧的）太平洋文明的主要担当者，是以日本为轴心！"

不要说我在这里旧话重提，记忆唤起我们的震惊，地图和话语竟是这样地熟悉！这不就是当年日本老军国主义在第二次世界大战中整个的"西太平洋作战图"吗！不就是当年所谓的"大东亚共荣圈"的"日本轴心论"吗！今年57岁的日本教授川胜平太，竟然有这么大的胆量把上述"半月弧"版图作为21世纪日本的生命线！

各位一定知道，19世纪末期作为日本军国主义始祖的山县有朋，在阐述他的基本"国策论"中的"日本利益线"时，也恰恰在西太平洋上画了这么一个"半月弧圈"。历经130余年而竟然如此直率地得到"日本海洋文明论"创始者们的重现，特别是大小尺寸也竟然丝毫未改！此书到2002年10月已经第10次印刷。我不想夸大军国主义在当今日本的势力，2005年5月，日本《朝日新闻》社"社论委员会"主干若宫启文在采访我的时候，对我说，"我们日本人，一万个人中间也没有一个军国主义分子。"我个人在日本作教授将近6年，前后访问过日本到今天有39次，我相信若宫先生的话是真的。但是，我也体验到，在两万个日本人中间就可能有军国主义分子了。

还想提请各位注意，"海洋日本文明论"者伪造"伊斯兰化"与"中国化"是两千年来欧亚文明进程的"阻力"，张扬近代文明是在克服这样的"阻力"中形成的。这一观念的生成和阐发，显然是与当今世界上文化霸权话语体系共谋的产物，这是日本国家主义对于欧美文化中心论的正面的理论回应。日本国家主义积极地以"国际化"伪装自己的学术，并企图得到国际文化霸权话语体系的支持。

在世界文化史上，当一个理论学派在没有任何历史的前提中，在没有任何原典实证中随意提出新思维的时候，它们就常常有超越学术之外的意图，为此人们一定要保持高度的警惕。

许多日本的教授对我说，"海洋日本文明论"的支持者是很少的，有的日本朋友甚至对我说，"海洋日本文明论"简直是"疯子的胡说"。我敬佩日本知识界有这么多正直的学者，他们追求学术的真理，维护学术的尊严。

时光匆匆，我们进入21世纪已经是第5个年头了。东亚地区经历了20世纪曲折坎坷的道路，历史为构筑未来的生活提供了许多痛苦而又宝贵的经验。作为中国学者，从世界的或从东亚的和平和稳定出发，对于新世纪中的中日关系怀抱许多新的希望，为此而对"海洋日本文明论"提出质疑和发自内心的批判。从20世纪的整个历史进程中，我们体验到善良的人们所期待的中日之间的友好，是一定应该以理解为基础的，而理解则必须以坦诚为出发点。只有坚持不懈地揭示并去除非常不合时宜的思想精神形态，才能为中日之间的新思维注入真正的激发新生命的活力，从而实现中日两国在现实生活的真正的合作。这就是我思考本课题的最基本的立场和出发点。

我对日本学研究的思考[①]

我是北京大学严绍璗，受到北京日本学研究中心主任徐一平教授的盛情邀请，为我提供这样一个神圣的讲台，能够有机会和各位日本朋友和我们中国的同行们在一起，就本次研讨会的主题发表我个人的一些见解。各位知道，30年来，与中国人文学术和社会科学研究的重大发展同步，我国的日本学学术研究在学术认知、学术理念和学术方法论等很多层面中，有着重大的提升。其中，北京日本学研究中心的建立，和它所培养的学生和取得的业绩可以作为一个重要的标志。中国的人文学者对于日本和日本文化的认知，在人文学术领域中已经从长期以来的，主要是以经验和感知作为处事和观察的基点，进入到理性解析的层面。日本学，作为中国认知世界和把握世界文化中的一个重要学科，可以说，已经形成并且正在发展之中。

正如各位所知道的那样，中国是世界上最早认知日本的国家，从公元前3世纪左右《山海经》中记录日本列岛原居住民以来，那就是阿伊努人（Proto-Japanese）。2500年前积累了极为丰厚的关于日本的情况。就文化层面而言，日本与世界的关系最早就是以他们和中国之间相

[①] 本文原载于《日本学研究》第21辑，学苑出版社，2011年。

互传递经济的、政治的和文化的信息作为起点。中国既是向日本列岛输送出最大数量文化的国家，也是世界上最早接受日本文化的国家。8世纪左右，在《万叶集》编纂之前，当时的日本使臣和留学生，已经在中国创作和歌了，中国唐代诗人是世界上最早接收和歌这种文学形式的外国文学家。当然这也是日本在世界上最早发生的文学外交。12世纪，假名词组开始传入中国，当时的中国文献中已经记载了汉语和日语的词汇发音的对照，例如，汉语中的"口"，日本语称为"窟底（kudi）/ Kuchi（くち）"、汉语中的"头（tou）"日本语称为"加是罗（jiashiluo）/ Kashira（かしら）"、汉语中的"耳（er）"日本语称为"弥弥（mimi）/ Mimi（みみ）"等等，尽管掌握的词汇发音对照并不很多，但无疑这是世界上在日本海外关于日语词汇发音最早的记载。14世纪，假名47音图已经完整地传入中国，表明中国已经出现了专门的日本语语言学家了。16世纪，中国出现了和歌的汉文译文，保存至今的大约有80首。毫无疑问，这是和歌也是日本文学作品最早的相对完整的海外译本。18世纪时日本的一些汉学家，譬如荻生徂徕等，他们的著作在中国学术界有相当的流传。有的收录于《四库全书》之中，甚至还出现了像《红楼梦》的作者曹雪芹的祖父曹寅运用假名词组写作戏剧文本这样的盛举。

东亚文明史以极为丰富的事实告知我们，自上古以来，中国人对日本的关注一直立于世界的最前卫。这种文化关系组成为古代东亚文明共同体的基本构架。但是由于极为复杂的文化生态环境的原因，中国人对日本和日本文化如此丰富的感知却在很长的时间里始终没有构成一门完整的学科。到了近代，在中国近代文化日益发展的进程中，尽管中国的不少学者已经在非常广泛的层面中介绍、评价和接受了日本文化，但可以这么说，一直到20世纪70年代，我们还没有能够把对日本和日本文化的研讨组织成为一门具有自身学术观念和方法论系统的学术。我们对于自己的邻居日本和它的文化，长期是以经验和感知作为观察和处事的基点。缺少对它进行真正的、理性的解释，因此也就常常不能真正地认识它的实像，实在是非常遗憾的。

近30年来，这样的状态已经有了根本性的变化。从20世纪70年代末以来，在中国人文学术广泛而又深刻的发展中，中国学者把对于日本和日本文化的经验和感知已经在多层面中提升并发展为理性解释。一门具有近代人文学术本质特征的日本学学科已经建成。我们今天在这里聚会就是这一个学术形成的显著标志。那么，中国的日本学的基本内涵究竟具有哪些最基本的范畴呢？也就是说我们中国学者究竟在哪些层面中把对于日本和日本文化长期积累的经验、积累的感知正在提升为理性解析呢？依据我个人浅薄的体验，以及我对于我周边的许多同事正在进行的日本研究的业界的体认，我个人以为构成中国形态的日本学至少已经具有了三个基本的学术范畴。这三个基本的学术范畴就是：

第一，正在致力于把握日本文化的哲学本质。

所谓日本文化的哲学本质指的是，大和（Yamato）在前近代作为一个族群，在近代作为一个民族，他们所具有的宇宙观念、世界观念、信仰观念、生死观念和人生观念等，这样一些属于精神性形态的本质东西。长期以来包括一些日本学者在内，认为近代之前的日本人是没有哲学的。譬如，像著名的中江兆民先生曾经认为，古代的日本人是没有哲学的，没有哲学的民族是痛苦的。这个观念延续了很长的时间。以至于学术界常常把20世纪初期西田几多郎的《善的研究》评价为日本哲学的第一次表述。

30多年来中国的日本学研究者逐步地意识到，在世界文明的发展中，像日本这样一个族群，这样一个民族，能够在近两千年的时间中，从未中断过自身的历史发展，并且不断地推进和创造着自身的文明，并且与世界建立起广泛的联系。那么，它的文化内涵必定存在着作为民族发展的精神基础，这就是我们说的哲学精神。

世界文明史研究提供的经验告诉我们，如果不能真正地理解和把握作为民族文化基础的哲学精神，那么研究者就很难能够真正地理解那一个民族的文化的实像。当然，世界文明史的事实也昭示我们，世界各个民族文化的哲学精神的表达是丰富多彩各具特色的。古希腊人运用高度抽象理性思维来表述他们对宇宙、世界，以及人生终极的思考；我们中国汉族人习惯于在阐述人性、人文、伦理之中来表述对世界的基本观念。自古以来，大和民族与希腊人和中国汉族人在精神本质的表述上，形态是很不相同的。他们不是依靠专门性的所谓哲学著作，而是在文化的多形态中，在社会活动的各个层面中透露出自身的哲学精神。

基于这样的基本认知，中国学者对于日本和日本文化的研究正在从表象的表述逐步推进到对日本国民的精神信仰的研究，推进到对日本国民的美意识特征的研究，推进到对日本国民在特定时空中面对自己的生存利益和突然事变所表现出的精神形态和行为模式的研究，从而来理解日本文化和日本国民的精神本质。通过这些研究可以说，中国的日本学正在逐步摸索和把握在特定的自然生态和人文生态中形成的日本民族文化内部所具有的基本哲学内涵，以及他们所具有的本质意义，从而为中国学者进入日本学领域，观察各个层面的研究课题，提供了相对来说越来越接近本相的理性引导。

第二，作为中国日本学学术的第二层面的基本学术范畴，这是我们正致力于在世界文明的总体进程中解析日本文化内在的构成机制。即十分注意日本作为偏居亚洲东部海域中的一个地域并不广大的国家，它在自身的发展中，在不同的时空中它与世界文明的各种联络，以及这些联络的内在运作，对构成日本文化、日本文明的价值意义。

一般说来，日本从中世时代以来，如同14世纪《神皇正统记》所表述的那样，开始在意识形态层面中发展起了所谓神国的观念，江户时期，国学的形成和发展，在一个层面上考量应该认定它具有民族文化觉醒的价值，但由于它与神国观念的意识形态相互呼应，紧密地黏合在一起，从而它把对日本文化的阐释，引向了脱离世界文明发展本质的文化孤立主义和文化绝对主义，把日本文化的发生阐释成为它完全是日本本土产生的纯粹的日本产品，并且似乎只有日本人才能理解，也只有日本人才可能享受和消费。日本文化成为一种高纯粹的日本民族的奢侈品，从而遮蔽了日本文化内层内在的构成本相，其实际后果则是把日本文化解释为一种脱离世界文明总体语境，特别是脱离东亚文化语境而生成的文化孤儿。这实在是在很不幸的。

毋庸讳言，这种文化孤立主义和文化绝对主义的价值观念，一直到当代在日本学术的局部层面中仍然以非常近代性的形式表现出来。比如，20世纪90年代中期以来有些先生倡导的"海洋日本文明论"，其中就暗含着相当深厚的关于日本文化发生的绝对主义和孤立主义倾向，对把握和理解世界文明史产生相当消极的负面影响。这样的文化思潮对20世纪中国从事于日本和日本文化研究的有些学者，由于缺少科学的文化理论的状态，也产生了相当微妙的影响，束缚了中国学者对日本文化的理解能力和解释能力的发展。

其实，近两千年来在各个特定时空中发生与发展的日本文化，它的内部始终具有与异质文化相互碰撞，并强有力地吸收其中有价值的成分，从而成为日本民族文化发展的材料。日本文化从来就不是孤独的文化，它与世界文明的总体进程是连接在一起的，它的文化内部具有活跃的能动运行机制。

自20世纪70年代后期至80年代以来，中国的日本和日本文化研究者以跨文化观念为基础，并以文化学理论作为依托，在若干层面中进入日本文化的内在运行机制的讨论。譬如以日本文学研究为例，从上古时代的"记纪神话"一直到当代诺贝尔文学奖的创作，以这些经典作品作为对象，解析出它们以自身的哲学本体为基础，又内含极为丰厚的异质文化材料，从而在相对深入的层面中揭示了日本文化内在的运行机制，展示了它和世界文明发展的共同性和差异性。从而为日本研究提供了相对真实的原典文本，成为对日本各种问题阐释表达可靠的基础。

第三，作为中国日本学学术的第三层面的基本的学术范畴，则是我们正致力于把握日本文化对世界文明发展所提供的价值和它的作用。即中国日本学研究不仅仅注重日本文化对世界文明成果的吸收和融合，而且也注意到日本作为亚洲东部国家，它的文化对于世界文明和世界进步的价值和意义，其中当然也包括对中华文化发展所提供的价值意义。

中外学术界关于文化移动的论说中，有一种说法认为，文化的移动总是从"高处"流向"低处"，从大文化区域向周边的弱小文化区域移动。这样的论述由英国历史学家汤因比在"文明形态史观"中加以强调，从而为不少研究者所接受，也直接影响到中国一些学者对日本文化的价值评定。

事实上，我们在对世界文化史的观察中可以感知世界各个族群、各个民族的文化移动的实际状态，比这样的学术定义要复杂得多。欧美近代文化的形成，其中就有世界普遍地区的弱小文化所提供的养分在内。当代中国学者在推进日本学的研究中，也十分留意自古以来日本文化在世界和东亚的价值意义。譬如，它对于中华文化的价值，我们在本文的开始已经讲到假名的西传、和歌的西传，推进了中华古代语言学、翻译学的发生和发展，现在以一个不被人注意的小小的文学现象来说，古代中国汉族文人常常因为冤屈而死的时候会写一些绝命诗，其中从10世纪以来，有一个绝命诗的系统，这种诗经常由四组image所组成，表达气愤、悲绝、孤魂无依、凄凉之情。这种诗甚至在《水浒传》中也出现过。据说金圣叹在临死的时候也写过这样的诗。这个系统其实它是来源于7世纪日本大津王子的诗歌。这当然是一个细微的有趣的文化现象，从更大的文化层面上考量，那么可以说日本文化对于中华文化的形成和发展是具有不可低估的意义的。

以上三个日本学范畴的总体观念就是中国学者开始自觉地立足于世界文明的大视野中，把日本与日本文化作为世界总体文明的一个类型进行考察和阐释，应用我们积累的总体性智慧，把对日本和日本文化的认知，从仅仅依靠经验和感悟中改造成为理性认识，逐步解析和把握日本和日本文化的多层面的实像，从而使中国日本学成为世界对日本认知的一个有价值的层面，同时也提升中日两国在把握文化真相层面中的相互认知。

中国学者30多年来，在学科创建中建立起了日本学，作为逐步走向成熟的日本学学术研究，我相信中国学者已经形成了有意义的，并且可能是具有内在系统性特征的学术观念。这一系列的学术观念引导研究者对日本和日本文化的观察具有理性精神。

这一具有内在系统的学术观念，我体悟至少有这样三个层面：

第一，研究者逐步建立起了日本文化是一种变异体文化的概念。

什么是日本文化的变异体概念呢？这里指的是当我们在世界文明进程的总体中考察日本文化的时候，我们可以感知，日本文化的各种样式其实都已经从最古老的原发性文明的承传中脱出，从"记纪神话"到当代文化，它们其实都是在特定时空中与当时可能接触到的外来文明在不同的层面上组合成的各种新文化形态。

这是观察日本文化的一个基本观念，同时也是观察世界各民族文化的基本观念，包括中华文化在内。所有的文化都是动态中的文化，静止的文化只是相对的。这就是说，一个真正的文化学研究者是不相信文化的纯粹性的，完全依赖于原发性时代的文化，在一个民族的历史进程中是不存在的。

第二，研究者逐步建立了在多元文化语境中还原日本文化内部组合的观念。

所谓文化变异体，刚才说了就是指民族文化以自身的哲学精神为本体，在多元文化语境中与各种新的外来文化形态相结合，而形成新的文化样式。因此研究者的责任就在于在多元文化语境中还原文化内部的组合。在这里，"还原"指的是在特定的文化语境中，解析出构成文化整体样式的内在的各种元素。

依据我们对于日本文化经典文本的解析，我们大致可以认定，自上古以来的日本文化内部的各种元素，至少是由三个层面的文化语境组合而成的。这三个层面的文化语境就是"本民族的文化语境""异民族透露的文化语境"和"特定时空中人类认知的共性的文化语境"所共同组合成的。

这里要特别说明的是：所谓"本民族的文化语境"，它指的是这个民族的历史承传中的有价值的文化成分，也指这一文化产生时代的特定人文生态和自然生态。譬如我们在考察日本最早的文化的起源"记纪神话"的最早开始的一段，即伊邪那岐和伊邪那美创造"大八岛"的故事，神话展示的宇宙只有"高天原"和"天神"的存在，二神在完成了创造后生养的"大八岛"即日本的国土。这一日本国土几乎与世界所有的神话不同，它们并不是大自然的产物，而是二神的后裔，这就是说日本的国土不是一个自然物，而是具有生命力的活体。创始神话的这两个情节强烈地透露出本民族文化语境的特征。

所谓的"异民族透入的文化语境"，指的是在与异质文化碰撞时所获得的有价值的、为自身需要的文化碎片。在这里，"异民族文化的透露"从来也不可能以整体性形态出现。

仍然以伊邪那岐和伊邪那美创造"大八岛"的故事作为考察文本，二神在成婚的过程中伊邪那岐从左向右绕柱旋转，伊邪那美从右向左绕柱旋转。在旋转中女神首先领唱爱情歌曲，男神应和，结果交合后生了一个怪胎——水蛭子。在天神的指示下，改为男神领唱，女神应和，二神交合，具有生命力的日本国土顺利诞生。

中国从4世纪开始的房中术著作中，男女合婚的时候依据八卦的方位，把男性定位在左侧，左为东，视为太阳的升起；把女性定位在右侧，右为西，视为太阳的落下。今天日本的京都市，把城市的东部称为"左京区"，把城市的西部称为"右京区"，仍然沿袭这样的八卦方位。

神话中女神领唱爱情歌曲只能生产怪胎，只有男神先唱女神应和，生命活动才能正常。这是中国汉代一本叫作《关尹子》的典籍中首先倡导的"男唱女和"的社会伦理。神话的这些情节便强烈地透露出异民族文化语境的特征。

所谓在"特定时空中人类认知的共性的文化语境"，指的是全世界人类在各自发展中，不以时间和空间为阻隔，只要经历相仿的经济形态、生活形态，他们之间即使不存在任何联系，但是各个民族仍然有可能以自己文化的形式表达出类似的价值观念、生存欲望、情感形态等等。我们仍然以伊邪那岐和伊邪那美创造"大八岛"的故事作为考察文本，二神在成婚的过程中树立了一根御柱，作为结婚的唯一的道具。这个御柱究竟是内含有什么样的文化意义呢？研究者们争论了很久。它其实应该是人类认知的共性表现。这是二神在创造日本时候的生命力象征，它无疑是男神生殖器的物化表现，以一种可以被感知的符号形态在全世界的多种神话中反复地出现。

一则非常简短的神话中，各种情节原来是由多种文化语境成分合成，神话的创作者被分解以后按照自己基本的精神逻辑又重新把它们组合在一起而成为一则故事。日本文化正是这样呈现出它丰富多彩的形态。考量它的内部组合，可以说，日本文化的各种形式大都存在着这种逻辑系统。文化的研究如果没有这样的学术观念，并从事于这样的文化运作，那么我们的研究者只能在比较表层的层面中阐释研究对象，就难以接近本相和真实。

第三个学术观念是，中国研究者逐步把握了异质文化进入主体文化的基本通道。这种进入的基本形态通常是以"不正确理解"的状态进入主体文化之中的，并且以文化碎片的形态与日本本土文化相互融合而产生新的文化形态。

正如日本文化中表现最为鲜明的像"神佛合习""神儒合习"，以及在更加广泛的文化领域中表现的基本状态，便是依据他们本体的哲学本质与特定时空的需要出发，对异质文化作了一个"不正确理解"，作了一种自己的需要的解释，把它们分解为材料，然后生成日本文化的新形态。日本文化与外来异质文化之间表现出的这种"接纳"与"传递"的形态，与世界上大多数民族文化之间的相互关系几乎是一致的。特别要注意的是，对文化运动基本形态的考察，并不含有任何如同学生考试一样要区分优等和劣等、高阶和低阶的任何褒贬企图在内。如果在文化学的研究中，把文化分出了高阶和低阶、优等和劣等，那么必然会滑向文化国粹主义的陷阱之中，与我们主张的理性解析是没有任何联系的。

中国人文学者在30年中建立起了自己的日本学研究，经历了自己的实践，积累了自己的经验，在总体的世界文化研究中，也在不同程度上显示了研究者的智慧。现在需要的是进一步改善与完备我们的知识结构，反省我们在研究中出现的各种失误，以求得我们在将来的研究中能够更加接近日本文化的本相，并且在世界人文学界扩展我们的研究。

追求世界和谐的生活是全人类最崇高的目标。和谐是建立在各民族相互理解的基础上的。为了理解就必须做到各民族文化的相互认知，认知就需要以本相为基础，以本相为出发点，寻求文化的本相就需要建立对各民族文化的科学研究，这或许就是我们从事日本学建设的最根本的，也是唯一的动因。

谢谢各位以极大的耐心听我这冗长的发言，谢谢！

汉字在东亚文明共同体中的价值①

各位，大家好！

今天，承蒙京都大学的好意，能够参加在这里举行的关于"探讨汉字可能性的研讨会"，我感到非常高兴。我发言的题目是"汉字在东亚文明共同体中的价值"，下面我用汉语讲话。

各位知道，从世界文明发展史考察，人类在全球的发展中，人类智慧最早成熟的地区发生在东亚、北非、西亚、南亚四大区域，这就是东亚文明（East-Asian Civilization）、埃及文明（Egyptian Civilization）、美索不达米亚文明（Mesopotamian Civilization）和印度文明（Indian Civilization）。人类最早形成的"四大文明"区域所提供的劳动生产力和精神生产力便成为世界文明的摇篮。

随着人类社会的发展，埃及文明、美索不达米亚文明和印度文明作为文明的整体形态都已经解体和变异，而只有东亚文明一直持续存在，不断发展，它的余脉一直影响到近代。

---

① 本文为2011年12月15日在日本京都大学"第一届The Association of East Asian Research 汉字文化研讨会"上的发言稿。

在我讲到这样一个课题的时候，有人首先会提问"什么是古代东亚文明共同体"？究竟存不存在这样的文明共同体？为此，我要做一点稍稍详细的解释。

约公元前6000年人类的第一个文明区域在亚洲东部地区形成，它以黄河和长江为依托，包括珠江流域和云南、贵州地区，形成农耕生产、使用金属工具，并且产生了记录语言的文字，成为人类从野蛮走向文明的最初起步。这一文明被称为中华文明。

中华文明在公元前2000年左右开始，逐步超越了它生存的本土，在亚洲东部地区逐步形成了以汉字和汉字文化为中心的包括朝鲜半岛、日本列岛和中南半岛东部的一个广泛的文化区域，共同组成了古代东亚文明共同体。

我们在古代中国、日本列岛、朝鲜半岛和中南半岛的越南这样四个主要的东亚民族文化区域内至少可以提纯出五个层面上的文明特征，具有明显的文明同源性（请注意，这里界定的是文明同源性，不是文明同构型）。

这五个同源性的文明特征是：

（1）共同以稻作农耕作为工业化之前的最基本生产方式与物质生存形态；

（2）共同使用以金属制作的生产工具，并形成了包括制陶、制玉、漆艺、造纸等器物制造的技术手段，以及使用版刻和木活字、铜活字进行的书籍印刷和装订技术等等；

（3）共同使用由汉族创造的象形文字，即汉字作为各民族记录自己语言的工具，并在此基础上各个民族又相继创造了作为记录本民族语言的符号工具；

（4）在思想精神层面，共同以中华民族的诸子百家为文化元素，与各民族自己的哲学本体相互融合而构成多种文化学说，存在于社会多个层面之中；

（5）在宗教信仰层面，先后接受了经由中国汉文翻译的佛教经典与对它阐述，并与自身的本土宗教相互融合而成为社会主要的宗教信仰。

鉴于这样一些基本的同源性文化特征，古代亚洲东部地区确实存在着一个文明共同体。这就是由中国、朝鲜、日本和越南组合成的"东亚文明共同体"。

这一文明共同体最基本的连接点，我个人认为，这就是中华民族创造的文字，在世界文化史上称为"汉字"。由汉字以及由此形成的多元形态的汉字文化，构成东亚文明共同体的基础。

诚如各位知道的，人类作为脱离野蛮生活最重要的文明标志之一便是作为记录语言的文字的形成。现有的知识告诉我们，无论是中国，还是朝鲜、日本，或是越南，最早作为记录自己本民族语言的工具，使用的全部是同一种文字，这就是被称为汉字的象形文字。

汉字进入东亚各国的社会生活中，依据各个民族自身的语言内在逻辑和本民族书写和阅读的实际习惯，对汉字系统进行了多种形式的、丰富多彩的民族性变异，

日本民族在处理汉字的运用中，大致可以分为"汉文""汉字音读"和"汉字训读"多种类型。实际的状态是极为复杂的，不仅存在多形态的变体汉文，在"假名"之后，又有多形态的"和汉混淆文"，由此而形成的日语的书写本质特征一直延续到现在的日文书写中。

朝鲜民族在汉字意识的作用下，把传入本土的汉字形体与朝鲜语的语音混合而创造出一个独立的文字记录体系，称为"吏读"，也作"吏吐""吏道"。这就是文句采用汉字，其中的实词大多采用汉语音，其中的虚词则采用汉字书写而以朝鲜语语音发声。

它从7世纪新罗时期逐步创造开始一直沿用到20世纪李朝时代末期。

越南民族使汉字作为材料创造了具有民族特性的文字表述系统称为"字喃"。"字喃"可以理解为"南国文字"的意思。字喃系统有两个特点。

第一，它把汉字作为越南语的记音符号，例如汉字"固体"的"固"，表述越南语中"有"的意思。汉字"尘埃"的"埃"，表述越南语中"谁"的意思等等。

第二，是以汉字意识构造出新的汉字字体，发越南语的语音，例如把汉语中"巴蜀"（地名）的"巴"和数字"三"合成一个新的"字型"，发声"巴"，意义就是数字"三"（又如"耕牛"的"牛"和"甫"合成一个新的"字型"，发声"甫"，意义为"黄牛"）。

以上的文化状态表明，汉字一旦进入东亚三国，各族群（民族）以自己高

度的文化智慧，在保持汉字形体的基本框架中，依据自己民族语言的逻辑，做了一个符合自己语言表述需要和可能的变异，成为三国记录自己民族语言的符号工具。我们在文明史上可以认定日本汉字是日本文字，不是中国字；朝鲜汉字不是中国字，它们是朝鲜文字；越南汉字是越南文字，不是中国字。东亚各国这些文字的形成，表明东亚各民族的文化好像一个强壮的人体，具有十分强大的消化能力和吸收能力，这就是文化的包容能力，这是文化生命力的表现。

这一特征同时也表明中国汉族创造的汉字内部具有很强大的张力，可以被需要的民族改造为另一种语言的符号工具。

于是，东亚四大区域以汉字为基础，形成了一种独特的文化意识，可以称为汉字文化意识。汉字文化的具体运用，便出现了各国具有民族特性的汉文学。

什么是汉文学呢？汉文学当然不只是汉语文学，而是汉字文学。东亚的汉字文学在东亚文明史上创造了极为丰厚的精神财富，一千多年来为东亚四国文明的发展建立起了共同的连接纽带，成为古代东亚文明共同体的基本形态。

我以为东亚的汉字文学具有四个最根本的价值功能。

第一，各民族直接使用汉文书写作为书面工具，使用这一工具记录自己民族的历史、创作自己民族的文学，表述自己民族的思想。例如考察日本历史文献，那么，古代中日使臣往来的所有文书到第一部史书《日本书纪》，甚至一直到20世纪的明治四十二年，大隈重信主编的《日本开国五十年史》，完全是采用汉文直接书写而得以流传。

第二，使用汉字的发音，作为直接记录自己民族语言的符号工具，例如日本古代最伟大的和歌集《万叶集》的书写。

第三，创造汉字的各种变体作为书写符号，这可能是汉字文学中最为复杂的形态，因为有多种的变体，早期的变体如日本最早的书面文献《古事记》的书写，晚期的形态如江户时代形成的"倭文"等等，丰富多彩。

第四，借用汉字的形体创造记录自己民族语言的新记录符号工具。越南的"喃字"实际上便属于这一层面的，而最具有典型价值的意义，则是日本"假名"的形成。

各位都知道，"假名"的"名"，指的就是文字，这里就是特指汉字。"假名"的"假"，就是"借用"的意思，这是中国汉代《说文解字》以来提出的汉字造字的六种方法之一，即"六书说"的一种，表现了日本民族杰出的智慧和文化创造力。

　　各位，古代东亚各国，正是因为运用了汉字这一具有强大变异功能的文字系统，东亚各国各民族的历史才得以保存，民族的智慧才得以一代一代地相传；正是因为运用了这一文字系统，由此能够在比较宽广的层面中，创造各个国家自己辉煌的文化，提升和推进国家民族文化的发展和发达。

　　东亚四国在宽广的地球上，我们是不可分割的邻居，世界近代化的发展使各个民族的民族意识有了新的提升，近代化发展的阶段又各不相同，各种摩擦是不可避免的，但任何摩擦都不可能否定东亚文明史上存在的东亚汉字文明共同体这一基本的事实。

　　面对未来世界复杂的现实，探求解决的道路，我以为，以汉字为基础构成的汉字意识，由此而创造的各国的汉字文学的历史经验，是最具有想象力的。这就是我对本次研讨会的主题"探索汉字的可能性"的一种思考。

　　谢谢各位！

中日古代文化关系的政治框架与本质特征的研讨[①]

引 言

在关于重构亚洲史的研讨中，对古代中日关系和古代中日文化关系乃至东亚社会秩序诸层面的历史事实，提出了若干学者自我的阐述。这些阐述中不乏具有可以启迪思考的智慧，但如果深刻检讨其中一些言说的主体，我以为存在着事实上的虚影与实像的矛盾。有些阐述在远离历史文化语境与脱离历史原典文本的状态中，或以在近代政治文化语境中形成的近代国家学说为考量古代东亚关系的框架，或以近代民族和近代民族文化的观念作为审视古代中日文化融合的标尺来言说古代关系。也有的言说者则是对东亚诸民族纷繁复杂的历史文化关系缺乏在文化学观念中进行切实的梳理，而胶着于关于东亚文化关系陈旧的主观意念，从而在对东亚历史（包括政治史、文化史）进行重构言说时，并没有能在历史中钩沉出新的历史事实本相，却是使历史的真面貌浸泡在由言说者自己重构的亚洲史（东亚史）的虚影中。这样一些虚构的东亚古代图

---

① 本文原载于《日本学研究》（二十六），学苑出版社，2016年。

影自20世纪下半叶以来由一些专事热闹的媒体为桥梁，逐步渗入社会舆论中造成不少民众心态中的情绪化的精神纠结，对推进东亚未来和谐共处、两利双赢造成新的难题和挑战。

本文试图以"中日古代文化关系的政治框架与本质特征"的研讨为中心，在三个相关的层面中，力求以原典实证的观念与方法论，还原作为古代东亚文明共同体核心内涵的中日文化关系的基本面貌，就教于方家。

一、关于"册封体制"的研讨：如何认识古代中日文化关系的政治框架

有学者认为，自古代以来，世界秩序是以三种基本的制度形式维持其运行的。这就是以"朝贡—册封制度""殖民地制度"和"契约关系制度"维系着自古至今的世界各国的关系。例如，日本学者滨下武志认为，通过以中华文明为中心的朝贡网络，东亚、东南亚、南亚和西亚以朝贡和贸易等多种方式构成了一个有序的地域，它拥有与近代欧洲完全不同的内在逻辑，这就是与民族国家相对应的"中心—周边"机制和与此相应的"朝贡—册封"关系。美国学者Tylor Dennett 则断言"在东方的政治经济学上，只有两类国家——进贡国和收贡国"[①]。国内有不少研究者附和这一基本见解，似乎已经构成眼下言说古代东亚国家关系（包括文化经济关系）的主流型话语。

本题不讨论古代中国与整个亚洲关系的基本战略及其实际的运作。本题关注的是古代中国历代王朝与日本历代天皇时代的基本政治关系是否真的如这些新论说者所言说的那样被包含在"朝贡—册封"网络之中的。

其实，这并不是一个新见解，其学术渊源来源于19世纪后期福泽谕吉的"开国论"（参见《唐人往来》，后文将展开研讨）。20世纪60年代初日本东洋史学

---

① 滨下武志论说见其《近代中国的国际契机——朝贡贸易体系与近代亚洲经济圈》，朱荫贵、欧阳菲译，中国社会科学院出版社，1999年。Tylor Dennett说转引自钟叔河：《走向世界：近代中国知识分子考察西方的历史》，中华书局，2000年，第74页。

者西嶋定生在研讨6世纪到8世纪的中日关系时，在福泽谕吉论说的基础上提出了中国对日本实行"册封体制论"的构思。①当年西嶋定生把自己的这一论断限制在"6世纪到8世纪"时代，还没有把这个论说的边线延伸到构筑古代东亚政治秩序的无限境地。尽管他作了这样的"限时"，但由于这个论说本身与中日关系史的事实不相一致，所以并没有为当时的史学界（包括日本史学界）的大多数学者所接受，反应并不强烈②。

当然，学术史上曾经争论过的命题，并不是不可以继续研讨的，但多少应该言明这是曾经争论过的问题，并不是当代首次登上舞台。90年代以来，新生代学者开展了对东亚史，包括日本史和中日关系史在内的已有的历史叙事的再思考和重构，致力于以自己的新历史观来演绎古代东亚社会秩序，于是，在关于中日古代政治秩序层面研讨中便重新提出了"朝贡—册封"体制，并对它作了若干新的阐述并将这一体制延伸到19世纪。与此呼应的则是把陈旧的"脱亚入欧论"翻新为"海洋日本文明论"，用以阐述中日古代文化关系③。以此为契机，重构的亚洲史便把中日古代关系和中日古代文化关系拖入了一个由历史重构者所设置的政治框架之中，由此而说中华历代王朝的天下一统心态、宗主大国观念与政治和文化霸权行为等等，并进而表明弱势族群的抑郁心情，试图给古代东亚的政治框架和文明势态涂抹上灰色图景，有的学者还试图以此来暗喻和搅合中日近代一些重大问题的关注点。因此，阐明中日古代文化关系就不能不以阐明中日古代基本政

---

① 西嶋定生的"册封体制论"初见于1962年岩波书店出版的《日本历史》卷二"古代二"中的《东亚世界与册封秩序》一节。后收入西嶋定生：《中国古代国家与世界》第二编第二章，东京大学出版社，1983年。

② 参见栗原朋信：《上代日本对外关系研究》，吉川弘文馆，1978年。

③ 关于"海洋日本文明论"的基本论说，请参见川胜平太：《文明的海洋史观》，载于《早稻田政治经济学杂志》1995年；川胜平太：《从海洋观察历史》，藤原书店，1996年；川胜平太：《文明的海洋史观》，中央公论社，1997年；白石隆：《海洋帝国：如何思考亚洲》，中央公论社，2000年；川胜平太：《海洋连邦论》，东京PHP研究所，2001年；川胜平太、滨下武志合编：《海洋与资本主义》，东洋经济新报社，2003年等。其实，在"海洋的日本文明论"之前的30年前，以西乡信纲：《日本文学史——日本文学的传统和创造》为代表，已经鼓吹过"中华文化日本殖民论"。详见严绍璗：《对日本海洋文明论的思考》一文，载于《迎接亚洲发展的新时代》，复旦大学出版社，2007年。此文日文译文《日本古代文明の史的考察：海洋の日本文明という史観について》、载于《日本と中国を考える三つの視点》、はる書房、2009年。

治联络框架为基础。

为了验证中日古代关系的政治秩序，首先必须在相应的历史文化语境中还原日本列岛古代存在的政治实体的族群本质。即首先必须弄明白作为古代国家的日本，究竟是什么时候出现在日本列岛上的？它什么时候开始与亚洲大陆的中华王朝建立起了政治联系？

诚如许多研究者所知晓的，1784年（日本天明四年，中国乾隆四十九年）在日本福冈南侧的志贺岛上出土一枚镌刻有"汉委奴国王"字样的方形纯金印玺，边长2.347cm（合汉时代长度1寸），厚度0.8cm，重108克[①]。现在有些研究者由此认定这是古代中日关系中存在"册封制度"最有力的实物证据。日本福冈博物馆在诠释这一金印时把印中玺文读若"カンのカのナのコクオウ"，并且进而解释说"所谓'委'，即是对古代日本人的称呼，所谓'奴'，则是以现在的福冈市为中心的当时日本列岛一个小国家的名号。……弥生时代福冈平野的奴国，是当时日本列岛上最强大的国家"，从而把中国《后汉书》记载的"建武中元二年（57）倭奴国奉贺贡朝……光武赐以印绶"中的"倭奴国"诠释为"倭の奴国"。

历史重构者没有意识到这一释文的荒谬性，几乎所有的言说者忽视了这样一个基本事实，即依据中日原典文献的记载与文物发掘的支持，文化人类学的知识可以确认自上古以来，日本列岛在现在以"大和"（Yamato）族群为主体的日本国之前，曾经出现过由另外一个族群组成的政治实体。此即最早由作为日本"原住民"（Proto-Japanese）的阿伊努（Ainu）人组成的部落、部落联盟和古代国家的雏形。中国上古文献从《山海经》到《新唐书》中所记录的"倭"或"倭奴"（汉字本字为"委"，汉语上古音发声为"阿"和"阿奴"），指称的就是日本列岛上的这些原居住民。"倭"或"倭奴"既是人种族群的称号，又是相应这一

[①] 2008年3月20—23日，我参加中日历史共同研究委员会古代中近世小组，此时正在日本福冈举行第四次会晤。我们刚刚抵达福冈机场，即被日本方面事务局安排前往志贺岛对印玺出土处及周遍史迹，包括所谓与"元寇"对峙岛屿的考察。

时代中他们与中国王朝交涉时使用的各种政治实体的总称号①。

从公元前4世纪左右一直到5世纪左右，亚洲东部华夏先民、太平洋诸岛北漂的流浪者、朝鲜半岛的一些原居住民以及乌拉尔山脉以东广袤地区的信仰萨满教的古代通古斯族群等正在陆续迁徙到日本列岛，逐步共同组成了"列岛新移民"，此即大和人族群，这个族群的形成经历了大约八九百年的时间，他们建立起了新的政治实体，名号称为"日本"，但在初期有时候也常常使用"倭"或"大倭"的名称。《新唐书》的《日本列传》是中国古代官方接收到的关于日本列岛政治实体变迁的第一次记录，文中称"日本乃倭之别种也"。这是一个非常准确的记录，在当时的知识条件中，应该认定这是在世界上第一个在官方文书中记录关于"日本"的准确记录，这是在世界文化地图中关于日本史极为了不起的记录。中国方面已经明确地判别出新的"日本"与原先的"倭"并不是一个种族，所以把他们称为"倭之别种"。这是世界文献中关于"日本国"形成的最早记载。世界对于日本的认识都是由此开始的。

大和人中的华夏移民代表着当时列岛上新的生产力，他们把阿伊努人从原居住地驱逐到列岛的东北地区。中国南朝史书中保留着日本列岛这一历史性巨变的

---

① 中国上古汉语中的"倭"并不如同现代汉语那样读若"WO"。从构字上说，此"委"是"倭"的本字，上古汉语声韵中属于"哥"部，发"AH"音，入声调。所以，中国上古文献中记的"倭人"和"倭奴人"，即为"AH人"或"A（I）NU人"，研究者可以从志贺岛出土的5世纪的"汉委奴国王印"中得到充分的证实。"委"或"委奴"是长短音记录的不同。此即日本列岛的土著居民"AINU"人，又别称"毛人""虾夷"等。

20世纪初期英国著名的人类学家和医学家E.Balze曾在20世纪初期对日本列岛上的土著居民做过较为详尽的人类学研究，认定他们就是中国上古文献中记载的"毛人""倭人"等等，其成果写在他参与写作的《大英百科全书》第12卷中。E.Balze这样的见解，后来得到日本考古学家滨田耕作等的支持，参见滨田耕作：《自考古学上观察东亚文明之黎明》。本文著者长期坚持日本列岛"两个民族说"，一直认为Ainu和Yamato是出现于列岛先后不同的"族群"，它们延绵构成当代不同的民族。1992年9月本文著者曾与日本文化研究学者田中隆昭教授等从宫城县、岩手县、青森县到北海道的白老一带考察了阿伊努人集群北迁的历史遗迹。白老博物馆把"北海道阿伊努"人的起源定为13世纪，这是极其荒谬的。13世纪北海道上出现大批阿伊努人，是当时日本大和族群把土著居民驱逐到列岛最北部的又一次"清扫"。日本在维新后的内阁中长期设立"北海道、冲绳开拓使/大臣"，显然与这一历史沿革是密切关联的。笔者把收集的考证集中在"日本的发现"（《中国文化在日本》第一章）中，新华出版社，1993年。

若干材料①。到13世纪前后，"倭人"主体终于被赶逐到了津轻海峡之北当时的荒芜之地，现在称为"北海道"的地区。日本至今保存的最古老的8世纪的文献《古事记》《日本书纪》《怀风藻》和《万叶集》，便是这个新生的大和族群的最早的生存记录，而不是土著"阿伊努"人的历史文化文献，当然其中也散见有若干阿伊努的材料。

依据日本列岛自上古以来政治实体这样的交替状况，中国文献中记载自汉代以来数代王朝曾经册封过若干"倭王"，其中有文献与文物实证的如公元57年（汉光武帝中元二年）曾"赐封汉委（倭）奴国王"，其后，在魏晋及南朝时期还有若干次的"敕封"，如"亲魏倭王"等名号，事实上都是对由阿伊努人组成的政治实体首领的册封，并不是对古代日本首领的册封。

当代日本史学者大多数认为，日本上古历史纪年应该起始于《日本书纪》记载的第22代天皇雄略天皇十五年（471）②。这一年最重要的史实则是华夏先民迁徙日本列岛经过几个世纪的聚合，已经成为当时大和族群先进生产力中最主要和最重要的力量，其首领于当年被日本最高政治领袖敕名为"禹豆麻佐"（うずまさ）③。这是一个极为重要的事实记事，它确证了日本的历史真正开始于新移民的聚合和他们的作用。同时这个开始的年份也回答了有学者质疑的中日关系史上自478年（中国南朝刘宋顺帝升明二年）"倭王武"遣使请求封号后，直到600年（隋开皇二十年、推古天皇八年）日本第一次派出"西海使"（此即遣隋使），为什么期间有122年未见有"倭王"向中国朝廷请求"册封"呢？究其根本原因，这就是日本列岛上"倭国"（它可能不仅仅是一个实体）正在被新崛起的日本所替代。由于日本列岛本土政治实体的这一巨大转变，中国上古汉魏两代王朝对日本列岛政治首领的"册封"至此也就停止了，依据确切的历史事实，从600年左右开始，日本列岛上新形成的政治实体日本国则开始了与中国寻求建立

---

① 这一场驱逐战争与统一战争的实况，可以参见《宋书》卷九十七《蛮夷传》中保存的《倭国王武致宋顺帝表》。这是目前存世的关于正在形成中的大和国的唯一书面文献，其中记载他们在列岛上"东征毛人五十五国，西服众夷六十六国，渡平海北九十五国"，可见战争之惨烈。

② 参见由石井进、宫田登、吉田伸之等任编集委员874位执笔者编写的《日本史广辞典》，山川出版社，1997年。

③ 《日本书纪》（井上光贞、家永三郎等校注本）卷第十四《日本古典文学大系》，岩波书店，昭和四十六年。以下同。

新的政治联系。

在这里要强调的是，《新唐书》上首次记载的"日本国"，它不是日本列岛自古以来就存在的"倭奴国"，而是在经历了岛屿本土内长期的兼并战争后，由一个广泛的移民群体组成的族群击溃了日本列岛的原居住民的各种政治实体建立起的一个新的古代国家。这一事实告诫研究者，在中日古代从政治关系到文化关系的研究中，必须认真依据原典材料把握两个基本的层面。第一个层面是，古代日本列岛上先后出现的倭国与日本，是两类不同族群的政治实体，古代日本不是古代倭国的自然延伸，而是在5—7世纪时期大和族击溃了阿伊努族而建立起来的新的古代国家。第二层面是，大和族是几百年间由四方移民组成的族群，阿伊努族是一个在更加遥远的时代起就居住在本岛的原始土著族群。两个族群内含有非常不相同的族群气质，因而组成的政治实体也就具有不同的政治品格[①]。

古代中日政治关系的起源，当以推古天皇时代派出的第一次西海使为标志。关于这一次中日交往的具体经纬，中日双方都没有文献可以征考。但是依据《日本书记》的记载，在此之前作为古代日本国家的雏形，曾经多次试图通过朝鲜半岛与中国王朝建立联系。应神天皇三十七年记载当时的使者"渡高丽国欲达于吴。则至高丽，更不知道路。乞知道路者于高丽，高丽王乃副久礼波、久礼志二人为导，由是得通吴。吴王由是与工女兄媛、弟媛、吴织、穴织四妇女。"

这一记载透露出的消息量相当丰富。第一，与以前倭国多次派使者前往中国不同，这次日本列岛的使者出使吴国竟然不知道路，说明这次的出使与以前的倭王使者不属于同一个系统。第二，以前的倭王使者到中国请求"封号"，而本次使者在吴国寻求生产技术的支持，乃为生存发展中最必需的事项。在此之前应神天皇十六年，已经记载有中国的儒学者王仁自百济来到日本为太子稚郎子（わきいらつこ）师。直至513年（中国梁武帝天监十二年、日本继体天皇七年）"百济……贡五经博士段杨尔"等。这是新日本通过朝鲜半岛寻求中国文化思想的支持。如果把上述诸项综合起来，可以判断这是日本列岛上古代一个新族群国家正在蓬勃兴起的征兆。在有了这样一些先行的准备之后，公元600年左右新政府正

[①] 现代文化人类学和生命科学的发展，有研究者开始提出日本列岛的原居住民阿伊努人在人种归属中有可能是属于白种人种，大和则属于黄种人种。当然还有待于确切的研究报告，但从人类文明史的演进中考察东亚和南亚古老居住民的迁徙状态，这种可能性是存在的。

式向中国王朝派遣了使者。

中日文献关于这第一次使者出使的记载阙如，但关于第二次"遣隋使"的记载综合而能见其全貌。607年（中国隋炀帝大业三年、日本推古天皇十五年）《日本书纪》记载"大礼臣小野妹子遣于大唐"[①]。依据《隋书·倭国志》的记载，这位使节携带的国书开首抬头写着"日出处天子致书日没处天子"。这一外交表达，显示了两层极为重要的政治意义。第一，由"日出处天子"一词证明，一个称为"日本"的新国家已经建立。"日本"一词的意义源于中国上古时期最早的字书《尔雅》。《尔雅》在表述中华先民的方位概念时称东方曰"日下"。作者说"日下者，谓日所出处，其下之国也"。此处的"下"，就是日语中的"した"而不是"下がる"。这是亚洲大陆人观察太阳升降所获得的概念，而不是日本列岛人对太阳升降可能获得的印象，而所谓"日本"者，即为"日出处"之意，也就是上述国书开首的自命之语。大和族群借用了中国上古字书《尔雅》中关于华夏人观察东方所获得的这样美丽的意境命名了自己新组成的政治实体。另一方面，日本列岛观察到的太阳的升降景象，则把位于它西侧的亚洲大陆称为"日没处"，故以此称谓中国。毋庸讳言，从日本国名的命名显示出，这个王朝建立之初，其最高层决策面的有些人士就具有很丰厚的汉文化修养。第二，这个新形成的古代国家在与中国王朝最高层面的接触中，与以往所有的"倭王"寻求封号完全不同，它以天子对天子的地位相互交通，表现的是对王朝寻求主体的对等均衡。所以608年（中国隋炀帝大业四年、日本推古天皇十六年），当日本使节第三次抵达隋王朝时，他携带的国书抬头又写道"东天皇敬白西皇帝"，同样表现的是体制的最高首脑天皇对皇帝的主体对等的意识。中国王朝并没有因此而拒绝与日本往来，由此开始的中日古代最高层面的交通，一直是在一种主权对等的政治状态中进行的（那个时代尚未有现代政治学中的主权概念，本文只是借用这个概念以表述古代中日政治框架的核心）。

新形成的日本一旦建立，自7世纪以来，中国与日本之间终于摆脱了联络需要取道经由第三国的交通，实现了横越黄海与东海的直接联系。创造这种联系的最初形式，则是由日本皇室组织并派遣访华的上述西海使团来实现的。随着历史

---

① 这显然是《日本书纪》后来的追记，故把"隋"称为"大唐"，即意即是"作为外国的中国"而已。

的推进，继后便有私人性质的中国宋元明时期两国以僧侣为中心的海上交通，后继的则是两国商人推进的经由海上的多种形式贸易。中日正是在这样以黄海与东海为联系的主要渠道中构建起了1200余年的两国政治联系，建立起相互共处的政治秩序。

在中国本土发生了隋唐之变之后，日本继续实行其西海使团战略。从630年（中国唐太宗贞观四年、日本舒明天皇二年）到894年（中国唐昭宗乾宁元年、日本宇多天皇宽平六年）日本向中国派出遣唐使团共计18次，尽管有3次没有成行，实际到达中国的有15次。每次使团视其需要由200人到500人组成，在大使与副使的带领下分乘四艘巨船，航行于辽阔的黄海与东海海面，推进着东亚的和平共外睦邻关系[①]。

作为中国盛世时代的帝王，对于来自日本的使节，怀抱着友好的心态，称其为"礼义之国"，与华夏并非"殊俗"。唐玄宗把与日本国代表的会见称为"嘉朝"，会见之后，仍然追述长远的情义。而且担心海上的"涨海""夕潮"会让这些"君子"受惊。其实，在此之前当第10次遣唐使团于734年归国后，途中不幸遇到风暴，四船异道。唐玄宗获此消息，立即以自己的名义向日本圣武天皇通报中国朝廷所掌握的情报，文中称"此等灾变，良不可测。卿等忠心则尔，何负神明而使彼行人罹其凶害。想卿闻此，当用惊嗟。然天壤悠悠，各有命也！中冬甚寒，卿及百姓并平安好。今朝臣名代还，一一口具，遗书指不多及。"（《唐

---

① 今《万叶集》中记载着不少欢送遣唐使团出行盛况的歌。如第11次遣唐使团出行，光明皇太后于"春日祭神"作歌曰："大船に真楫繁貫きこの吾子を韓国へ遣る斎へ神たち春日にして神を祭る日に"（藤原太后の作ります歌一首。即ち入唐大使藤原朝臣清河に賜ふ）—《万叶集》卷十九No.4240。藤原大使有答歌二首曰："春日野に斎く三諸の梅の花栄えてあり待て還り来るまで"（《万叶集》卷十九No.4241）；"あらたまの年の緒長くわが思へる児らに恋ふべ月近づきぬ"（《万叶集》卷十九No.4244）。本文使用的《万叶集》文本，皆见《日本古典文学大系》高木市之助、西尾实等监修，岩波书店，昭和四十六年。

这些怀着对故国的思念又肩负着日中政治文化交往重大使命的大使，是在这样一种心情中出使中国王朝。依据鉴真的弟子思托在《延历僧录》中的记载，由光明皇太后亲自作歌送行的第11次使团"至唐后，玄宗召见之，曰：'闻日本国有贤君，今见使者趋揖自异，礼义之国之称，询不诬也'。遂命画工绘其状貌，藏于库中。"表现了极为友善的态度。753年（唐玄宗天宝十二年、日本孝谦天皇天平胜宝五年）遣唐使团回国，唐玄宗李隆基特意亲自作诗一首相赠。诗曰："日下非殊俗，天中嘉会朝。念余怀义远，矜尔畏途遥。涨海宽秋月，归帆驶夕飙。因惊彼君子，王化远昭昭。"

丞相曲讲张先生文集》卷七《敕日本国王书》）此文书中透露出对于日本使节的关怀，对日本天皇的安慰。尤其亲切的是文书末句还有"中冬甚寒，卿及百姓并平安好。"简直达于家人一般地问安。

综合西海使团交涉中双方的心态，可以明确地断言，两国政治关系中并不存在所谓"册封"的网络。

统观从日本"记纪神话"开始的天皇谱系，则从神武天皇到明治天皇计凡124代天皇，从日本历史纪年开始的雄略天皇到明治天皇计凡102代天皇，从以西海使团作为日本正式代表与中国开通政治交往的推古天皇到明治天皇计凡90代天皇，中国历代王朝没有册封过其中任何一位日本国家最高元首。既然如此，我实在不明白当代日本史的一些研究家，其中以日本学者居多，也有一些随风跟进的韩国学者、中国学者和美国学者等，这一批所谓新史观的言说者们，为什么一定要把古代日本描绘成一直处在中国王朝的所谓"朝贡—册封"的网络中呢？甚至申言"古代日本人处在一个大国的阴影中怀着沉重的心态生活"呢？[①]

我们如果再把新兴的日本与朝鲜半岛古代诸国与周边诸国（其中有一些是属于古代的部落联盟）的政治关系连接起来考察，那么在《日本书纪》中则确实屡见有"朝贡"的记载，仅以史前传说时期的应神天皇记录为例，如"三年冬，东虾夷悉朝贡。即役虾夷而作厩坂道。""七年秋，高丽人、百济人、任那人、新罗人、并来朝。"……但这些记载与中日关系毫无关系。它是日本古代国家在形成之初正在营造自己的国际关系模式——即在它当时力量所能到达的区域内，对中国王朝试图确立起主权自立与均衡，对朝鲜半岛及周遍地区试图确立起朝贡并施加影响。由此建立的古代东亚各国的关系范式，这一政治图景显然超越了本文开首谈到的当下有些学者概述的国际关系的三种体制而成为第四种体制。

有学者提出了关于明代"册封"日本南朝的怀良亲王（《明实录》记为"良怀亲王"）与北朝足利义满为"日本国王"事。此事起于1371年（中国明太祖洪武四年，日本北朝后圆融天皇应安四年、南朝长庆天皇建德二年），终结于1447年（中国明英宗正统十二年，日本后花园天皇文安四年），断续相间共计先后76年。

14世纪70年代，日本处于"南北朝"的将军武士混战时期。中国在朱元璋

---

① 关于这一表述的出处，著者出于言说与写作策略的考虑，暂不注明来源，但坦诚地文责自负。

集团击溃元朝后建立了明朝。当时在以朝鲜半岛为掠夺中心的海盗（中国人称之为的"倭寇"）此时正在把中心移动到中国沿海，人数从5到10人一伙，变成了多至300人至数千人的群盗，船只从数艘增加到两三百艘，甚至有500余艘同时出现的大规模抢劫，这样规模的海盗，必定是有某种统率机构策划指挥的。刚刚建立的明王朝决意打击这样的海上群盗，所以派遣使臣警告日本方面必须立即停止其"倭兵"活动。1369年（中国明洪武二年，日本北朝后光严天皇应安二年、南朝长庆天皇正平二十四年）派出了杨载一行赴日交涉，传递明洪武帝国书，文中曰：

　　……向者山东来奏，倭兵数寇海边，生离人妻子，损伤物命。故修书特报正统之事，兼谕倭兵越海之由。诏书到日，如臣，则奉表来廷；不臣，则修兵自固，以应天修，永安境土。如必为盗寇，朕当命舟师扬帆诸岛，捕绝其徒，直抵其国，缚其王，岂不代天伐不仁者哉。惟王图之。（《明实录》"洪武二年二月辛未"）

这封国书除通告日本国君中国已经改朝换代（即"正统"之事）外，主要是对倭兵抢劫中国沿海提出严重警告，义正词严，态度明朗。但由于对日本分裂为北南两个朝廷的情报信息不健全，明朝使臣在博多登陆后，遇到的却是南朝势力怀良亲王。怀良亲王竟然斩杀明使臣5人，这多少暗示了中国沿海的"倭兵"活动与博多一带的势力存在着某种关系，杨载无果而返。为了海防的安全，明洪武帝再次派遣赵秩出使。日本南朝怀良亲王基于国内战争的需要，改变了对华策略，两年后于1371年（中国明洪武四年，日本北朝后圆融天皇应安四年、南朝长庆天皇建德元年）向明王朝派出自己的使臣进行修好。

有些研究者以此日本南朝怀良亲王对华修好作为这是中国对日本的"册封"，我以为这里有两个层面的明显讹误。第一，所谓怀良亲王只是14世纪日本国内将军武士混战中的一个地方势力，并不代表日本。把怀良亲王的赴华代表作为"日本向明朝派出的第一批使节"显然是不对的。第二，由于当时信息失灵，中国方面未能知晓日本国家分裂为"南北"两朝，《明实录》误把日本南部势力作为日本国王而称"日本国王良怀（怀良），遣其臣僧祖来，进表笺……"

云云本身是个误会①。有学者据此以为"明代的两国外交由此开始",更是不足称道。把这一事件与所谓"册封日本国王"相互连接,在史实层面上没有任何意义。

1392年(中国明洪武二十五年,日本后小松天皇明德三年)日本结束了南北朝的对峙,恢复了以京都北朝为正朝,日本历史进入以将军足利义满控制的室町幕府时期。这一武人政权为巩固其统治,急速希望通过与中国的贸易来提升自己的经济力量。此前1374年和1380年,足利义满曾两次派遣代表与明政府商议通商,但由于两次的表文皆不合书写体制而被视为"无表文",无从证明其身份而被拒绝。1401年(中国明惠帝建文三年,日本后小松天皇应永八年)室町幕府获知明太祖朱元璋已经过世,听从博多商人的劝告,开始派出遣明船出使中国明王朝。此次足利义满的文书开首即称"日本准三后某,上书大明皇帝陛下。日本国开辟以来,无不通聘问于上邦。某幸秉国钧,海内无虞,特遵往古之规法,而使肥富相副祖阿通好,献方物……"(瑞溪周凤《善邻国宝记》)足利氏为开通与中国的贸易,来使文书中的用词显得卑微,显然有讨好明王朝新皇帝的意思。1402年(中国明惠帝建文四年、日本后小松天皇应永九年)明廷发出的答复国书由僧人天伦道彝、一庵一如为使节送达日本,在兵库登岸之时,足利义满自己到码头迎接,可见他希望开通与明朝贸易的急迫心情。明朝建文帝的国书有如下文辞:

> 兹尔日本国王源道义,心存王室,怀爱君之诚。逾越波涛,遣使来朝……朕甚嘉焉。日本素称诗书国,常在朕心。第军国事殷,未暇存问。今王能慕礼义,且欲为国敢忾,非笃于君臣之道,畴克臻兹……"(《明实录》"建文四年二月")

明建文皇帝依据足利义满的愿望,封敕足利义满为"日本国王"。这是自600年中日之间开通政治关系以来经历了约800年之久,中国王朝首次对日本发出的封号。这一册封至少是由两个原因促成的。第一,国书中说"日本素称诗书

---

① 《明实录》"洪武七年六月乙未"明太祖对中书省的敕语中已经表明了他的这一误解。文曰"向者,国王良怀奉表来贺,朕以为日本正君,故遣使往答其意。"其中有"朕以为日本正君"一语,说得明白。既然"以为是",实际则"不是"。

国，常在朕心。第军国事殷，未暇存问。"中国皇帝表示，日本是一个"诗书之国"，但由于自己忙于朝廷的军政大事，所以没有时间来照应你们的事情了。这话说得明白，中国朝廷是从来不过问日本的政事。但既然足利氏向明王朝发出了通好的请求，作为当时中国的皇帝和朝廷，当然也就乐意日本主政者主动向自己称臣朝贡了。第二，更重要的是国书说"今王能慕礼义，且欲为国敌忾，非笃于君臣之道，畴克臻兹"。这话说得很明白，这次授予封号，不仅仅因为日本是"诗书之国"，而且是"欲为国敌忾"。这显然指的是足利幕府允诺协助在中国沿海共同打击"倭寇"海盗。同年，明王朝发生政变，朱棣夺取政权迁都北京，明成祖在对日关系方面，坚持以共同剿寇为关系的基础，这从1406年（中国明成祖永乐四年、日本后小松天皇应永十三年）对足利幕府的诏书中看得清楚。文曰：

> 先是，对马、壹歧等岛海寇，劫掠居民，敕道义捕之。道义出师获渠魁以献，而尽歼其党类。上嘉其勤诚，故有是命。仍敕道义白金千两……（《明实录》"永乐四见正月"）

由此考察，明王朝册封日本将军足利氏为"日本国王"，是以打击剿灭海盗"倭寇"为基本契机的，足利氏请求封号是为了对华贸易，这是一种在特殊政治军事形式中的联合。需要确认的是，明王朝册封的"日本国王"号，不是对这个国家最高首领的"封号"，而是对这个国家中具有权势的一个将军的封号。而这个封号却与日本作为一个由移民构成的国家内含的族群刚性气质相抵牾，也与日本已经具有800年左右与中国政治交往的经验不一致，所以无论是在日本皇室中，还是在幕府官员中，都有相当的不满。例如一直参与日本当时外事活动的《善邻国宝记》的作者瑞溪周凤对此有很严厉的批评。1447年（中国明英宗正统十二年、日本后花园天皇文安四年）这样的封号也就停止了。室町幕府获得明王朝授予的"日本国王"封号前后凡45年。

历史的事实已经非常清楚。我们有把握地说，从古代日本建立于日本列岛上起始，在1500余年的历史进程中，在中国以各个王朝为标志的与在日本以各代天皇为标志的各自的政治实体有过许多变动，但是在几乎所有的历史阶段中，双方相处是以主权均衡（前已说明，"主权"是一个借用近代政治学概念）为基本规则的。这一均衡规则包含两个基本层面，第一，双方从未把对方作为从属体对待，保持着相当平等的状态。第二，双方从未以强权干预过另一方的内政事务，保持着相当亲和的状态。由此构成了古代中国与日本之间经济关系、文化关系的最基本政治框架①。

中日两国在这一体制中生存了1500余年，历史显现的事实竟然是如此的丰厚和生动，它远远地超越了关于古代中华以"册封体制论"把日本网络其中的想象图影，也远远超越了"朝贡—册封"论者所表述的论说。它事实上消解了中日古代政治框架所谓是"以中华文明为中心的朝贡网络"建立起来的"中心—周边"机制和与此相应的"朝贡—册封"关系这一系列的由东亚史重构论者的想象主体所构思的相关言说。

二、中日古代文化关系中"本体精神"的建构：关于"华夷之辨"的研讨

"华夷"的概念是一个古老的以文化身份确认族群归属的范畴。无论是中国或日本，都曾经以"攘夷"为号召抵御外来的威胁。在关于古代东亚文明共同体的研讨中，有一些学者对中国自古以来的华夷心态兴趣甚浓。学者们把它概述为这是自孔子以来所主张的贯穿于整个世界文化的主张，从而提出了一个"中国性"（Chineseness）的概念②。有些研究者引用唐人皇甫湜在《东晋元魏正闰论》中所说"所以为中国者，礼义也，所谓为夷狄者，无礼义也。"③认为古代中国人始终相信自己是天下的中心，汉文明是世界文明的顶峰，周边民族是野蛮不开化的民族，如果拯救不了他们就只能把他们隔离开来。中国人不大用战争的

---

① 当代有东亚史研究者认为，古代日本一直是在中国这一大帝国的"阴影"下生活，有一种紧张感和压抑感，作者以为与其说这是古代日本人的心态，不如说是当代某些人或者就是言说者自己的心态感觉更为真实。
② 杜维明：《文化中国：以外缘为中心》，载《杜维明文集》（第五卷），武汉出版社，2002年，第381页。
③ 皇甫湜：《东晋元魏正闰论》，载《全唐文》，上海古籍出版社，1990年，第3881页。

方式来一统天下，而是依照文明传播的远近来确定自己与其他的关系，因此疆界也不固定，而随时随着外邦对中华文明的态度而变动。从这样的观念出发，他们认为古代东亚文明圈，其实就是大中华文明圈，并进而认为东亚文明圈是人造的"东亚文明幻影"。

其实，从这样的视角来审视东亚文明进程中华夷之辨的价值，也是一个100年前的老问题。19世纪后期日本福泽谕吉针对国内的"攘夷论"而创导"开国论"，他把中国的华夷观作为批判对象，他批判中国把天子（皇帝）作为天下（世界）的统治者以及与天的媒介；福泽谕吉认为依据中国的理念，全世界是天子的王土，而中华则是恩泽全世界的儒教礼教主义的中心。中国没有固定的边界，它与四周的关系完全依据四周接受华夏文化而决定。所以，"华夷观"就是以中国为中心的世界秩序，就东亚而言，就是以中国为中心的东亚华夷秩序。

当代学者关于华夷之辨的基本论述与100年前福泽谕吉的论述并没有多大的超越。问题的重提多少表明了这样一种文化现象在一个世纪中并没有经过认真的研讨。

中日文化关系中的华夷之辨的历史原貌必须回归历史文化语境中辨析。这里有三个层面必须阐述厘清。

第一层面，在人类文明进程中，某一族群文化（因为"民族"是近代的概念，有着漫长的形成过程，本文谨慎地使用"族群"的概念）在不断提升与丰富的自然生态与人文生态中逐渐形成和发展着自我文化的本体意识与本体精神。一般地说来，它至少具有族群共同认同的生活方式、价值原则和语言文字这样三个基础性层面，组成从族群到民族精神凝聚的核心以及与异文化接触中抗击与融化外来文化的基础性力量。这是族群和民族健全、强壮的表现。统观古代世界先后出现的各个稍微强大的族群文化包括宗教文化在内，几乎都是具有本体精神特征，并逐步壮大。在文明史上曾经出现过后来却又消失了的无数族群，考察其消亡的根本，例如日本本岛上的阿伊努族群的消衰，亚洲大陆的匈奴、鲜卑等族群的消衰，一定都是与其没有造就成自己族群文化的内在本体精神相关联。一个族群必须依赖历史记忆与文化认同，在共同记忆和共识认同中，才有可能壮大这个族群的综合力量。

说得更明确一些，一个族群之所以能够生存并得到发展，就是因为这个族群内部具有足以形成支持本族群生存和发展的经济模式和政治模式的文化本体性力量，否则，这个族群就没有生命力，就会逐步被其他文明力量所消弭。

　　华夏文化在发展过程中内在自我意识不断提升，并且不断提纯升华而形成主体精神。在古代的人文条件中，在根本无法知晓地球和世界的事实状态中，每一个生存的族群总是把自己生活眼光所及的范围当成是世界与天下。在科学进步到日心说，技术发展到大航海之前，世界上难道真的有哪一个族群已经能够判断出自己究竟处于世界的什么位置上吗？难道真的有哪一个族群能够摆脱把自己生存的地区作为世界中心的观念吗？新言说者以现代知识构筑的世界观与宇宙观来评价甚至指责我们先辈的天下观，指责他们只知有自己的天下而不知有世界，仅就学术心态的理性层面而言，这显然已经是失却历史文化语境而作出的臆念。

　　本题需要在历史语言学中来研讨究竟什么是"华夷之辨"，这一范畴究竟包含着什么样的文化容量。古代华夏族人把自己文化的精髓称为"夏"，因为"夏"为汉族之始祖族群，这是文化心理上的认祖归宗。"华"是"夏"的美称，言光彩与光辉之意①。现在流传的所谓"华夷之辨"，其本质意义在于要求区分开华夏文化与非华夏文化。这一范畴中作为华夏对立面的"夷"，则是"等辈""侪辈"之意②，包含有俗语说"那些家伙"的意思。区分与辨别标准当然就是前述的三个基本层面，所以，"华"与"夷"这是区分族群文化身份的一个理念，通观世界文明史的发展，可以说一直到近代民族形成，乃至在21世纪，每一个主体民族对于辨别民族文化身份的心理要求与行政要求不仅还要长期存在着，而且还变得日益严峻。假如我们再回归历史文化语境中考察，则在近代民族平等理念形成之前，提出要求确认文化身份的族群，一定会以顽强的精神力量把自己的文化作为"世界之最"，无论是这些族群地处东南西北，无论是世俗文化还是宗教文化，这是概莫能外的文化事实。所以，不断地拷问古代华夏人以"华夷之辨"构建起自己的天下观，揭示我们的先辈从春秋时代以来就有了所谓的"五千里内皆供王事"的"大中国"概念，也就失却了学理成分，更谈不上学术的"新成就"。③

---

① 见《说文解字·华部》，《淮南子·坠形训》文曰"末有十日，其华照下地"之谓。
② 如《左传·僖公二十三年》文曰"晋郑同侪"（意即晋与郑是同样的货色）。
③ 从文化学的立场考察，"华夷之辨"是一个属于比较文化研究的课题，要求研究者具有多元文化的学识修养，作为世界文明史上一个具有普遍意义的文化现象，研究者应该具有世界文明史宏观的、基础性的知识，否则常常会囿于一孔之成见而不知有其他。

第二层面，在东亚文明圈内研讨"华夷之辨"，研究者常常忽略了一个具有根本性意义的文化现象，即作为其成员的日本大和族群，在面对所谓"华夷之辨"的文化理念中，这个族群以十分顽强的文化努力，在自身文明的发展中创造着属于自己文化本质的本体意识与本体精神，并且与华夏文化相互呼应，推进文明的发展。在东亚文明史上留下了大和人丰厚的创造。

《古事记》《日本书纪》和《风土记》等共同组成的"记纪神话"体系，是关于大和族群形成的最早期记忆性的艺术表述。《古事记》上卷第一句文字即为"天地初发之时，于高天原成神名，天之御中主神"①。这是日本先祖关于本族群起源的最高远皇祖第一天神，此神被称为"あめのみ なかぬし"，即是表达本族群为世界天地即宇宙中心地位的神格。《日本书纪》则把《古事记》中的第三代神格作为最高创世神，定名"国常立尊（くにの とこたちの みこと）"，它记载当天地形成之初，"神圣生其中焉……于是，天地之中生一物，……便化为神，号国常立尊"②。这应该是大地中心之基础神格。神格表述的些微差异，显然是移民族群不同层面传说的差异。但这个差异无关宏旨。因为在《日本书纪》中记载的这位创世神，天地之中的神圣，表现的仍然是宇宙中心主义观念③。由这些神奇的故事凝聚了这个族群在更加远古时代开始的多神崇拜文化心理。此种文化心理渗透于它的生存方式、价值标准、信仰活动的一切层面而提升为"神道"。

神道精神作为日本古代文化的本体，它首先表现为朝廷的神国观念。"神国"的理念最早见于《日本书纪》中"神功皇后讨伐新罗"的记事。作者借用新罗王的口吻说："吾闻东有神国谓日本，亦有圣王谓天皇，必其国之神兵也，岂可举兵以拒之乎！"新罗闻此便不敢抗击大和军队，不战而服从。14世纪的《神皇正统记》开始完整地把日本皇谱按照神话编织起来，论证日本的天皇是天神的后裔。此书的第一句话便说"大日本国乃神国也"。这一宇宙中心论的精神文化

---

① 《古事记》（上卷），高木市之助、西尾实等校注本，《日本古典文学大系》，岩波书店，昭和四十六年。

② 《日本书纪》（卷第一·神代上），井上光贞、家永三郎等校注本，《日本古典文学大系》，岩波书店，昭和四十六年。

③ 从日本神道学说的立场上说，《古事记》与《日本书纪》关于创始神神格的不同，成为后世神道流派论说的不同，但这与表述的世界中心主义观念是不同的层面。

本体意识构成大和人族群基本的世界观和宇宙观，这也就是它活跃在东亚文明共同体内的基本力量基础。

神道精神的力量在于它具有融合进入日本列岛的各种外来文化的能力。在日本文化史学中有"神佛合习"说和"神儒合习"说等的学术范畴，表述的就是日本古代应对外来文化的精神力量和策略逻辑。"神佛合习"说指的即是当南亚的佛教经由中国和朝鲜半岛传入日本之后，日本固有的神道与佛教信仰相互调和形成"神佛混淆"的新文化形态。例如奈良时代在寺院中祭祀镇守神，平安时代把佛像塑造成神的形态，著名的"本地垂迹说"是典型的神道融合佛学的文化。"神儒合习"说则指的是儒学传入日本后，在对儒学的阐述中逐渐渗透进神道信仰的基本观念。在日本思想史上被称为江户汉学第一人的林罗山，他帮助德川幕府建立起了以"儒学的朱子学"作为意识形态的主的内容。他对朱子学的把握，在最后则归附于最高的天神信仰。他在《神道传授》一书中运用前述"国常立尊"阐释儒学，他说："心之外别无理。心清明，神之光也；行迹正，神之姿也；政行，神之德也；国治，神之力也。"从而以神道和人道构筑起在理的支配下的"儒家神道"理论，他把中国的朱子学中的作为人性最高原则的理，转化为"神道即理"，建立了"理当心地神道观"[①]。18世纪下半叶以本居宣长与他的《古事记传》为代表，他们从汉学中脱离出来，以强调自古以来"天之御中主神"的历史主义，高举日本精神的旗帜，把神道推进到国学的理论层面。日本文化在1500余年的发展中，它始终存在着凝聚自身文化的本体性内核。这个本体内核使古代日本文化能够在相当广泛的层面中吸纳以中华文化为主要内容的亚洲大陆文化，并交融而成为自身文化发展的不可或缺的基本材料。

第三层面，在古代东亚文明共同体内，华夷观念虽然最初发生于华夏族群中，但它并不是恒定和稳固不动的，在特定的生存状态中，由于政治与文化的变动，朝鲜半岛与日本列岛的族群也曾经把自己的文化称之为"华"，而把周边其他不同的文化称之为"夷"[②]。

17世纪，亚洲东部大陆发生了重大的政治变迁，而此时在中华本土与江户

[①] 见《罗山文集》卷五十五《神道传授》三十三"国常立同体一名事"等。

[②] 关于华夷观念在朝鲜半岛的转变，请阅读朝鲜李朝时代的儒学家著作以及16—18世纪朝鲜使臣的《燕行录》。

初期流传的程朱理学在日本开始受到质疑。当时，既是儒学者、又是兵学者、又是神道学者的山鹿素行以《圣教要录》表述他的"儒学道统说"。他认为中国儒学的"道统之传，至宋代竟泯灭"，所以他认为"学者（皆）阳儒而阴异端矣"。他举起了直接继承"周公孔子之道"的旗帜，从中华本土手中夺过了"儒学正统"的理念，开始暗喻"华夷"的文化地理概念已经发生"东西转移"。由此逐步发展起来的"日本古学派"（包括"古义学派"和"古文辞学派"）开始以"把握孔子之真精神"自居。从而在东亚文明共同体内出现了日本型的华夷观念，即以日本为"华"，他者为"夷"的观念。如果与中华本土的华夷观相比较，日本型的华夷观具有更加复杂内容。自称为"华文化"的日本精神，它已经超越了汉学与国学的差异，事实上内含有中国儒学、仁斋学、徂徕学、兵学和神道学的内容，织合成"大和魂"（やまとだましい）。正是从这样的观念立场出发，他们认为中国已经失却了"儒学真精神"。一直到近代服部宇之吉1916年在《东洋伦理纲要》中明确地说"中国人对于孔子之崇奉与对孔教之推行，皆远不如我日本国民。"1934年服部氏在《重修东洋伦理纲要》中更加明确地说："儒教之真精髓在于孔子之教。然中国于此久失其真精神。及至现代，误入三民主义，又以狡激之欧化思想将其拭拂殆尽。凡东西慧眼之士，皆睹孔子即在我邦保存普及。且感叹我国民卓越之文化建设力。"

日本型的"华夷秩序"具有这样几个特点：一是继续保持与中国王朝的主权均衡；二是实行全面海禁；三是以上述为基础，开始在周边建立起对朝鲜、琉球、阿伊努，甚至远及荷兰的位阶制性质的华夷秩序，并且确立了"再建中国"的基本策略，正如1919年服部宇之吉在金鸡学院向日本所谓"革新派"将校军官的演说中说的"近皇国旷古之圣业，着成于再建中国之伟业。吾等欲同心协力，达成之伟大使命。"①

所有这些都表明，就像华夏人族群文化具有"华夷之辨"那样，日本的大和人族群文化内部也具有民族本体的强大核心，以此来确认并发展自己的文化。中外学术界有些学者把华夏人具有的确认文化身份的观念"华夷之辨"，简单地归结为东亚文明圈，其实就是大中华文明圈，甚至认为东亚文明圈是人造的"东亚文明幻影"，实在是文明史研究中的小心态了。至于有的言说把"华夷之辨"一

---

① 《斯文》第1卷第1期，1918年。

直延伸到阐述当前的文化势态，这更是言不及义，远离研讨本题的价值意义了。

三、中日古代文化关系的本质特征

古代中日两国在主权均衡的政治框架中以各自的文化本体精神在文化层面上发展起了极为丰厚的文化联系和文化交融，创造了辉煌的民族文化，构成为古代东亚文明共同体的基本内核之一。

人类在自身文明的发生与发展过程中，由于古代各个族群所处的自然生态与社会生态的不均衡，从而既形成了各个族群不相同的族群气质（至近代则凝聚为民族性），也形成了各个族群之间文化发展的差异性，文明的进程就显现出强势与弱势[①]。一般说来，世界文明的成果永远处在流动之中。不少研究者认为流动的走向与液体的流向是一致的。这一说法有其合理性的层面，一般说来，总的趋势是从综合国力相对强大的文化流向综合国力相对弱小的文化，从相对的强势流向相对的弱势。但是，由于文明的流动是一种"人间性流动"，它与物质性流动毕竟不能等同，也就是说，文明的流动中也存在着数量不等的逆向流动，从而构成古代各个族群之间文明与文化交流的实像。

古代中国作为东亚地区领土最为广阔，人口最为众多，生产力最为发达的地区，它在东亚地区的文明进程中在相对意义上发挥着历史性的主导作用，是一个不争的事实。以黄河、长江和珠江为依托的亚洲东部的华夏文明，既没有出现过进程的断裂，也没有发生过主体形态的变异，相反，这一文明超越了生成的本土，在亚洲东部地域形成了包括了中国本土，朝鲜半岛，日本列岛和中南半岛东部在内的以汉字文化为中心纽带的东亚文明共同体。

这一基本的历史事实当然不会掩盖了东亚各个古代国家文化的"族群本体精

---

① 本文所使用的文化概念，指的是人在创造性劳动中不断克服愚昧和野蛮的过程中所展现的本质性特征，即人的本质的展现。文明的概念指的是文化的各种表现形态与形式。本文不做专门的研讨，作者另有论述。文中所指的文化或文明的强势和弱势，是从文明史进程的纵向图谱上考察所获得的发展层次，它丝毫也不含有所谓好与不好，或者优秀和劣等诸种价值判断。

神"，以及通过各种渠道发挥对相对强势的中华文化的逆向反馈价值。

这里需要研讨两个层面个问题：

第一层面的问题是：必须认真对待当前中日文化关系史研究中的"海洋的日本文明论"（Concept of Oceanic Japanese Civilization）的"文化史观念"的蔓延。

从20世纪的80年代中期以来的十年间，一种被称为"海洋日本文明论"（Concept of Oceanic Japanese Civilization）的"文化史观念"从日本知识群体向日本市民社会渗透，具有不可忽视的广泛的社会影响[①]。他们提出"日本究竟是不是属于亚洲？"他们质问：我们现在说的"日本"，"究竟是亚洲中的日本呢，还是与亚洲并列的日本？"他们提出了所谓"两千年的欧洲的历史，就是摆脱'伊斯兰化'的历史"的这样一个虚假的伪命题作为比照，从而妄图把"日本的历史"描述成就是"摆脱中国化的历史"。

所谓"日本的海洋文明论"，就是一种试图从文明史上重新对"日本"进行世界性定位的"文明史观"。它几乎完全不承认两千年来的"东亚文明"形成和发展的历史，虚构日本脱离接受亚洲大陆文明滋养的基本事实，制造"孤岛文明"的虚假幻影，扭曲日本国民和世界民众关于"东亚文明构建"的心理状态。

日本列岛作为古代东亚文明区内一个活跃的成员，它一直处在东亚文明的互动之中。如果我们以多层面跨文化的文化视野考察日本文明的历史过程，那么我们至少可以在下列11个文明层面中解析出构成这一体系的丰厚的华夏文明的成分：

第一，依据考古的证明，起源于亚洲大陆东部的稻米农耕，成为日本列岛居住民脱离野蛮时代，进入文明时代，即从绳纹时代飞跃到弥生时代的最主要的生产力代表。

第二，诚如本文前述，在从公元前4世纪到公元5世纪左右，有数万华夏族居

[①] 参见川胜平太：《文明的海洋史观》，载于《早稻田政治经济学杂志》1995年；川胜平太：《从海洋观察历史》，藤原书店，1996年；川胜平太：《文明的海洋史观》，中央公论社，1997年；白石隆：《海洋帝国：如何思考亚洲》：中央公论社，2000年；川胜平太：《海洋连邦论》，东京PHP研究所，2001年；滨下武志、川胜平太编著：《海洋与资本主义》，东洋经济新报社，2003年。

民迁徙日本列岛。他们传入了当时东亚最先进的生产技术，例如有纺织、漆工、鞍部、汉方医术等等，也开始传入了以《论语》为代表的汉文典籍著作。在物质领域和精神领域为日本古代国家的建立做了强有力的奠基。

第三，5世纪左右，佛教经由朝鲜半岛进入日本列岛，由此而开始了1500年间日本民众的佛教信仰，其强大的文化流深深地影响着日本社会几乎所有的生存层面。佛教虽然起源于南亚，但是，日本的佛教并非直接来自南亚发源地，佛教各个教派的学说，经典和法会典礼，完全经由中国华夏大地的阐述之后进入日本。至于11世纪之后逐步遍于日本的佛教禅宗，则是完全的"中国形态"的宗派。几乎所有的经典除极少梵文文本作为"书法材料"外，佛教各宗的文本皆是汉文译文文本。

第四，依据《日本书纪》等古文献的记载，日本列岛在7世纪左右开始形成古代国家，在国家形成过程中，以圣德太子《十七条宪法》为代表，中国华夏族相对成熟和丰富的政治观念和道德伦理观念，成为日本古代国家基本政治理论的有效成分。

第五，8世纪初期以《古事记》为代表构成的日本"记纪神话"是一组表述天皇神圣的国家神话系统，它成为日本民族天皇信仰和神道崇拜的最根本的心理基础。从比较文化的立场上说，这是一组在日本原始神话基础上形成的变异神话体。中国华夏族文明中的道家与道教观念、儒学伦理、方士与方术的生命理论等都参与了"记纪神话"的构成，成为皇权观念强有力支柱。

第六，依据9世纪末期日本藤原佐世编纂的《本朝见在书目录》（后来被称为《日本国现在书目录》）的记录，当时日本中央官厅与皇宫天皇读书处所收藏的汉文典籍为1568种，相当于当时中国国内全部文献典籍的50%左右[①]。这在世界文明史上是独一无二的辉煌的现象。如此丰厚的文化移动，只有在一个和平稳定亲和睦邻的政治框架中才能实现。又依据19世纪初期长崎港"书物改役"（海关书籍检查官）向井富所编纂的《商舶载来书目》的记载，从1693年到1803年

---

① 《隋书·经籍志》著录隋代文献典籍3127种，《旧唐书·经籍志》著录唐代文献典籍3060种。这就是说，9世纪末日本中枢机构中所用的汉籍文献，为隋代文献的50%左右，为唐代文献的51%左右。

的111年间，中国商船经由长崎港登陆上岸的"贸易性典籍"共有4781种类[①]。1826年，中国商船"得泰号"船主朱柳桥在日本骏河下吉田与日本人野田笛浦谈话中指出，中国文献典籍"迩年来装至长崎已十之七八。（《得泰船笔语》卷三（上））"一个国家拥有另一个国家典籍的70%—80%，这是何等辉煌壮观的文化现象。依据本文著者从1985年到2006年在日本对98处藏书所的调查，在21世纪的当今，日本保存有上古时代以来传入本岛的中国明代与明代之前的汉籍（包括国宝、重要文化财、重要美术财等）有10822种类，据日本书志学者估计，此为日本岛真正藏量的80%—85%左右（不包括更大量的清代文献典籍）。文献典籍作为古代文化最主要的载体，如此规模的汉籍持续不断地东传，创造了中华文化抵达日本列岛的永恒的通道[②]。

第七，日本民族自身书面文字的形成和确立，走过了极为漫长的道路。4世纪左右，它开始使用汉文作为公文的书写，7—8世纪左右开始把"汉字"作为记录发音的符号而形成"万叶假名"，10世纪左右采用汉字隶书的偏旁和提纯汉字草书的形体创造"片假名"与"平假名"。每一个阶段性过程都是以汉字作为基本的文字材料与文字构成材料。"假名文字"的出现，实现了日本民族言文一致，成为提升古代日本社会文明进程的根本性标志之一。

第八，8世纪到12世纪的奈良—平安时代，出现了日本文明史上第一次文化高涨，在广义的汉文文学与和文文学领域中，都取得了极为辉煌的业绩。这一时代性的文化高潮，无论是汉文文学还是和文文学，它们都是以华夏汉文化中的"先秦两汉魏晋南北朝隋唐文学"的传递、甄别和吸纳为文化的基础之一。即使是作为和文文学旗帜的《万叶集》，以"万叶"命名本身就展现了与华夏文化的深层的内在的联系。在以后的日本文学发展中，日本五山文学中可以解析出大量的唐宋文学材料，在江户时代的文学中可以解析出大量的宋元明清文学的材料，在作为日本前近代性文学的江户读本中可以解析出大量的明清口语通俗文学的材料。

第九，日本列岛自12世纪末期开始陷入武士夺取权利的战争状态，持续了将近500年的时间。在此之前创造的日本文明成果几乎毁灭于漫长与残酷的战火之

---

① 此写本今存日本国会图书馆。
② 参见严绍璗：《日藏汉籍善本书录》，中华书局，2007年。

中。在这500年间，保留和维护着日本文明一线生命的，只有逐渐发展起来的禅宗与禅宗寺庙。14世纪在镰仓建立起的镰仓五山与15世纪在京都确立的京都五山成为日本中世纪时代文明的标志和文化的集合地。

禅宗是佛教传入中国后在华夏大地上形成的完全中国风格的佛教教派；五山是中国南宋时代集中在杭州与宁波两地的禅宗大本山建制。日本五山文化包含着三个最主要的内容：一是禅宗教理（其传播者既有到中国求法的日本僧侣，也有到日本传法的中国僧侣）；二是宋代新儒学（完全是由僧侣的中日来往而传入，后期传入了明代心学）；三是刻板印刷（主体技术由中国到达日本的工人承担，印刷中国的汉文典籍与汉文的佛经经典）。

五山文化是日本平安文化与江户文化唯一的连接点，是日本上古文化与近世文化连接的唯一通道。

第十，17世纪初期，德川幕府建立后，逐步确立起了实行其统治的幕府意识形态。这一意识形态是以神道为基础，以儒学中的宋学为其理论的框架。作为幕府第一代学术首领的林罗山等人，兼具神道与宋学的极深厚的修养，而由此而开创的林氏家族也成为二百年间宋学的大本营。由宋学的兴起而创了江户时代的文人学术，这是日本文明史上最早出现的文人学术。这一文人学术是以神道学说与儒学和中国的诸子百家作为其最主要论说内容。特别值得注意的是，作为日本国学派的代表性学者，几乎都经受过极为优秀的汉文化教养。现在的本居宣长纪念馆中，有本居宣长学习过的许多的汉籍，上面有他自己手写的许多的读书心得。

第十一，17世纪左右基督教传教士开始进入日本，第一次建立起了日本列岛与西方文化沟通的通道。依据目前所有的史料表明，早期到达日本的西班牙、意大利、葡萄牙等传教士，都曾经在中国澳门有过生活和传道经验，其中除少数人直接从中国澳门到达日本外，大多数人经由在中国内地传教而逐步到达日本列岛。这一传教的图谱，与佛教经由中国传入日本非常的相似。在德川幕府"禁教"之后，没有被屠杀的传教士和一小部分日本教民，通过在日本长崎贸易的中国商船，逃亡中国，再经由中国内地流亡中国澳门。至今澳门还留存有这一时代外逃传教士和教民的墓葬。他们作为日本文明史发展中的这一特殊阶段的历史的证明，被永远地留在了中国的土地上。与此相关的还有一个重要的文化事实，就是经由中国本土到达日本的欧洲传教士为了在中国传教的需要，他们把欧洲语言中概念和词汇，依照中国的文化传统，寻找了相应的汉字字汇做了翻译。在明治时代日本接受西洋文化的过程中，日本学者又参考或依照传教士们提供的这些材料，创造了日本汉字的新词汇，如"主""文化""文明""幸福"等，成为日本近代词汇的重要成分。

日本文明史所表明的基本事实是，在近两千年的东亚历史的发展中，亚洲大陆文明特别是华夏文明为日本列岛文明几乎在一切重要层面上的发生与提升，提供了足够的滋养材料，并内化为促成它们成功发展的动力，从而共同创造了东亚古代丰富多彩的文明。这里展示的日本文明史图像与"日本海洋文明史观"所构筑的所谓"两千年来日本的历史就是摆脱'中国化'的'脱亚'的历史"的"日本文明史"，是两种完全不同的"日本文明史"。

第二层面的问题是：古代中国是最早接受日本文化向境外传递的地区，从而成为近代日本文化国际性的始发地区。

前已阐述在文明史的研究中，有不少学者持"文化流动单向性说"。30年来由于英国学者汤因比的大文明理论的兴起，不少学者在研讨东亚文明共同体内的运行机制时几乎完全漠视了文明的流动是复杂的人文社会景象，而把它认定为与水流势态相同。汤因比在《历史研究》等著作中将世界分成26个文明区域，并认为其中大文明区的文化不受外界文化的影响仅仅依赖于文明本身内在的原动力。当大文明区一旦形成，则它们必定以自己的力量影响周边区域，推动弱小文明区的发展。本文不评论这一论说的欧洲中心主义以及对于世界文明史事实的蔑视，只是说，这一论述与世界文明史至少是与东亚文明共同体的内在运行机制不一，这一论说的蔓延，事实上已经引发了文明史研究中的超理性民族主义情绪。

在19世纪之前，中华文化以各种形式传入日本列岛并透入列岛文化的过程中，日本大和族创造的文化也以多种的渠道西向传递到亚洲东部大陆为中华文化所吸纳。尽管它的传递规模不如中华文化宏大，层面不如中华文化丰厚。但是，作为一个与中国王朝主权均衡的岛国，它的文化透露出以本族群本体精神为核心的智慧。日本古代文化西传中华与中华民众对这一文化的接纳，丰富了华夏文化的内涵，扩展了华夏文化的容量，并且成为日本文化走向世界的起点。

考察古代日本文化西传中国，我以为在下列层面具有特别的价值和意义。

第一，"和歌"是日本古代创造的伟大艺术之一。它的产生应该是与神话同一时期。早期的和歌是自由形态的歌。和歌在成熟的过程中，从自由音素发展到有规则的音素，创造了属于日本民族自己的韵律，最终形成"みそひともじ"（三十一音音素律）。《古事记》《日本书纪》和《风土记》中的歌是自由形态的歌，《万叶集》是"和歌"是从自由形态走向规则形态的艺术走廊，而《古今和歌集》则是三十一音音素律定型的标志。

在这样一个日本民族文学创造与形成的过程中，中国华夏民族是世界上最早接触到日本民族这一伟大艺术形式的。我们推论，今本《万叶集》卷一第63首歌，是第一首在中国土地上创作的"三十一音"和歌[①]。

有文献记载的最早在中国创作的"和歌"，创作年代大约在702—718年之间。这是山上忆良参加第八次遣唐使团，作为"少录"在中国停留期间写成的。日本第八次遣唐使团是在702年到达中国，704年开始分成三批陆续回国，最后回国的年代是718年。所以可以肯定地说，这首歌是在8世纪的最初20年间创作的，当时《万叶集》尚未编纂。

使研究者兴奋和感慨的是，在《万叶集》尚未编纂的时代，后来被编入《万叶集》的歌中，竟然有在中国创作的作品。这也是至今知晓的日本文学史上第一首在日本本土之外创作的三十一音和歌。这就足以显示古代中日两国文化的相互认知的基本状态，在世界上是无与伦比的。

在此之后35年，即753年，当时在华的日本留学生安倍仲麻吕在中国的明州（宁波）与朋友告别准备登船回国，作歌一首，歌名曰《唐土にて　つきてよみける》（又称《三笠山》），此歌存于今本《古今和歌集》卷九中（406番）。当时，唐代的诗人包佶、赵骅等都在现场聆听安倍仲麻吕的朗读。这是8世纪中期确证日本和歌第一次有了中国听众。可以这样说，日本和歌被国际认知正是从这里走出了第一步。

第二，日本列岛在9—10世纪经过长期的努力，以汉字为基质假借其形态而创造了记音文字"假名"，成为日本文明提升的重大标志。依据现存的文献佐

---

① 《万叶集》卷一63号和歌为为山上忆良作《在大唐时忆本乡作歌》：歌辞曰："去来子等\早日本辺（いざこども\早く大和へ）、大伴乃御津乃浜松（大伴のへ\みつのはままつ）、待恋奴良武（まちこいぬらむ）"。

证，假名单语大约从12世纪开始传入中国。宋人罗大经在《鹤林玉露》中总共记录假名语音17组。他依据《礼记·王制篇》的古雅命名，称之为"寄语"。

漢字語彙	真名寄語	示された日本語の音
口（kou）	窟底（kudi）	Kuchi（くち）
头（tou）	加是罗（jiashiluo）	Kashira（かしら）
手（shou）	提（ti）	Te（て）
耳（er）	弥弥（mimi）	Mimi（みみ）
酒（jiu）	沙嬉（shaxi）	Sashi（さし）
盐（yan）	洗和（xihe）	Shio（しお）
笔（bi）	分直（fenzhi）	Fude（ふで）
墨（mo）	苏弥（sumi）	Sumi（すみ）
风（feng）	客安（kean）	Kaze（かぜ）
雨（yu）	下米（xiami）	Ame（あめ）

这是古代中国文献中最早记录下来的"汉日词汇（语音和意义的）对照"。虽然，只记录了17个单语，而且在当时，可以说兴趣的意义大于学术的意义，尽管如此，他们的兴趣却成为日本语以书面形态传向世界的开始。

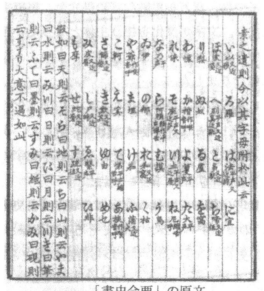

「書史会要」の原文

自此以后，中国人对于日本语言的关心和关注程度，便有了相当大的提升，大约经过200年，在14世纪，元代的中国文人博物学家陶宗仪，开始了在"假名"的层面上组织"寄语"，即以汉字与假名的呼应来组织"汉日词汇的对照"。陶宗仪在《书史会要》第八卷中展现了假名在世界上的第一张假名图。

这份后世称为"以罗法（伊吕波）"的假名图表，它竖写一行四个音符，共11行，第12行3个音符，没有拨音"ん"。每一个假名的下面，用汉字作为真名音符标明读音，例如"いろは"，分别标注"以、罗、法"。

这是世界所有文献中目前我们所能掌握的日本语"いろは假名音图"第一次在海外的记录，它在文化史上的价值当然是极为重要的。而这样的第一张"假名音图"，恰恰是被记录在中国文献中，这件事本身就表明，在中世纪时代世界范围内，中日两国关系的紧密性和亲密性是不能由其他国家替代的。

在这张"假名音图"之后，有如下文字：

（原文）曰天则云そら、曰地则云ち、曰山则云やま、曰水则云みつ（みず）、曰日则云ひ、曰月则云つき、曰筆则云ふて（ふで）、曰墨则云すみ、曰紙则云かみ、曰硯则云すずり。

这一记载表明14世纪的中国知识界对于日本语言文字的认识具有了飞跃性的提升。他们已经不再把汉字作为记录日本语言的符号材料，而是直接使用"假名"记音。它标志着在这个时代"假名"开始传入了中国。以此为标志，中国学界已经出现了具有国际文化眼光的学者，而且已经具备了在文字、语音和语意3个层面上全部把握日本语言文字的全貌。

此后200年左右，明代人李言恭和郝敬为东南海防抵御倭寇的需要编纂了《日本考》。其中的第四卷为"寄语"，记录汉语与假名词汇对照1186组，分为天文、时令、季节等共56类，并且在第一卷中，又单独列出日本国"假名岛名"81组。这表明，我国学者对"寄语"的掌握和编纂，已经进入可以实际使用的阶段了。它可以称为我国第一部具有实用价值的汉日词汇辞典。

此后不久，明人郑舜功编著了《日本一鉴》。此书中编辑汉日"寄语"3410组，成为当时世界上规模最大的一部汉日大辞典，也是世界上最宏大的日本语与一种外国语语音、语义对照的辞典。无论在中国文化史上、还是在日本文化史上、还是在东亚文化史上。或者是在世界文化史上，都是一个重大的文化史存在。

这样大规模"寄语"的出现，表明当时中国知识界的一部分人士已经认知并且已经掌握了"假名"和"假名的运用"，从而建立了世界上第一个日语与一种外国语的对照系统，对中国而言，这也是中国语言学史上第一个外国语言研究系统。

第三，16世纪，中国人对日本语言文字的把握，已经达到可以运用于实际生活的水平了，由此而在东亚文化史上，产生了两个重大的文化后果，组成两个层面。一个层面就是产生了中国对日本文学的汉文翻译，一个则是中国文人运用汉日"寄语"，摸索着用日语进行文学创作。从而使日本文化的价值以中华土地为表述的基地而在国际上得到了最早的也是最初的展示。

日本文学汉文翻译的主要对象是和歌。16世纪中国人已经编纂了多达3000余单语的"中日寄语"，使和歌的汉译成为可能。明代万历年间编纂的《日本考》中记录有58首和歌被翻译成汉文，成为中国古代除佛学文献之外最早的外国文学翻译事业。①

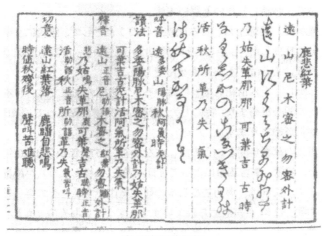

当时的和歌汉译

---

① 中国明代人译出的58首和歌的原文，已经查考出来源的有采自《古今和歌集》的有8首，采自《后撰集》的有1首，采自《拾遗集》的有1首，采自《后拾遗集》的有1首。其余待考，或许正好弥补日本和歌流传的缺失和遗漏。

译文展示了"假名汉译"的五个步骤，分别是歌辞、呼音、读法、释音和切意。

第一，歌辞（此即展示被翻译的和歌原文）

　　遠山尼木密之勿密外汁乃姑失革那

　　可葉吉古時活秋所革乃失氣

　　（遠山にもみじふみわけなくしかもこえきくときは秋ぞかなしげ）

第二，呼音（此即用汉字的汉音解读汉字在假名中的发音）

　　遠（多委，即发音若とお）　山（陽脉，即发音若やま）

　　秋（呵氣，即发音若あき）　時（禿計，即发音若とき）

第三，读法（此即把和歌原文全部用汉字汉音标注）

　　多委 陽脉 尼　　木密之勿密外汁

　　乃姑失革那可葉吉古 禿計 活 呵氣 所革乃失氣

第四，释音（此即和歌原文中"辞"的汉语释义）

　　遠山（正音，即与汉语原义桐）尼（助語）木密之（紅葉）

　　外汁（悲）乃姑（鳴）失革那（鹿）可葉（聲）吉古（聽）

　　時（正音）活（助語）秋（正音）所（助語）

第五，切意（和歌的汉文译文）

　　遠山紅葉落鹿踏自悲鳴時值殘秋後聲叫苦難聽

作为日本古代文学作品最早的国外翻译，这里展示的翻译步骤与显示的理性思考，是中国外文翻译史上杰出的成就。正是通过这样的汉译，作为日本文化瑰宝的和歌开始为更广泛的中国人所接受和理解，成为和歌融入东亚文明共同体并走向世界的起点。

最具戏剧意义的是1709年（康熙四十八年，日本宝永六年）中国著名古典名著《红楼梦》的作者曹雪芹的祖父曹寅创作了《太平乐事》杂剧共九出，他把其中第七出《日本灯词》一场，使用日本语表现①。这是中国人第一次运用外语从事的文学创作。由此可以判断当时日本文化在中华的传播已经有相当的影响了，同时也表现了一些中华文人当时对日本的趣味和具有的日本知识的状态。

第四，日本从13世纪初开始逐步在佛教禅宗的镰仓和京都的"五山"的若干寺庙中开始运用由中国传入的刻板技术，刊印佛学经典与中国非佛学的著作，构成"五山文化"事业的重要内容。由此推进了日本文化发达区域对汉籍的版刻印刷，起对于保存中华已经缺失的典籍起到积极的作用。特别是有些在中华已经缺失的文献在日本重刊后又被送回中华，例如著名的日本南朝后村上天皇正平十九年（1364）刊印的《论语集解》，即是中国已经逸失许久的何晏《论语》著作，又如1781年德川幕府尾张家大纳言宗睦，重新校勘刊印在中国已经失传数百年的唐人魏徵《群书治要》重返中国之后，引起中国学界的震动，参与到清代的文化建设。同时，由日本读书人写作的学术著作，例如山井鼎依据足利学校做藏汉文典籍撰著成的《七经孟子考文》传入中国被收入《四库全书》中，由纪晓岚主编的《四库提要》称此书"足释千古之疑"。他们对于特定时期的中国学术发展具有相应的贡献。

第五，在一般生活层面上，由于人种的移动，古代大和人创造和制造的某些生活用品在不同的时期陆续地传入中华，丰富了中国人的日常生活。例如刀虽然为日常用品，而"日本刀"则为中国人喜欢之物。北宋著名的文学家欧阳修有著名的诗作《日本刀歌》一首，描述日本刀是"鱼皮装贴香木鞘，黄白间杂鍮与铜"，极言其美。而依据16世纪日本僧侣策彦周良的在华日记《再渡集》的记载，他在中国常常用中国人喜爱的刀与扇与中国人交换文献典籍，如"嘉靖十八年（1539，日本后奈良天皇天文八年）七月八日《读杜愚得》八册以粗扇连把、小刀三把交换"。策彦周良所记的"粗扇"，即是日本通用的折扇。华夏人虽然发明了蒲扇，但折扇则是大和人的发明，传入中土，为中国人喜爱，而和尚用它可以换得自己喜欢的汉籍。平等交换，两厢得利。正是在这样的日常生活中，日本列岛器物的传入丰富了中国人的生活。

---

① 《太平乐事》杂剧一卷，署名柳山居士，清康熙年间刊本。此剧著录于《今乐考证》中，剧目见于《古典戏剧存目汇考》。剧本分析参见严绍璗：《中日古代文学关系史稿》，湖南文艺出版社，1987年。

上面所表述的中日古代文化关系本质特征的所有层面，事实上已经证实了东亚文明共同体并不是一个"虚构的幻影"，本文梳理的上述事实，相信在相当的层面中展示了古代东亚文明共同体最本质性的内涵以及它在东亚和整个世界文明进程中的功能和价值。历史所表述的事实是，自7世纪以来大和族群建立了日本，它的文明的形成与发展，一直处在东亚地区，主要是与华夏地区良性的互动之中。一个认真的历史学者和文明史学者，一定会从原典文本出发梳理如此生动又丰满的文明活动，一个不抱成见的研究者怎么能够从这样的文明进程中会感觉到古代日本"一直处在中华帝国的阴影之中"，"日本国民长期怀着抑郁的心情生活"呢？研究者又在什么时间和什么活动中见到了中华历代王朝"天下一统心态"和"宗主大国观念"及其"政治和文化霸权行为"呢？

东亚文明共同体的内核是一个充满生命力的有机体，它是自远古以来站立于世界所有文明体中没有丧失其本体性特征而绵延数千年的文明标志。这一文明共同体内各个族群都有自己的识别与接纳外来文化的运行机制，正是在这样的独立互补中，古代中日两国与朝鲜半岛、中南半岛等地区，共同在稳定亲和、睦邻友好的环境中，共同创造了贡献于世界人类的辉煌文化，成为创建21世纪东亚和平稳定和繁荣发展的宝贵历史精神财富。

东亚文明与琉球文明研究的若干问题①

　　编按：从19世纪以来，琉球的地位和命运始终关系到东亚地区的战争与和平，是中国长期关心的议题。但两岸的琉球研究，受到各自对日关系的影响，而有不同的风貌。在20世纪70年代之后，学界几乎只对日本并吞之前的古琉球进行研究。反之，北京大学徐勇教授于2005年提出"琉球地位未定论"之后，一度消沉的琉球研究不仅复苏，而且许多研究还直接针对被日本并吞以来的近现代琉球。2014年5月在北京举行的"琉球前沿问题高端对话论坛"是首度由中、日学者共同参与的琉球问题研讨会，是一次承先启后的重要会议。本刊由今年1月号（328期）起分期转载此会之部分论文。本期选载严绍璗及徐勇两位北大教授的会议论文，对琉球研究的基本问题和前景做全局性的讨论。

　　琉球群岛，作为西太平洋与东海之间，从东北方向至西南方向走向的一组岛屿群体，关于它的历史、族群、文化和政治体制的演变，以及它与中国的悠久联络关系，一直是我们东亚文明和文化研究领域中极为重要的课题。但是，长久以来由于各种各样的原因，在世界文明史和东亚文明史的大格局、大视野中，我们对琉球群岛的本体性认知，应该说

---

① 本文原载《战略与管理》2014年，第5—6期合刊。

还是很薄弱的。所谓本体性认知，指的是从文化人类学、历史地理学、社会政治学，乃至文学、艺术学、建筑学等层面来理解琉球群岛。显然，这还缺乏应该有的研究。甚至不少的日本研究中根本就没有琉球的历史和琉球的价值的任何位置。

40年来，我曾经与许多日本年轻人交谈，特别喜欢与上大学硕士课程和博士课程的年轻人交谈，很希望了解他们对于自己国家的历史文化的把握和理解。其中，他们对于"琉球就是冲绳"的认知，是我很感兴趣的问题。日本知识青年的回答，几乎都是一样的。他们最经常的回答就是："冲绳，很美啊！"其他的好像就没有什么可以表述了。这样的理解当然是对的。但作为一个知识青年，对这样一个重要区域的理解，实在是太简单了，太浅薄了！他们几乎完全不明白琉球的历史，不明白琉球族群的文化特征，甚至根本不知道在日本明治维新开始的时候，琉球还不属日本这样的基本事实。

这样浅薄的认知状态能形成，与我们的东亚研究者，特别是日本研究者的研究有着密切的关系。我们已经出版了许多的《日本史》《日本文化史》《日本文学史》《日本思想史》《日本艺术史》等，但我们研究的对象其实只是以大和民族为核心而展开的，甚至是把它作为唯一的研究的对象进行的。

大多数人都认为日本是"一个单一民族的国家"。四十多年前当我应出版社的邀请参加《琉球国志略》和《中山沿革志》的标点和校对，粗粗地阅读了这些文献。我很震惊，原来在一百多年前，琉球作为一个政治实体，与本州岛、九州岛、四国的日本是不相同的。所谓不相同，就是它们有着不同的内政治理，也有着不同的国际关系。那时，琉球作为日本国的一部分，竟然还不到100年时间。

1974年，我作为"北京大学社会科学访日团"的成员，于12月3日进入冲绳群岛。我们是1949年以来最早到达冲绳（琉球）的第一批7个中国人。我们先后拜见了冲绳县知事屋良朝苗、那霸市市长平良良松、琉球大学校长金城秀三等社会名流，特别是参观了以首里为中心的中山王国遗址，还见了几个市民团体，听了他们关于琉球的历史、现状的许多见解。我开始觉得我们研究者对日本的认知，即我们对于日本文明史的把握，应该有一个大视野的定位，应该有一个多元文化的观念，应该有一个反省的过程。

我怀着一种对真正推进东亚学术研究的愿望，在琉球研究中提请学界特别关注三个问题的研讨。

第一个研究层面的问题是，长期被认定的所谓"日本是一个单一民族的国家"，这一命题是不正确的，可以说，它是一个伪命题。依据我们关于日本列岛文化人类学的研究，我们有把握地说，当代日本至少是由三个民族组成的，这就是阿伊努、大和和琉球。在这里，"琉球"既是一个区域的名称，也是一个族群的名称。

当代学者关于民族的概念存在着许多定义，我个人一直认同所谓民族，就是一群人生活的共同体。在长期的生活中，他们有相对共同的生活区域，形成了共同的语言、经济和文化心态。民族不以人数的多少为特征，它的核心就是以共同的文化心态为标志的。

目前日本国的状态是，宪法不承认它是一个多民族国家，从而模糊了人们从文化人类学和社会政治学的基本视角去认知日本国的本质特征的可能性。

阿伊努是一个古老的民族，它是目前已知的日本列岛的先住民（Proto-Japanese）。中国一直到4—5世纪所有文献上记载的"倭"（阿）和"倭奴"（阿奴），可以认定记录的都是"阿伊努"。阿伊努有自己的语言，1992年9月我参加田中隆昭教授的阿伊努访问组，在北海道以白老为中心进行访问，获得很多收获。特别有趣的是，他们一直保持着对于大和的日本的不认同感。我们访问一位老太太，她告诉我们，她的女儿"嫁给日本人了"，这表现的就是典型的"民族心理形态"。其实，在一百年前，英国人类学家E. Balze论证了在大和建立王朝之前，日本列岛早就存在着原住民，它们就是被各种文献称为"毛人""虾夷"等等的阿伊努人。后来，我自己运用汉语上古音系测定的原则，发现上古汉语中的"倭"（wo），属"哥"（ge）部，发音为"阿"（a），所以，中国上古文献中的"倭""倭奴"，应该复原为"阿"和"阿伊努"人。"倭"和"倭奴"是汉语中记载到的长短音的不同。毫无疑问，阿伊努是日本列岛上从远古开始就存在的一个民族族群。

大和人是经过长期的移民，大约在4—5世纪时形成的一个多元移民的集合体。其中，包括了从江浙一带到华北平原、山东半岛东部以及东北地区的居民，也有乌拉尔山脉以东、信仰萨满教的人群，还有太平洋向北漂移的移民，以及朝鲜半岛的原住民这样四部分人群。他们形成一个强大的移民群体，构成5世纪之后日本本州岛、九州岛和四国的居民群体。

19世纪70年代在日本占领琉球各岛之前，琉球人肯定不属大和群系。依据70年代初期琉球本土学者调查编制的《中国人移民三十六姓考》提供的材料，琉球列岛的居民与中国古代福建地区有着特别密切的血缘关系。古代福建地区持续不断地向外移民，与太平洋上的漂流民组成了一个混合群体，他们有着共同的经济生活，形成共同的语言。目前保存在日本天理大学图书馆的一本叫《百姓官话》的语言教科书，为19世纪琉球人学习汉语的教材。我们在与江户时代江户、大阪流通的汉语教材文本的比较中，可以把握琉球语的本体特征。可以肯定，琉球的本土居民与大和民族使用的语言具有各自的特征。

所有这些已经表明，日本的国民至少是由这样三个民族群体构成的。回避这一基本的"多民族"存在，就没有真正的日本研究。

第二个研究层面是，日本文明史的研究，必须建立在公正和人道的伦理基础上，以事实为唯一根据，准确地表述阿伊努史和琉球史。

目前，世界上还没有一部完整的阿伊努族群史和琉球族群史。这是需要以公正和人道的伦理来进行研究。因为现在的日本文明史，在一些事实上掩盖了日本国真正的文明本相。

我举两个在日本文明史上没有得到认真对待的事实。

第一个事实是，在中国二十四史的《宋书》中，有一篇"日本国王致中国宋顺帝的表"（书信），信中说他们"东征毛人55国"，这是5世纪时日本岛上的事情。

日本岛上哪里有55国呢？这实际上就是大和人对阿伊努人的许许多多部落和部落联盟进行的征伐战争，以实现对日本岛的控制权。经过这样反复的扫荡，阿伊努人被驱赶到了现在的岩手、青森一带的东北地区。到了13世纪前后，又进一步把阿伊努人从东北地区驱赶到北海道。今天，北海道的不少地名和宫城、岩手、青森的地名相同，就是阿伊努人整体性逃难的标记。而很可笑的是，1992年我在北海道公立的阿伊努博物馆中看到，竟然把13世纪在北海道出现阿伊努人，解释为从库页岛、千岛群岛等地迁徙过来的，从而掩盖了日本文明史的本相。

第二个事实是，1974年12月4日，我在琉球参观了中部战迹，这是1945年日本为抵御美军进攻，保卫日本本土，强令琉球居民集体投海之地。这样惨绝人寰的事件，应该是20世纪日本文明史不可避开的事实之一。不回避这样一些血腥事实，才谈得上有真正的日本文明史。

第三个研究层面是，我们希望建立和推进琉球学的研究，把对于琉球的研究作为东亚文明和文化研究的一个学科层面。琉球存在于东亚，在东亚总体文明进程中具有相对的独立性特征，但它一系列的自我特征常常为总体的日本研究所障蔽。可以说，到现在为止，琉球文明史的面貌还没有清晰地显现。

建立琉球学是完全可能的，它已经引起了东亚研究者广泛的主意，而且已经有了不少的成果。我还要特别提到的是，琉球居民对中国长期具有亲善的感情，不说琉球三十六姓表明的历史性血缘关系，就说从1972年9月中日邦交正常化之后，琉球地区很快以官方和民间联合的形式，与中国建立了友好的联系。

1974年4月21日，就是中日建交后一年半，以日本冲绳县知事屋良朝苗先生为首，各界人士组成的"日本冲绳友好访华团"到访北京。在"中日和平友好条约"签订之前，琉球访华团就以"友好"命名了，这是非常宝贵的感情。

中国在十七八世纪的国子监中就设立了"琉球学馆"，这可以说是中国研究琉球学的起始。如今，我们在北京大学与来自冲绳的学者进行学术对话。我觉得这既是历史的继续，又是建立科学的琉球学的起始。

日本军国主义者对中国文化资财的劫夺[①]

中国的文献典籍，在中日文化关系史上，曾经起着无可替代的文化桥梁作用。它作为文化的载体，把悠久而丰富的中国文化传入了日本，成为促进日本文化发展的强有力的营养素。日本的传统汉学和近代中国学，都是以中国文化的传入作为基本条件而日渐发展起来的。

千百年来，中日两国的学者、僧侣、官员，乃至商人、平民，孜孜努力，历尽艰辛，把中国文献典籍送入了日本。近代以来，日本"国权论"日甚一日，随着日本国力的增长，军国主义亦愈演愈烈。先是日本依恃其在中国的强权地位，对中国文献典籍强行杀价"购买"。1907年，三菱财团岩崎氏家族仅以十万两银子便囊括江南四大藏书家之一陆心源的"皕宋楼""十万卷楼"和"守先阁"的全部秘藏（以上今藏日本"静嘉堂文库"）。进而又以所谓"庚子赔款"在华购书——这就是用中国的钱在中国为日本"购书"。1929年，日本驻杭州总领事米内山庸夫便用"庚子赔款"收购了浙江"东海藏书楼"（以上文献今藏东京大学东洋文化研究所）。至此，日人虽心存劫夺，却仍愿演出"买卖"的场面。进入30年代，政治与军事气候大变。对华的全面攻略已从"方

---

① 本文原载于《跬步斋文稿：严绍璗自选集》，首都师范大学出版社，2016年。

策"变成实际行动，日人对中国文献与文物，便从"购买""赠送"转向为公开的劫夺。1931年，日本浪人潜入西藏、蒙古，劫走西藏藏经《丹珠尔》一部130函，蒙经《甘珠尔》一部102函，《母珠尔》一部225函，并蒙文佛经225种。并于1936年从上海劫走满族镶红旗文书自雍正朝至清末的各类文档2402函（以上今藏日本"东洋文库"）。从此便开始了日本军国主义者对中国文献与文物的全面洗劫——日本中国学堕落的标志之一。

必须注意到发生在20世纪上半叶对中国文献与文物的这种洗劫，是完全有目标有计划进行的，这便是日本中国学的一个畸形形态。至今仍有人为这一场大洗劫辩护，竟然声称"随着战争的发生，兵火所到是不可避免的"。即使是"兵火"，也是罪恶的，而事实上，这还不是战争的兵火所烧毁的，完全是人为有意掠夺的。本人自20世纪80年代以来25年间30余次出入日本，对日本的文献典籍进行多次调查后，深信这种洗劫大部分都有幕后指使者，或提供导向者。令人震惊的是，他们有不少是堂堂的日本中国学家。例如，在1946年当时盟国调查团移交给日本外务省的一份《中国被劫夺文化财产单》的报告中，关于当年东京帝国大学在中国劫走的文物目录后，注明这批文物"应即向东京帝国大学驹井和爱追查交涉交回"；在当年京城（首尔）帝国大学在中国劫走的文物目录后，注明"即与鸟山喜一交涉追回"。正因为这样，这一场持续了将近20余年的对中国文献与文物的劫夺，不仅仅只是属于军事范围，从其性质而言，表明了法西斯军国主义意识形态浸入这一学术领域后，日本中国学所遭受的严重挫折。

本文著者在25年间在追踪自上古以来转入日本而保留至今的汉籍善本，其中也调查阅读了近代以来日本军国主义集团对中华文物典籍的掠夺的材料，本文从几个方面展现了在那样一个特殊的时代里中华文献典籍被疯狂劫夺的沉重苦难。

一、日本军国主义者对南京的"文献扫荡"

1937年12月，日本侵略军在攻占我国文化名城南京之后，进行了惨绝人寰的"南京大屠杀"。日本所谓"中支那派遣军"在杀戮南京数十万中国人的同时，有计划地对这一座中国的历史文化名城实行"文献扫荡"。

先是日本上海派遣军特务部部长"指示"其在南京的特工人员"立即检查南京市内的重要图书，准备接收"。接着从东北大连调动"南满洲铁道株式会社"大连图书馆的专业人员赶赴南京。同时还有"东亚同文书院"与"日本上海自然科学研究所"的"汉籍专家"们。于是，集中了日本特工和专业人员330人，士兵367人，中国搬运苦力830人，对南京城内收藏的中国文献，进行有计划的"扫荡"。

据当时参与这一"文献扫荡"的"南满洲铁道株式会社"大连图书馆的专业人员青木实在事后回忆说：

> 我们奉日军特务部之命，于6月底赶赴南京。当时，天闷气热，即使一动也不动，浑身也都是汗淋淋的。我们在南京城里的地质调查所工作，从这里可以清楚地望到紫金山。在这座石砌的三层大楼里，每个房间都堆放着大量的图书和杂志，据说总共有70万册。我们的工作是对这些图书进行分类，但由于数量太大，工作不可能做得那么细致。我们根据"十进法"的规则，用粉笔在图书的封面上写上如"00""03"等，然后由苦力们搬到指定的地方去。这个工作干了两个来月，好不容易到9月初才结束……其中有些书是非常珍贵的，如三千多册《清朝历代皇帝实录》等。

1941年日本有关报告说：

> （在南京）搜集有关的图书，装满卡车。每天（向地质）调查所搬入十几辆卡车的图书。在调查所主楼的一、二、三层房间里，堆积起了二百多座书山。

这次南京"文献扫荡"攻击的劫夺目标有70余处，其中，有如下重要藏书处：

1. 原中央研究院被劫汉籍文献 33319 册。
2. 国学图书馆被劫汉籍文献 167923 册，古物8件，历代名人字画464 幅。
3. 原国立中央博物院筹备处被劫汉籍文献 1365 种（不明册数），文物 1679 件。此外有图书文物设备167 件。
4. 中山文化教育馆（中山陵内）被劫汉籍文献 58735册，古物186件。

这次对南京的文献与文物的兜捕，总方案来自日本国内的一些"中国学家"，由日本派遣军特务部的首脑发布命令，动员军队执行，现场就有若干日本的"汉籍专家"，是一次用作战形式展开的有计划的"文献扫荡"。直到1939年2月末，日本内阁所属的"东亚研究所"还派出后藤贞治、小川要一等10名研究人员赴南京整理被劫图书。这次总共劫夺汉籍文献在80万册左右，为人类文明史上罕见的"文化军事剿灭战"。

二、日本侵华战争中各地文献典籍被劫举例

日本侵华派遣军各部队，在攻略我国城市的同时，依据法西斯主义"中国学家"们提供的中国学者收藏文献文物的资料，有计划有目标地用武力兜捕。本人在日本有关外交档案中查到的材料，举例如下：

1. 1938年3月，济南日本军宪兵营接日本国内函信，查抄陈名豫家，搜走宋版《淮南子》一部、元版《蔡中郎集》一部等中国宋元古版书13种。

2. 1938年6月，日本军土肥原贤二所属合井部队在开封查抄冯翰飞宅，劫走《吴道子山水》立轴一幅、宋画《儿童戏水图》立轴一幅、《王石谷山水》立轴一幅、《戴醇士山水》一幅。

3. 1938年12月，日本"南支那派遣军"司令部从广州沙面黎氏家劫走宋版《十三经注疏》《韩昌黎文集》《欧阳文忠公文集》《王安石集》等宋版11种。

4. 1940年5月，日本"中支那派遣军"所属胜字第4218部队队长田清清郎陆军少佐驻江苏省嘉定县（今上海市嘉定区）外冈镇，于当地劫走地方志535种，《图书集成》及殿版"二十四史"各一部。

5. 1942年2月2日，日本"南支那派遣军"特别调查班查抄香港般含道香港大学冯平山图书馆。班长肥田木指挥其成员劫走下列单位图书文物：

（1）国立北京图书馆寄藏图书善本70箱，又零散文献3787册；

（2）王重民先生东方学图书3箱；

（3）中华图书协会藏书210箱；

（4）岭南大学藏书20箱；

（5）中华教育文化基金会寄藏书及稿本5箱。

上述所有箱卷册皆不详，每一箱皆被贴上"东京 参谋本部御中"，启运离港。

6. 1945年5月，日本"中支那派遣军"所属镜字第6806部队的楼井信二，从原教育部官员王鲲楚宅，劫走郑板桥书屏四幅、郑板桥中堂花卉一幅，及曾国藩书对联二幅。

以上仅是举出6个实例。当时，在狼烟四布的中国，如此的掠夺，是屡见不鲜的。

三、中国省市图书馆文献被劫举例

本人在日本档案中查到"中国战时文化财产损失委员会"向远东军事法庭提供的《中国战时文物损失调查报告（图书类）》，详述各省市图书馆在战时被日本劫夺之文献典籍。今举江苏省图书馆和浙江省嘉兴市图书馆两例，从中可以窥见我国文献损失之惨重。

江苏省图书馆被日军劫走中国古文献共141种，其中有元刊本共30种，如下：

四书通义大成	周易本义	尚书集传	仪礼图（残本）
春秋左传补注	春秋师说	汉隶分韵	续资治通鉴
松漠纪闻	陆宣公奏议	扬子法言	中说（元刊二种）
伤寒百问歌	图绘宝鉴	石屋和尚语录偈颂	风俗通义
古今源流至论	冲虚至德真经	纂图南华真经	骆宾王文集
王摩诘诗集	王荆文公诗注	范贤良文集	白玉蟾上清集
宋雪斋文集	范德机诗集	澹居稿	古文苑
唐诗鼓吹	古乐府		

浙江省嘉兴市图书馆本是一个不大的图书馆，然而，被日军劫走的中国古文献274种，该馆所藏稿本13种，全部夺取。今将此13种稿本列名如下：

半间偶录	石经阁日钞	会同县乡土志	芝村手记
冯柳东诗稿	关岳事迹考	官同苏馆遗集	瘗疹汇纂
骈体通义	花土苴附小种字林柱铭	古瓶小草	愫庵遗著五种
小暴书亭吟稿附焚余稿			

从这些情况观察，可以断言，这一时期中我国省市图书馆屡遭日军劫夺，并不是日军士兵单纯的军事行为。很难想象散布于我国广袤土地上的百万侵华日军，竟然都能具有汉籍目录学版本之专门知识，识得"宋版""元版""稿本""钞本"。图书馆既非军事目标，所藏图书文物亦无军事价值，何以日军一经占领中国城市，就会从这些图书馆中获得最重要之典籍文物？诚如前述，这无疑是由日本中国学界某些"学者"参与策划的对中国文献的"剿灭战争"。

四、20 世纪上半叶全国文献典籍被劫概述

在从1937年7月到1945年8月的8年间，日本军国主义分子随其武力所到之处，军人与"学者"狼狈为奸，有目标地劫夺中国各类珍贵文献和文物。本人在日本外交档案中目睹我国文献文物被劫夺之惨况，今以三市六省为例，列表如次。

表一　上海北京南京被劫夺文献与文物一览

	上海	北京	南京
书（公家）	264715 册	448957 册	886461 册
籍（私人）	25726 册	137471 册	53118 册
字（公家）	9 幅	5 幅	464 幅
画（私人）	459 幅	131 幅	7256 幅
古（公家）	7426 件	2471 件	24491 件
物（私人）	186 件	411 件	2093 件
碑（公家）	2 件	2127 件	3851 件

（续表）

	上海	北京	南京
帖（私人）	5件		
标（公家）			13414件
本（私人）			7200件

表二　江苏 广东 浙江等六省被劫古文献与古文物一览

	江苏	浙江	湖南	湖北	福建	广东
书（公家）	61851册	39400册	22276册	104867册	96833册	624008册
籍（私人）	70419册	31213册	9077册	93917册	576册	13865册
字（公家）	74幅	160幅	24幅	1幅	99幅	2383幅
画（私人）	914幅	1480幅	100幅	145幅	218幅	
古（公家）	1件	340件	39件	1件	4650件	1件
物（私人）	1322件	1193件		2203件	218件	100件
碑（公家）	17件	163件	233件	1件	31件	33件
帖（私人）	625件	463件	106件	521件	47件	
标（公家）		201件			964件	
本（私人）		5000件				

（附注：统计数字中"江苏"项不含南京，"广东"项不含香港。表中空格表示资料空缺，不等于"无"。）

综合上述各省市的情况，从1930年至1945年8月的15年间，散布于我国广袤大地上的大批文献与文物，遭到空前洗劫。本人在日本多方查考，调查了日本外交档案与远东军事法庭的档案，大致查清了全国除西藏、云南、贵州、青海、四川等省外，文献与文物被日本军国主义者所劫夺的总况，分述如下：

中国文献典籍被劫往日本的共计为 23675 种，合2742108册，另有209 箱，内装不知其数。其中，属中国国家所有者为5360 种，合2253252 册，另有41箱；属中国私人所有者为18315 种，合488856册，另有168箱。

中国历代的字画被劫往日本的共计为 15166幅，另有16箱，内装不知其数。其中，属中国国家所有者为1554幅；属中国私人所有者为13612幅，另有16箱。

中国历代古物被劫往日本的共计为28891件，另有2箱，内装不知其数。其中，属中国国家所有者为17818件；属中国私人所有者为11073件，另有2箱。

中国历代碑帖被劫往日本的共计为9378件。其中，属中国国家所有者为455件，属中国私人所有者为8923件。

中国历代地图被劫往日本的共计为56128幅。其中，属中国国家所有者为125幅；属中国私人所有者为56003幅。

所有这些史料都表明，这是日本中国学史上最黑暗的一幕。

五、需要说明的问题

日本中国学作为近代日本资本主义的一种文化形态，它在日本侵华战争以及整个太平洋战争中，堕落成为日本法西斯军国主义的工具。这是由当时日本整个国家的大气候以及日本中国学领域内的许多因素所决定的。一批具有法西斯意识形态的中国学家，自觉地充当战争的喉舌，他们从学术研究到文献处理，完全采取了帝国主义的强权形态，从而谋求为天皇制政体的最高利益效劳。

这是日本中国学形成以来最黑暗的时代！

当然，并不是所有的日本中国学家都参与了这一黑幕活动，更不是所有的日本中国学家都变成了军国主义分子。日本中国学的蜕变，只是就其主体而言的。

在日本中国学主体演变之外，尚有一部分学者，保持着学术的良心。他们中有的被迫流亡国外，有的不幸入狱，也有一些人仍然生活在国内，过着寂寞的生活。本文特别要提到的是狩野直喜、吉川幸次郎诸先生。

狩野直喜作为日本中国学的创始人之一，当1929年日本外务省利用"庚子赔款"建立"东方文化事业总委员会"时，以他的地位和声誉，出任总委员会的日方委员。但是，狩野直喜并不十分赞同日本政府的对华政策。当20世纪30年代日本军阀公然发动侵华战争时，他谴责了日本军部。1938年，狩野直喜决定辞去东方文化学院京都研究所所长之职，同年，他被免去"对支文化事业调查委员会"委员。狩野直喜以70高龄，潜心于《周易》的研究。他没有对什么"大东亚圣战"之类讲过阿谀逢迎之辞，常以《易·乾·文言》"贞者事之干""贞固足以干事"等勉励自己，以寂寞无奈的心情，度过了整个战争的年月。

当时，不仅有像狩野直喜这样值得尊敬的老学者，也有如吉川幸次郎（1904—1980）、田中谦二（1912年生）、入矢义高（1910—1998）等青年学者，他们远离战争的狂热，潜心于学问的研究。据说，吉川幸次郎七八岁在神户念小学的时候，有些顽童常常嘲笑"支那人"，幼小的吉川就很反感，他想"中国人为什么就不行呢？"长大之后，他走上了研究中国文化的道路。在日本侵华战争期间，他远离战争的狂热，与入矢义高、田中谦二等同仁组织"读元曲会"，每周聚会一次，读一段元曲，议论一番，作为他们共同的研究成果。在那样一种"大东亚史观"泛滥的年代里，却编纂了《元曲辞典》和《元曲选释》。在差不多同一时间里，即从1942年到1944年，吉川幸次还独自撰写了三十余万方言的《元杂剧研究》，战后1947年他以此稿提请了文学博士学位。他们是日本中国学领域中具有真正学术良心的学者。事实上，在当时更广阔的学术文化领域里，一批追求未来日本民主主义方向的学者，正艰难地工作着，例如岩村三千夫（1908年生）、尾崎庄太郎（1906年生）、野原四郎（1904年生）、岛田政雄（1912年生）、安藤彦太郎（1917年生）等。

1945年秋天，世界的正义与民主的力量终于彻底战胜了日本法西斯军国主义。在日本中国学领域内，上述各方面的人士汇集在一起，共同反对这一领域的法西斯军国主义势力，推动了对战时中国学的反省。

日本近代前期天皇的儒学修养
——明治、大正、昭和三代天皇的"儒学听讲"①

1868年（明治元年　天皇11岁）

    9月，国家设立"皇学所"和"汉学所"。

1869年（明治二年　天皇12岁）

    1月，汉学御用挂中沼了三为天皇进讲《论语》。

1872年（明治五年　天皇15岁）

    1月，元田永孚为天皇讲解《尚书·尧典》首章。

1873年（明治六年　天皇16岁）

    1月，元田永孚为天皇进讲《大学》"明明德"一节。

1874年（明治七年　天皇17岁）

    1月，元田永孚为天皇进讲《帝鉴图说李泌优待》。

1875年（明治八年　天皇18岁）

    1月，元田永孚为天皇进讲《尚书·大禹谟》。

1876年（明治九年　天皇19岁）

    1月，元田永孚为天皇讲解《论语·为政》。

---

① 本编以明治元年作为日本近代维新绝对年代的起始。

1877年（明治十年　天皇20岁）

　　1月，元田永孚为天皇讲解《大学》"新民之传"。

1878年（明治十一年　天皇21岁）

　　1月，元田永孚为天皇进讲《论语》"道千乘之国"。

1879年（明治十二年　天皇22岁）

　　1月，元田永孚为天皇进讲《论语》"樊迟问仁"。

　　8月，天皇发布以儒学德育为核心、由元田永孚起草的《教学圣旨》，并着手准备《幼学纲要》[①]。

1880年（明治十三年　天皇23岁）

　　1月，元田永孚为天皇进讲《诗经·国风·关雎》。

　　同月，西村茂树为天皇进讲《周易·泰卦》。

　　4月，文部省发布由西村茂树定稿的《小学修身训》。

1881年（明治十四年　天皇24岁）

　　1月，元田永孚为天皇进讲《尚书·舜典》"辟四门"。

　　5月，文部省制定《小学校教则纲领》。

　　7月，文部省制定《中学校教则纲领》。

1882年（明治十五年　天皇25岁）

　　1月，元田永孚为天皇进讲《尚书·大禹谟》（人心惟危道心惟微）。

　　同月，西村茂树为天皇进讲《礼记·曲礼》。

1883年（明治十六年　天皇26岁）

　　1月，川田刚（1829—1896）为天皇进讲《贞观政要》卷一"君道篇"。

　　同月，元田永孚为天皇进讲《论语·为政》。

1884年（明治十七年　天皇27岁）

　　1月，元田永孚为天皇进讲《中庸》首句。

　　同月，儿玉源之丞为天皇进讲《论语·子路》。

1885年（明治十八年　天皇28岁）

　　1月，元田永孚为天皇进讲《尚书·益稷》（末节）。

[①] 这一关于"国家强大必须从娃娃抓起"的观念与德国铁血首相俾斯麦的观念完全一致。俾斯麦明确表示"普鲁士的统一与德国的崛起，起步于小学教师的课桌上"。

1886年（明治十九年　天皇29岁）

　　1月，根本通明为天皇进讲《周易·泰卦》。

　　10月，天皇视察帝国大学，元田永孚以天皇名义撰写颁布《圣谕记》。

1887年（明治二十年　天皇30岁）

　　1月，元田永孚为天皇进讲《周易·乾卦》。

1888年（明治二十一年　天皇31岁）

　　1月，元田永孚为天皇进讲《中庸》"天下达道"一节。

1889年（明治二十二年　天皇32岁）

　　1月，元田永孚为天皇进讲《大学》"平天下之絜矩"。

1890年（明治二十三年　天皇33岁）

　　1月，元田永孚为天皇进讲《周易·泰卦》。

　　10月明治天皇颁布《教育敕语》，成为此后50年间日本皇国主义教育的基本纲领。由此开始，日本中小学校每天早上升国旗、唱《丸之代》（国歌），背诵《教育敕语》，向天皇像鞠躬。

1891年（明治二十四年　天皇34岁）

　　1月，日本第一高等学校教师内村鉴三在"晨会"上因背诵《教育敕语》时"无声"，并向天皇像"只点头未鞠躬"，被检举而遭受永远开除处罚。

　　9月，东京帝国大学中国哲学教授井上哲次郎从德国留学回日本奉命撰著《教育敕语衍义》，经明治天皇审读，以个人名义公刊，成为日本国民基本读物。

1892年（明治二十五年　天皇35岁）

　　1月，东京帝国大学教授久米邦武（1839—1931）发表《神道为祭天之古俗》，因涉及对日本民族是"天孙民族"、日本天皇是"太阳神后裔"的民族传统精神"不恭"而被迫令从帝国大学辞去教授之职。

1893年（明治二十六年　天皇36岁）

　　1月，川田刚为天皇进讲《礼记·礼运》。

1894年（明治二十七年　天皇37岁）

　　1月，川田刚为天皇进讲《周易》"系辞下"。

　　7月，日本发动甲午战争。

1895年（明治二十八年　天皇38岁）

　　1月，元田永孚为天皇进讲《中庸》首句。

1896年（明治二十九年　天皇39岁）

　　1月，元田永孚为天皇进讲《中庸》首句。

1897年（明治三十年　天皇40岁）

1898年（明治三十一年　天皇41岁）

1899年（明治三十二年　天皇42岁）

　　1月，元田永孚为天皇进讲《中庸》首句。

1900年（明治三十三年　天皇43岁）

　　1月，三岛中洲（1825—1915）为天皇进讲《周易·泰卦》。

1901年（明治三十四年　天皇44岁）

　　1月，三岛中洲为天皇进讲《大学》。

1902年（明治三十五年　天皇45岁）

　　1月，三岛中洲为天皇进讲《尚书·大禹谟》。

1903年（明治三十六年　天皇46岁）

　　1月，南摩纲纪（1822—1909）为天皇进讲《中庸》首章。

　　同月，幸德秋水公刊《社会主义神髓》。

1904年（明治三十七年　天皇47岁）

　　1月，南摩纲纪为天皇进讲《论语·颜渊》。

　　2月，日俄战争爆发

1905年（明治三十八年　天皇48岁）

　　1月，重野成斋为天皇进讲《诗经·豳风·东山》。

1906年（明治三十九年　天皇49岁）

　　1月，三岛中洲为天皇进讲《诗经·大雅·荡之什·江汉》。

　　12月，日本海军元帅（甲午战争中日本海军联合舰队司令、在威海海面下令向中国开第一炮——日本近代史上向中国正式动武之始）伊藤佑亨、海军大将（甲午战争中日本舰队主力"浪速号"舰长）东乡平八郎为获得对黄海和日本海的指控权力，帅军部在日光足利遗址举行"祭孔大典"。

1907年（明治四十年　天皇50岁）

1月，重野成斋为天皇进讲《尚书·尧典》。

4月，以日本国家主义知识分子为核心组成的"斯文学会"中组织"孔子祭典会"，是4月28日在东京汤岛圣堂举行日本具有"国家意义"的第一届"祭孔大典"。由此开始至1944年东京在屡遭盟军大轰炸中无法支撑而被迫停止。每年4月的第四个周日举行"祭孔大典"，凡37回。

1908年（明治四十一年　天皇51岁）

1月，重野成斋为天皇进讲《中庸》第廿七章（《朱子集注》本）。

1909年（明治四十二年　天皇52岁）

1月，重野成斋为天皇进讲《周易》。

1910年（明治四十三年　天皇53岁）

1月，三岛中洲为天皇进讲《论语·泰伯》。

1911年（明治四十四年　天皇54岁）

1月，三岛中洲为天皇进讲《周易·大有卦》。

以下大正天皇（1879—1926）时代（1912—1926）

1912年（大正元年　天皇33岁）

1月，星野恒（1838—1917）为天皇进讲《周易·观卦》。

1913年（大正二年　天皇34岁）

史称"大正民主运动"开始。

1914年（大正三年　天皇35岁）

1月，三岛中洲为天皇进讲《尚书·无逸》。

1915年（大正四年　天皇36岁）

1916年（大正五年　天皇37岁）

1月，土屋弘进为天进讲《尚书·咸有一德》。

1917年（大正六年　天皇38岁）

1月，土屋弘进为天皇进讲《中庸》"诚之"。

1918年（大正七年　天皇39岁）

1月，服部宇之吉为天皇进讲《尚书·皋陶谟》。

9月，日本斯文学会、汉文学会、东亚学术研究会合并为"斯文会"，成为1945年战争败北之前社会上最大的儒学结社。

1919年（大正八年　天皇40岁）

　　1月，土屋弘进为天皇进讲《周易·观卦·象辞》。

　　2月，"斯文会"机关刊物《斯文》创刊号公刊。

1920年（大正九年　天皇41岁）

　　1月，服部宇之吉为天皇进讲《尚书·洪范》。

1921年（大正十年　天皇42岁）

　　3月，国会众议院议员木下成太郎等提出《关于汉学振兴建议案》，获国会众议院全票通过。

1922年（大正十一年　天皇43岁）

　　1月，服部宇之吉为天皇进讲《论语·为政》。

1923年（大正十二年　天皇44岁）

　　被后世称为"日本军国主义思想魔王"的北一辉，把自己的工作室命名为"孔孟社"，辟谷41天完成《日本改造案大纲》，成为第二次世界大战中日本法西斯主义论说的思想纲领。

1924年（大正十三年　天皇45岁）

　　1月，狩野直喜为天皇进讲《尚书·尧典》。

1925年（大正十四年　天皇46岁）

　　1月，市村瓒次郎为天皇进讲《论语·为政》。

　　以下昭和天皇（1901—1989）时代（1926—1989）

1926年（昭和元年　天皇25岁）

　　1月，冈田正之为天皇进讲《论语·学而》（"和为贵"章）。

1927年（昭和二年　天皇26岁）

1928年（昭和三年　天皇27岁）

　　1月，高濑武次郎为天皇进讲《大学》（三纲领）。

1929年（昭和四年　天皇28岁）

1930年（昭和五年　天皇29岁）

　　1月，盐谷温为天皇进讲《尚书·尧典》（"百姓昭明协和万邦"句）。

1931年（昭和六年　天皇30岁）

1932年（昭和七年　天皇31岁）

1月，安井小太郎为天皇进讲《尚书·皋陶谟》。
1933年（昭和八年　天皇32岁）
　　1月，铃木虎雄为天皇进讲《诗经·周颂·思文》。
1934年（昭和九年　天皇33岁）
1935年（昭和十年　天皇34岁）
　　1月，宇野哲人为天皇进讲《论语·为政》。
1936年（昭和十一年　天皇35岁）
　　1月，羽田亨为天皇进讲《金史》卷七《世宗本纪》"大定十四年"条。
1937年（昭和十二元年　天皇36岁）
　　1月，诸桥辙次为天皇进讲《论语·宪问》（"子路问君子"段）。
　　7月，日本军国主义发动全面侵华战争。日本发动"国民精神总动员"运动。
1938年（昭和十三年　天皇37岁）
　　1月，藤塚邻为天皇进讲《中庸》首章。
　　内阁发布"国家总动员法"，并设置"国民精神总动员"中央联盟。
1939年（昭和十四年　天皇38岁）
　　1月，高田真治为天皇进讲《尚书·洪范》"天子作民父母以为天下王"一段。
1940年（昭和十五年　天皇39岁）
　　1月，小柳司气太为天皇进讲《周易·师卦》。
1941年（昭和十六年　天皇40岁）
　　1月，武内义雄为天皇进讲"日本《论语》研究"。
1942年（昭和十七年　天皇41岁）
　　1月，和田清为天皇进讲"支那民族之发展"。
1943年（昭和十八年　天皇42岁）
　　1月，西晋一郎为天皇进讲《论语·颜渊》"子贡问政"段。
1944年（昭和十九年　天皇43岁）
　　1月，池田宏为天皇进讲《元史·日本传》。

1945年（昭和二十年　天皇44岁）

　　1月，矢野仁一为天皇进讲"支那重礼之特征"。

　　8月，日本战败，宣布投降。天皇习学儒学终止。

日本"中国研究"的学术机构[1]

概 述

中日两国的文化关系已经有两千余年的历史了,在这漫长的岁月中,日本人曾经以各种方式介绍和研究中国的思想和文化。但是,在德川幕府(1603—1868)之前,日本还没有形成独立的中国学术研究。到了16世纪,日本为巩固其天皇制统治,开始逐步建立起较为系统的对中国哲学,特别是对"朱子学"的研究。这在当时被称之为"汉学"。19世纪随着明治维新运动的兴起,资本主义制度的逐步推进,日本统治阶级把中国作为它经济掠夺和军事侵略的对象,迫切需要有关中国的充分资料。在这样的形势下,日本从总体的"万国研究"(世界研究)中逐步形成了对中国诸事的专门研究,称为"支那学"。不称"中国"而称"支那",虽然是从佛学文献中移译过来的称谓,但多少还是含有轻蔑的意思。当时日本知识界和政治界中正流行一种"兴亚思想"(此种"兴亚思想"后来逐步发展为军国主义的"大东亚思想")。在"兴

---

[1] 本文原载于《国外研究中国》(第2辑)(内刊本),中国社会科学出版社,1979年。

亚思想"的推动下，"支那学"便有了进一步的发展。

"支那学"的最初内容，是以"朱子学"为主要对象的中国哲学。大约在甲午战争前后，欧洲（特别是法国）以研究中国历史为中心的"东方学"传入日本，日本的"支那学"中建立起了"东洋史研究"。所谓的"东洋史"，其中最主要的就是"中国史"，它包括历史、经济、宗教、艺术、法律等广泛内容。1889年12月日本创刊了《史学杂志》，是早期东洋史研究，亦即中国史研究的最早具有规模性的重要基地。十年之后，经过了日俄战争，日本知识界出现了研究外国文学热潮。一些日本知识分子想通过对中国文学的研究来熟悉和把握中国人的心理状态和感情特征，这就形成了"支那学"的第三个内容。这样，大致在20世纪初期，日本对中国文化的研究，建立起自己的体系。

上述三部分的内容都是对中国古典的研究，其目的则是与日益扩大的多层面的侵略企求相关联。日本政府对"支那学"的研究给予资助，对研究者个人给予奖励。到20世纪20年代，日本培养出了第一批具有时代意识的中国文化研究者，也建立起了一批卓有成效的研究中国的学术机构，组成研究中国的学术基地。例如，其中最有名的可以算是由外务省（外交部）经办和控制的"东方文化学院"。该院创办于1929年4月，下辖东京、京都两个研究所。到1940年，日本研究中国问题的研究所已经达到320余所了。

当时，日本这些研究所对中国的研究并不包括现代。对现代中国的研究，主要是日本情报部门进行。当时研究现代中国的一个主要中心，就是日本陆军参谋本部。1900年近卫笃麿主办"东亚同文会"，其后在南京（不久迁往上海），设立"东亚同文书院"，挂着学术研究的招牌，是一个专事收集中国各种情报，培养侵华分子的情报组织。日俄战争后不久出现的"满（洲）铁（道）调查部"，到1939年全面组成，拥有1500余名研究成员，大部分为日本军部所安置，其中有一部分是"日共"的转向者（即变叛者），专事窃取中国政治、经济、民族、社会、地理、气象等方面的资料。实际上，在第二次世界大战中，它一直充当着日本"远东政治经济参谋部"的作用（这样定性是我们几个中日研究者共同的认定）。

第二次世界大战后，日本对中国问题的研究发生了变化。原有的一些为军国主义服务的机构大多数被取消了，特别是由于新民主主义革命的胜利和社会主义革命后建设的发展，学术界有愈来愈多的人士抱着重新认识中国、向中国学习和加强两国友好的愿望，反省过去的"支那学"研究、探索中国问题研究的新领域和新道路。但同时，旧"支那学"的影响还时时会表现出来。

1948年，日本进行了刷新学术研究体制的工作，对中国问题（包括文化学术研究）逐步建立起新的体系。值得注意的是，苏美两个超级大国在日本的争霸，也涉及日本对中国问题研究的领域。从50年代开始，美国垄断资本向日本学术界研究中国问题的若干机构提供巨额"补助费"，如"洛克菲勒基金会""福特基金会"等向日本"东洋文库"提供数十万美元的"中国问题研究费"，以影响其研究方向，并获取其研究成果。70年代初始以来，苏联力图向日本的中国问题研究界渗透，引诱日本的中国问题研究者访苏，并且派遣研究人员参加日本的"东洋史研究"。1974年在"北京大学社会科学访日团"（由周恩来总理批文前往）访问日本14个大学之前4个月，有莫斯科大学校长访问日本，曾在多所中国问题研究机构进行了学术讲演。

目前，日本研究中国问题的学术机构，除了由政府领导的学术指导机构之外，大体可以归纳为三个系统：

第一个系统是对古代中国的研究。这些研究机构和力量基本上集中在大学，特别是在一些著名大学里，如东京大学、京都大学等，以及受这些大学影响深刻的一些学会。

第二个系统是民间对现代中国的研究。这是战后中国问题研究的新特点。民间对中国问题的研究，名目繁多，政治倾向各别。有些坚持以对中国友好为基调展开对中国的研究，如"中国问题研究所"；也有的制造敌视中国的言论，如"大陆问题研究所"。日本官方则通过多种手段，对他们施加多种影响。

第三个系统则是政府设立的研究系统。日本政府对华调查工作，除通过"情报系统"外，较大量的则是依靠政府设立的各种研究所。这些研究机构，资金雄厚、人员充足，非民间研究机构可相比。它们进行基础资料整理，从事动态分析与专题研究，偶尔有较为畅通的国外联络渠道。例如"亚洲经济研究所"，就是日本政府从事对亚洲，主要是对中国当代政治、经济和广泛社会状态调查与分析的一个重要机构。

上述三个层面的中国问题研究机构，组成当代日本对中国的政治、经济、文化与社会多层面、多方位的调查与研究。它们各自与国际上中国研究组织互有联系，互通情报，交换成员，举行国际性研讨，活动十分频繁。

下面，依据大约110种的书刊资料，并依据编者本人1974年秋冬参加"北京大学社会科学访日团"在日本20余个相关机构的参访，以及在日常工作中向日本相关研究者的请教所获知的感知，并进行整理，作为自己和学界相关朋友从事日本中国文化研究和日本研究的基础性背景资料。其中，"日本学士院""日本学术会议"和（特殊法人）"日本学术振兴会"这三个组织并不是研究中国问题的学术机构，但它们对中国研究具有控制、影响和调节的能力，故一并介绍于此。

日本学士院

日本学士院是日本国家指导学术研究的机构。第二次世界大战前，它与日本学术研究会议、（财团法人）日本学术振兴会一起，构成日本天皇制国家学术体制的三大台柱。战后刷新学术研究体制，日本学士院曾一度归入日本学术会议。1955年又分离，仍属文部大臣管辖，成为官方学术研究的最高荣誉机构。

日本学士院创建于1879年，位于风景优美的上野公园内。最初的名称叫"日本学士会院"。它是在明治维新中仿照欧洲科学院的体制建立的，归属文部大臣管辖。但是，这个学士院与科学院不同，它本身不设立实体性的研究机构，不进行具体的学术课题研究。1906年日本政府颁布《帝国学士院规程》，遂改名为"帝国学士院"。成员的正式名称为"会员"，俗名"学士"，全部由天皇颁旨任命。因此，获得任命的"会员"（学士）在学术界具有显赫的学术地位。创建之初，会员为40名。1906年起，分为"人文科学"和"自然科学"两大部类，会员各30名。

学士院的会员一般是学术界的长老，他们具有对学术研究的几乎所有问题发表自己的见解，因而具有相应的指导性价值。他们具体有两项任务。一是审定确认在学士院机关刊物发表的文章，二是评审学士院"恩赐奖"和"学士院奖"的获奖者。

学士院从1907年起，发行机关学术刊物，初期只有英文版，名为 Proceedings of the Imperial Academy（《帝国学士院纪事》）。1932年起使用同名发行日文版。《帝国学士院纪事》是一个文理科综合性的学术杂志，偏重人文学术，至1945年，共出版8卷24期。战后暂停，于1951年以《日本学士院纪事》刊印第9卷，至目前（1977）已经出版到第35卷，每卷分为一期到三期不等。

从1911年起，设立"恩赐奖"和"学士院奖"。"恩赐奖"由皇室天皇费用中支付；"学士院奖"由政府预算中支付。每年由学士院全体会议评定一次，每次评定2～3人或6～7人不等，被认为是学者最高荣誉的奖赏。从1911年到本文撰写之年（1976年）共评定67次，其中被评定获得"恩赐奖"的涉及中国问题研究的共15次计16人；得"日本学士院奖"的涉及中国问题研究的共26次计43人。（见本文末"附录"。）

大约在1938年，学士院设立了一个"东亚诸民族调查室"的组织，吸收了一批"非学士院"的历史学者，其中有不少研究中国史的学者参加，从事收集亚洲各民族（主要是中国及南洋地区）的历史与现状的情报资料，并撰写成分析报告。如我国台湾省的高山族情况报告、我国蒙古族状况分析、我国西北部地区回民调查，还有菲律宾的民族分析报告等，并编制成《东亚各民族文献卡片》《东亚民族分布图》《东亚民族名称汇刊》《东亚民族名称汇刊》以及《东亚民族要志》等文编。有关各民族调查的手记以及分析，以及相关专题材料，后来收集在《帝国学士院东亚诸民族调查报告》（1—4卷）中，具有明显的军国主义侵略性质。

日本国家权力通过任命学士院学士的权力，实际提出与展开如上述这些学术研究与调查，影响与引导日本学术界（包括中国问题研究）的学术研究，作用至大至深。

战后，1949年1月，日本建立了"日本学术会议"。根据日本政府颁布的《日本学术会议法案》第6章第24款，"日本学士院"成为"日本学术会议"的一个附属机构，不再独立存在。会员由"日本学术会议选举决定"，人数定为100名。选定的会员终身任职，会员去世后才有空额，再由学术会议选举递补。

由于学士院会员大都是学术界的头面人物，他们认为选举的办法是降低了自己的身份，也因为日本政府逐渐意识到学士院作为学术会议的附属机构，缩小了政府控制与影响学术界的能力。因此，1955年日本学术会议第20次全会决定，"鉴于日本学士院作为一个给予杰出科学家以给优秀厚待遇的机关，它希望从事相应的工作"，宣布它与日本学士院脱离关系。这样，日本学士院又重新成为一个独立的机构，仍归文部大臣管辖。会员定为150名。其中人文学科70名，自然学科80名，恢复战前的活动机能。全部会员不再选举产生，由文部大臣依据文部省文化厅长官的提名予以任命，为终身任职制。

目前（1977年）学士院院长为和达清夫，干事长为有泽广己。第一部（人文学部）部长为横田喜三郎。下辖三个分科。第一分科为文学、历史、哲学，额定成员30名，现在实际成员25名；第二分科为法律与政治学，额定成员24名，现在实际成员21名；第三分科为经济学和商学，额定成员16名，现在实际成员13名。在上述成员中有一批研究中国问题（包括东方学）的著名学者，如辻直四郎、坂本太郎、岩生成一、山本达郎、神田喜一郎、高木八尺、麻生矶次等。

从目前日本学术界的状态看，不少研究者，主要是年轻一代（也包括一部分老教授）对学士院活动采取批评和批判的态度，与战前相比，日本学士院在学术界的作用已大为减弱了。

附录（一）1911—1976年荣获日本学士院"恩赐奖"与中国研究相关的题目及学者名单

1912年（第二届）

有贺长雄：《法国文献中关于日清战役的国际法论资料》

1916年（第六届）

林泰辅：《周公及其时代》

1917年（第七届）

佐佐木信纲：《日本歌学史的研究》（涉及中日文学的交流）

1920年（第十届）

三浦周行：《法制史之研究》

1921年（第十一届）

辻善之助：《日本佛教史之研究》（涉及中日文化宗教文化关系）

1923年（第十三届）

　　朝日比泰彦：《汉药成分的化学分析》

1927年（第十七届）

　　加藤繁：《唐宋时代金银的分析》

1934年（第二十四届）

　　仁井田陞：《唐令拾遗》

1936年（第二十六届）

　　小川尚义：《高山族传说集》

1941年（第三十一届）

　　松本荣以：《敦煌壁画的研究 图像篇》

1952年（第四十二届）

　　水野清一、长广敏雄：《云冈石窟》

1965年（第五十五届）

　　小岛宪之：《古代日本文学与中国文学》

1968年（第五十八届）

　　西田龙雄：《西夏语的研究》

1974年（第六十四届）

　　三上次男：《金史研究》

1976年（第六十六届）

　　镰田茂雄：《中国华严思想史研究》

附录（二）1911—1976年荣获"日本学士院奖"与中国问题相关的研究者名单

1918年 桂田富士郎

1923年 朝比奈太郎

1924年 左右田喜一郎

1926年 石桥智信、桑原隲藏

1929年 田边尚荣

1931年 宇井伯寿

1941年 岩生成一、石原忍

1943年 田村实造

1945年 金子彦一郎

1948年 藤原武夫

1950年 石川谦、武田祐吉

1951年 小西甚一

1952年 山本达郎、平井忠二、鲛岛实二郎

1953年 金仓园照、中田孝

1954年 久野久、山下英男、佐藤亮策

1956年 崛一郎、周藤吉之

1957年 神田信夫、冈本敬二、石桥家雄

1958年 宫崎市定、桂寿一、菅原健

1959年 鹿岛守之助

1960年 伊藤正巳

1961年 岸邉成雄

1962年 中村孝也

1963年 天野原之助

1966年 小松茂美、渡边武南

1969年 小篠田淳、滨口重国、滋贺秀三、松本达郎

1973年 日野开三郎

日本学术会议

"日本学术会议"的前身是"日本学术研究会议"。它是1920年由当时的"帝国学士院"院长樱井锭二等提议设立的一个国家科研指导机关,目的在于加强日益军国主义化的国家总体战略对学术研究的控制。组成这一学术研究会的成员,可以说都是亲政府的学者。他们本身从事学术研究,了解世纪动态,所以号

称是日本学界的"实力部队"。该会主要通过它设立的各种"特别委员会"进行各种工作，例如，该会当时设立有"科学研究动员委员会"，它的主要任务是组织人文科学的研究者和自然科学的研究者为"振兴日本、建设大东亚"的基本国策服务，又如"支那研究特别委员会"则主要是从侵华的需要来规划对中国问题的"研究"。

"日本学术会议"创建之初，樱井锭二曾代理会长，继后，第一任会长为龟山直人，副会长为任科芳雄。

战后，根据驻日美军最高司令部的命令，改组这一学术会议的体制。1948年成立了"刷新学士体制委员会"，依据这个委员会的提议，原"日本学术研究会议"改称为"日本学术会议"。1948年7月，众参两院通过了《日本学术会议法案》，作为日本政府第121号法令公布，于1949年1月正式建立了"日本学术会议"。

改组"日本学术研究会议"的目的是为了适应战后的形势，使这一组织具有更大的能力来影响日本学术研究的方向和道路。依据《日本学术会议法案》，改组后的"日本学术会议"是日本所有科学工作者对内对外的代表机构，隶属内阁总理大臣（首相）管辖，它的一切活动经费由国库负担。"日本学术会议"的主要任务，是审议政府关于学术研究的提案，并负责向政府提出涉及学术研究的各种建议，所以有"学术国会"之称。"日本学术会议"的会长，是首相主持的"科学技术会议"的成员（这一会议由大藏大臣、文部大臣、经济企划厅长官、科学技术厅长官、学术会议会长，以及首相任命的五位学术权威共十人组成，是首相关于学术科研方面决策的顾问、智囊机构），同时，"日本学术会议"的会长与事务局局长出席每届国会。

"日本学术会议"设置210名会员，由全国学者选举产生，全国所有注册大学的副教授以上的成员皆有投票选举与被选举的资格。在日本一般人的心目中，有权参加学术会议选举的人，就被国家认可为学者了。1949年有资格参加第一届会员选举的人数为43000余人，1973年登记参加选举的人数有185000多位。会员任期三年，1977年12月将要进行第11届会员选举。

"日本学术会议"分设七个研究部，每一部定员30名。这七个部的研究内容分别为：

第一部：文学、哲学、史学、教育学、心理学、社会学；

第二部：一般法学、公法学、民事法学、刑事法学、政治学；

第三部：经济学、商学、经营学；

第四部：数学、天文学、物理学、地球物理学、化学、动物学、植物学、地质学、地理学、矿物学；

第五部：应用物理学、机械工程学、电子工程学、造船学、土木工程学、金属工程学、应用化学；

第六部：农学、农业化学；林学、水产学、农业工程学、农业经济学、畜产学、蚕丝学；

第七部：基础医学、临床医学、公共卫生学、药物学、口腔学。

本届（1974—1977）学术会议会长越智勇一（麻布兽医大学校长，曾于1975年作为日本政府文化使节团成员访问过中国），副会长高桥幸八郎（经济学）、伏见康治（化学）。第一部部长江口朴郎（法正大学历史学教授）、第二部部长金村成和（北海道大学公法学教授）、第三部部长内田镶吉（奈良县立短期大学经济学教授）。（第四部至第七部为理工科学部，本资料编不再赘录）。

在上述三个人文社会科学学术中，涉及中国问题研究的学者，在文史哲领域主要有如福武直（东京大学）、三上次男（青山学院大学）、日比野丈夫（京都大学）、窪德忠（东京大学）、江口朴郎（法政大学）等；在政治学领域主要有如仓辽吉（早稻田大学）、渡边洋三（东京大学）、服部学三（东北大学）等，在经济学领域主要有仪我壮一郎（早稻田大学）等。

"日本学术会议"每年召开两次全体成员会议。它由正副会长、各部正副部长以及事务局局长组成"运行审议会"，作为学术会议的中枢机构，每月举行一次全会，审议处理相关问题，交付事务局办理。

学术会议下设"学问思想自由委员会""学术体制委员会""研究费委员会""科学家待遇委员会""学术交流委员会"以及若干联络委员会，并以这些委员会的活动维持它的机能，同时编辑一些相应的出版物，如第一部（文史哲）从1952年到1976年，编辑出版了23种《文科系目录》，其中第3—8、16、17等册，都收录有与中国人文社会学科相关的研究问题。

日本各种政治势力围绕"日本学术会议"的斗争十分尖锐复杂。目前日共

（宫本）集团勾结一些学阀，基本控制了一些部门。它把这个组织与受它控制的"日本本科学家会议"（简称"日科"）连结在一起，成为在学术领域推行其政治路线的工具。1974年以来，日共的福岛要一担任"事务局局长"，成为掌握实权的人物。福田把"事务局局长"改称为"事务总长"，以扩大自己的权势，一时舆论大哗，被日本舆论定为当年"十大新闻"之一。日本学术界对日共勾结学阀，党同伐异，把学术研究作为"表述日共（宫本）路线的工具"十分不满。早在1973年的春季63届全会上，就有学者指出"学术会议的某些成员他们提不出真正的学术见解，他们不是学者，只是充当政党的走狗"。会上激烈辩论"学术会议是否有用"的根本问题。现在，正面临1977年12月第11届的会员选举，各种力量皆十分活跃。日共（宫本）活动十分活跃，他们发行《选举手册》，分送全国的党员教授，提供资金，组织"选举报告集会"，组织一些有名学者出面推荐另一些教授，如同国会选举一般，遭到不少人品端正的学者的抵制。著名的经济学家安藤彦太郎先生（早稻田大学教授）说："我们作为真正的学者，对这样的选举置之不理！"。

（特殊法人）日本学术振兴会

（特殊法人）日本学术振兴会是一个由日本政府提供资金，以民间形态出现的国家学术研究资助机构。这一机构最早是1933年由当时的帝国学士院院长樱井锭二、学术研究会议会长古市公威、东京帝国大学校长小野塚喜平次等创议，作为一个奖励学术研究的机关而建立的。从创建之初一直到1967年的30年间一直采取"财团法人"的形式。所谓"财团法人"，就是由若干组织或个人提供资金兴办某一事业，而其中某一个组织或个人在日本法律上拥有受保护的地位，那么，该事业就取得了"财团法人"的资格。"日本学术振兴会"创建以来，一直得到日本很多大企业的支持。战后，"日本学术振兴会"曾经一度作为"日本学术会议"的外围组织。从1967年起，该组织由"财团法人"改为"特殊法人"的资格。所谓"特殊法人"，是第二次世界大战后在日本出现的一种新的合股经办事业的方式，即由政府与民间共同出资，而以政府提供资金为主。以这种方式经办某项事业，在法律上的地位是无可怀疑的，这就是"特殊法人"。日本学术振兴会近两年来的活动经费每年平均约为55600万日元到6亿日元，其中98%是从国家预算中拨出。所以，它事实上完全是一个政府机构，"民办"只是个招牌，实际上它属于日本文部省管辖。它与外务省的"日本国际文化交流基金"是目前日本在学术活动方面资金最为雄厚的组织。

"日本学术振兴会"宣传它自己的任务有三项：一是对学术研究者个人提供财政支持；二是协助完成有意义的学术研究项目；三是实施有关学术研究的国际合作。但是，人们常有疑问，在日本已经有了"学士院""学术会议"这样一些国家指导学术的机关，为什么还要设立"日本学术振兴会"？据说是因为无论过去或是现在，日本学术界都有一些学者认为自己的研究"与政治无关"，主张"学术清流"。这些研究者的思想状态比较复杂，不能一概而论。他们共同的认知便是"自己的研究不需要政府参与，如若从政府领钱就是与政府合流"。在这种状态中，"日本学术振兴会"以"民办"的面貌出现，既能充当政府与某些研究者和某些研究组织之间的"桥梁"，影响和控制相关的人文学术和社会科学研究，又保持这部分知识人的自尊心，又能为其所用。

该会现任会长茅诚司，他是东京大学名誉教授、国际著名的物理学家。他同时也是日本科学技术振兴财团副会长，兼任日本学术审议会会长（这是日本内阁文部大臣的学术顾问机关）。茅诚司本人长期以来主张中日两国友好，赞成并推进"（战后）中日恢复邦交"，他是"日中文化协会"的常务理事。1975年作为"日本政府文化使节团"成员访问了中国。

"日本学术振兴会"在茅诚司会长的推动下，加上学术界一些人士的努力，近年来的学术研究中表现的一些政治倾向有所改变。它通过国内"民间学术研究机关联合会"（它联系着全国民间34个研究机构），表示愿意与中国学者联合进行双方认定的一些课题研究等。当然，它在国外的合作仍然是以"日美"课题为重中之重。

从1938年起，"日本学术振兴会"连续编辑《日本诸学振兴委员会研究报告》，由文部省教学局刊出，到1942年共出版17卷。此外还出版若干卷"特辑"，几乎每一卷都涉及中国问题的研究，著者全是当时一批东洋史专家，如白鸟库吉、杉本直治郎、有高岩、秋山谦藏、三上次男、日野开三郎、仁井田陞、岩井大慧等。自1945年日本战败，该会还没有编辑过这样系统的研究报告集，但在中国问题的研究方面陆续编辑出版过一些资料性著作，如《近代中国教育史资料》（1024页）、《朱印船航海图》（582页、图表99幅）。

日本学术振兴会设立的"流动研究员制度"有两个内容，一是资助某一成熟的研究者进行某项研究，项目结束，资助也就停止，以后是否资助，则视此人的研究对该组织是否有价值而定，例如，目前他们正在资助菊地贵晴等进行的《中国革命中的第三势力》研究；二是该组织提供资金，委托某些单位培养研究生；这种培养单位也并不固定，视需要而定，例如目前正委托"东洋文库"培养一名中国问题研究生、一名朝鲜问题研究生等。

日本学术振兴会设立理事会，在会长领导下审议日常工作，交总务部和事业部执行。现任理事长为吉識雅夫。但是，学术会议真正的决策权力是掌握在一个由15人组成的"评议会"手中，评议会的成员由政界、财界和学界的大佬们组成，本届评议会成员组成如下：

天城勋（文部省次官）、藤波恒雄（科学技术厅次官）、植村甲午郎（经团联首脑之一、人科学技术振兴财团会长）、土井正治（经团联首脑）、水野重雄（日本商工会议所首脑）、加藤一郎（东京大学前校长、东大校长特别顾问、联合国大学副校长）、兼重宽九郎、平泽兴（2人皆为东京大学名誉教授）、高垣寅次郎（一桥大学名誉教授）等。

东京大学东洋文化研究所

东京大学自日本明治维新以来，一直是研究中国问题的一个中心。它的前身日本东京帝国大学曾经集中了当时一批又一批的著名的中国问题研究专家，如服部宇之吉、喜田贞吉、相田二郎等，这些人的研究本质，在当时都是配合日本军国主义对华的侵略战略。

东京帝国大学为适应日本军国主义侵华的需要，于1941年11月26日依据当时日本天皇发布的第1021号敕令，创设了"东洋文化研究所"。创建之初，专以解读研究中国的兵要地志、社会民俗为要务，同时，也研究一些中国哲学。

第二次世界大战后，东京帝国大学改名为"东京大学"，根据日本政府第150号法令《国立学校设置法》第4条，东京大学继续设置"东洋文化研究所"。1948年4月，把原来由日本外务省管辖的原"东方文化学院"并入该研究所，并迁入新地址东京大塚町56番地。

东洋文化研究所建立以学科分研究部门的研究体制，全所共设9个部，每一部中又分设专题组。目前设有（1）哲学与宗教部、（2）文学与语言部、（3）历史部、（4）文化人类学部、（5）人文地理学部、（6）美术史与考古学部、（7）法律与政治部、（8）经济与商学部、（9）南亚文化部。

从1966年4月起又建立了"东洋学文献中心"，作为研究所的附设机构。

这个研究所的研究成员分为两种类型。一类是邀请东京大学内外有学术关系的专家学者共同进行某一课题的研究，称为"兼任研究员"。此类成员人数不限，视题目而定。研究所提供研究条件，支付适量的研究费用。例如，共1969年起建立的"中国三十年代文学研究组"，就由东京大学副教授（当时学衔）丸山昇领头，邀请北海道大学副教授丸尾尚喜、富山大学副教授三宝政美、和光大学讲师佐治俊彦、关西大学讲师北冈正子等组成。另一种方式是根据研究专题，聘请有关人员作"专任研究员"。此类研究成员由研究所支付工资，每工作5年，可以到研究对象国进行"国外研究"一年。目前该所有"专任研究员"50余位，包括教授、副教授各16位，其中有一些相当有名望的研究家，例如周藤吉之（中国土地制度史研究）、结城令闻（中国宗教史研究）、西嶋定生（中国经济史研究）、关野雄（中国考古学研究）、松本善海（中国农村制度史研究）等。另有讲师6位，其余有几位助手（助教）。现任所长大野盛雄（社会学专家）。

东洋文化研究所的总体目标，则是对包括日本在内的东亚南洋各国文化思想的各个领域进行相关研究，其中最集中的方向则是对中国文化的研究。从1960年以来，他们制定了一个从古到今的"亚洲地区社会经济结构"的十年综合研究规划。各研究部在这个总课题中规划各自的相关的研究计划。从我们已经把握的材料来看，与中国相关的课题有下述6个：

1. 中国的政治机构及土地所有制的历史研究

（1）从出土文字史料研究殷代国家结构；（2）先秦各国的政治机构；（3）皇帝制度的建立；（4）唐代的坊里制度与邻保制；（5）均田制的政治体制与它的崩溃；（6）五代时期宋的国家体制；（7）宋代的税负制度；（8）宋代乡村的土地制度；（9）明代地主的土地所有制与农村体制的变迁；（10）中国的"法"的习惯与法律格言；（11）清末到民国初年的中国社会关系的变动；（12）西藏的社会组织与土地制度。

2. 近代中国的国际关系研究

（1）英国外交官的中国观；（2）币原外交；（3）日军侵占中国东北前夕的中日关系；（4）中共的国际关系。

3. "五四"时代的中国研究

（1）五四运动的思想；（2）清末民国初年思想史的考察。

4. 近代中国的思想与文学研究

（1）鲁迅研究；（2）严复与林纾研究；（3）近代民话研究；（4）近代文学与哲理文学研究；（5）与《语丝》有关的人士的研究。

5. 现代中国研究

（1）"李立三集团"与"留苏集团"的发生；（2）第一次国内革命战争时期的工农运动；（3）三年经济恢复时期的经济政策；（4）人民公社与所有制；（5）人民公社与农村工业化；（6）农业合作化与文学；（7）现代中国文学的特点；（8）现代中国刑事法的研究；（9）现代中国教育史研究。

6. 中国的宗教研究

（1）唯识论与华严的关系；（2）唐代贵族的宗教生活；（3）中国佛教忏悔的形成与发展；（4）中国佛教空观系统的研究；（5）澄观、密宗思想的研究。

从1974年起，东洋文化研究所在完成上述课题的基础上，又组织了18个课题研究组。这18个课题的基本内容如下：

1. 泛亚经济研究组（亦称"亚洲各国经济发展与农业"研究）　组长：山田三郎

此课题具体分解为8个子课题：

（1）亚洲各国农业成长过程之比较分析（承担者：山田三郎）；

（2）亚洲研究中"经济发展论"的位置（承担者：原洋之介）；

（3）亚洲的农产品贸易（承担者：逸见谦三）；

（4）亚洲经济发展与教育（承担者：铃木忠和）；

（5）亚洲各国的人口和经济开发（承担者：馆齐一郎）；

（6）东亚农业的发展课题（承担者：速水祐次郎）；

（7）东亚的经济发展与劳动力（承担者：茬开津典生）；

（8）中国资金积累与农业的发展（承担者：今冈日出纪）。

2. 泛亚人文地理学研究　组长：大野盛雄

（1）生活方式论（承担者：大野盛雄）；

（2）城市与农村的地域论（承担者：后藤晃）；

（3）日本农业的地域构造研究（承担者：田中纪彦）。

3. 泛亚文化人类学研究　组长：中根千枝

（1）干燥地带的水和村庄（承担者：松谷敏雄）；

（2）韩国宗教分析（承担者：伊藤亚人）；

（3）韩国的家族与村庄（承担者：佐藤信行）。

4. 东亚政治与法律研究　组长：关宽治

（1）近代中国培养外交官和陆海军士官之构想（承担者：坂野正高）；

（2）1949年以来的日中关系史（承担者：卫藤沈吉）；

（3）第二次世界大战后国际政治结构的变动过程（承担者：关宽治）。

5. 东亚历史研究（亦称"东亚变革的历史基础研究"）　组长：佐伯有一

（1）律令制的比较史的研究专题

①东亚世界的形成（承担者：西嶋定生）；

②中国律令制的发展（承担者：田温池）；

③朝鲜的律令制（承担者：武田幸男）；

④日本律令国家的特点（承担者：青木武夫）；

⑤日本古代社会组织的形成（承担者：平野邦雄）；
⑥唐宋的变革与东亚（承担者：崛敏一）。
（2）中国的近代变革与各种前提专题
①宋代劳动力的特点（承担者：柳田节子）；
②明清时期的权力结构（承担者：佐伯有一）；
③世界史上中国产业结构的特点（承担者：田中正俊）；
④国民党政权与它的基本特点（承担者：小杉修二）；
⑤现代中国的群众运动与统一战线（承担者：古岛和雄）；
⑥中国社会主义建设所提出的若干问题（承担者：菅沼正久）。

6. 东亚美术史考古学研究（亦称"中国宋元佛教美术史研究"）组长：铃木敬

（1）十王图，画中山水画之研究（承担者：铃木敬）；
（2）罗汉图图像之研究（承担者：户田祯佑）；
（3）关于"十王图"图像的谱系研究（承担者：川尚泾）；
（4）宋元的禅宗绘画（承担者：海老根聪郎）。

7. 东亚哲学宗教研究 组长：镰田茂雄

（1）印度伦理学与佛教思想（承担者：秦融）；
（2）三国六朝时代中国思想的发展（承担者：峰屋邦夫）；
（3）"空观"的中国之变异（承担者：江岛惠教）；
（4）六朝佛教对儒道二教的批判（承担者：盐入良道）；
（5）六朝佛教的般若与老庄（承担者：平井俊荣）；
（6）密宗中所表现的中国思想（承担者：镰田茂雄）。

8. 东亚文学研究 组长：尾上兼英

（1）明清思想研究专题（内含两个课题）
①明末思想的曲折及其转变（承担者：沟口雄三）；
②西学输入的思想基础（承担者：冈本）。

（2）戏曲小说研究专题（内含4个课题）
①《西厢记》古词的语汇比较（承担者：青山宏）；
②《西厢记》与明代小说（承担者：尾上兼英）；
③《西厢记》诸注校补（承担者：田中一诚）；
④《西厢记》诸版本之比较（承担者：传田章）。
（3）20世纪30年代文学研究专题
①30年代"左联"的研究（承担者：丸山昇）；
②30年代"文学研究会"系统作家（承担者：尾上兼英）；
③30年代"创造社"系统作家研究（承担者：伊藤虎丸）。

9. 中国春秋战国综合研究 组长：松丸道雄

（1）文献学研究（承担者：宇都木章、小仓芳彦、后藤均平）；
（2）金文文学研究（承担者：松丸道雄）；
（3）考古学研究（承担者：关野雄）。

10. 东南亚经济社会研究组 组长：松井透

（1）现代东南亚国际关系论（承担者：关宽治）；
（2）东南亚社会与印度移民（承担者：松井透）；
（3）东南亚农业的比较研究（承担者：山田三郎）；
（4）日本占领时期菲律宾的政治与文化（承担者：池端雪浦）；
（5）印尼的社会与政治（承担者：土偎健治）。

11. 南亚政治经济研究组（亦称"印度的统治体制与社会结构研究"） 组长：荒松雄

（1）古代印度社会（承担者：山崎利男）；
（2）印度的宗教、政治与社会（承担者：荒松健）；
（3）英国殖民地统治与印度社会（承担者：荒松健）；
（4）英国统治时期印度的司法制度（承担者：山崎利男）；
（5）现代印度政治上的分化与组合（承担者：中村平次）。

12. 西亚历史与文化研究 组长：深井晋司

（1）伊朗高原上的早期农耕村落（承担者：松谷敏雄）；
（2）汉谟拉比时代的社会与文化（承担者：黑田和彦）；
（3）西亚中世纪的伊斯兰社会（承担者：佐藤次高）；
（4）帕提亚美术的物质与它的发展（承担者：佐藤次高）；
（5）伊斯兰的社会思想（承担者：中村广治郎）。

13. 新兴各国的政治变动与国际环境 组长：关宽治

（1）东南亚国际关系的变动（承担者：关宽治）；
（2）比较政治学层面的政治发展论系统（承担者：中野安春）；
（3）第三世界政治经济与社会结构的变动（承担者：西川润）；
（4）政治变动：政治的近代化与政治发展（承担者：森利一）。

14. 亚洲农村研究 组长：大野盛雄

这一研究专题包含对印度、埃及、伊朗、以色列、泰国、印度尼西亚六个国家的农村研究（缺乏关于具体研究专题的材料）。

15. 旧日本殖民地研究 组长：佐伯有一

（1）殖民地政策的谱系（承担者：加藤祐三）；
（2）"满洲"劳动力问题（承担者：小岛丽逸）；
（3）台湾土地调查事业（承担者：戴国辉）；
（4）"三一运动"论（承担者：姜德相）。

16. 明史综合研究 组长：佐伯有一

（1）明末清初的社会结构（承担者：佐伯有一）；
（2）明代国家权力与对农村的统治（承担者：小山正明）；
（3）章回小说的形成（承担者：尾上兼英）；
（4）明代戏剧的研究（承担者：田仲一成）；
（5）从明清思想考察中国的发展（承担者：沟口雄三）；

（6）清代禁书研究（承担者：冈本）；

（7）吴派文人画的形成（承担者：铃木敬）；

（8）明代的佛教（承担者：镰田茂雄）。

17. 中国古代礼制研究 组长：田仲一成

这一研究专题是集体校注唐代贾公彦等校的《仪礼疏》。承担者有尾上兼英、田仲一成、蜂屋邦夫、前野直彬、竹田晃、户川芳郎、今西凯夫等中国文史哲学术研究者。

18. 印度史的宗教与社会研究 组长：荒松雄

（1）印度史中的伊斯兰神秘主义的发展（承担者：荒松雄）；

（2）印度苏菲派清真寺的机能与作用（承担者：铃木斌）；

（3）印度的"法"与宗教（承担者：山崎利男）；

（4）印度的文学与宗教（承担者：田中敏雄）；

（5）印度宗教建筑的结构（承担者：月轮时房）。

东京大学东洋文化研究所编辑出版两种学术刊物。一为《东洋文化研究所纪要》，一为《东洋文化》。《东洋文化研究所纪要》为该研究所的学报。1943年发行第1期，直到1951年才发行第2期，发行年月不大固定，目前刊行到第73期（1977年3月刊）。《东洋文化》是这一研究所的一些研究人员组织的"东洋学会"的会报，最初每半年编刊一期，今年来改为年刊，大多是专题研究的特辑。如"中国30年代文学"（特辑第1、2期）。目前编刊至第73期（1977年3月）。

除上述两种学术刊物外，从1953年以来，研究所为研究者获得的在所内外认定的具有高水平和影响力的成果，出版著作单行本。其中本文编撰者检索和调查到的有关中国问题研究的著作有：

仁井田陞著《中国的农村家族》（1953）；

周藤吉之著《中国土地制度史研究》（1954）；

关野雄著《中国考古学研究》（1955）；

结城令闻著《世亲唯识之研究》（1955）；

大林太良著《东亚大陆各民族的亲族组织》（1956）；

洼德忠著《庚申信仰——日中宗教文化交流史》（1957）；

仁井田陞著《中国法制史研究（刑法篇）》（1959）；

仁井田陞著《中国法制史研究（土地法与贸易法篇）》（1960）；

米泽嘉圃著《中国绘画史研究》（1961）；

仁井田陞著《中国法制史研究（奴隶农奴法与家族村落法）》（1962）；

洼德忠著《庚申信仰的研究（年谱篇）》（1963）；

仁井田陞著《中国法制史研究（法、习惯与道德）》（1964）；

江上波夫著《亚洲文化史研究（要论篇）》（1965）；

江上波夫著《亚洲文化史研究（论考篇）》（1967）；

令木敬著《明代绘画史研究》（1968）；

洼德忠著《庚申信仰研究（岛屿篇）》（1969）；

洼德忠著《冲绳的习俗与信仰——与中国比较的研究》（1974）。

东洋文化研究所共有藏书240000余册，其中汉籍约为177000余册。这些汉文图书主要是以长期在中国活动的日本律师大木干一1942年夏天赠送的45452册图书为基础发展起来的。大木干一自1910年从东京帝国大学法学部毕业之后，长期在中国充当"律师"，收集了我国大量的有关法律史、经济史、社会史诸方面的文献资料，包括有关的官方文书、公牍、公牍、地契等，以明代写本居多，成为研究中国古代政经法极具价值的材料。东洋文化研究所把这些文献单列为"大木文库"，于1953年编辑刊出《大木文库分类目录》。此外，1951年和1953年日本著名的东亚文献学家长泽规矩也（名字）也分两批赠送3150余种汉籍给该研究所，这就是所谓"双红堂文库"，主要是关于我国古代文学，特别是关于古代戏剧的文献。此后，1967年，仁井田陞把他所藏的5000余册关于中国法制史的文献赠送给研究所。东京大学东洋文化研究所最大的一次汉籍文献收藏是1967年3月，当时，日本外务省把二次大战溃败前原东方文化学院从中国各地以非法手段获得的103587册汉籍文献移交给了日本文部省，文部省又把这批文献全部交给了东京大学东洋文化研究所。其中主要是1929年从中国夺走的"东海楼藏书"。"东海楼藏书"的原所有者中国浙江省青田县人徐则恂，此人为北洋军阀时期浙江省内河水上警察厅厅长，1929年4月，他与当时日本驻杭州领事米内山庸夫相勾结，以34000两银子把"东海藏书楼"40700余册汉籍文本卖给日本外务省文化事业部。日本外务省所支付的这笔书款则是从它侵略中国所获得的所谓"庚子赔款"中拨出。这也就是说，实际上日本方面分文未付，就从中国盗走了这批古籍。

东洋文化研究所从1966年起建立起了"东洋学文献中心"，专门收集汉籍文献资料以及现代朝鲜社会科学方面的资料，汇编成册，出版《东洋学文献中心丛刊》，一年大约出版两种左右。其中，他们汇编出刊的关于中国问题的资料，我们把握的情况大致如下：

《清代地方戏剧资料》（上册）（丛刊第2辑，1968）；

《清代地方戏剧资料》（下册）（丛刊第3辑，1968）；

《郁达夫资料集》（丛刊第5辑，1969）；

《李大钊文献目录》（丛刊第10辑，1970）；

《明刊元杂剧西厢记目录》（丛刊第11辑，1970）；

《鲁迅全集注释索引》（丛刊第13辑，1971）；

《30年代中国文艺杂志（一）》（丛刊第14辑，1971）；

《郁达夫资料补篇（上）》（丛刊第18辑，1973）；

《切韵残本卷诸本补正》（丛刊第19辑，1973）；

《中国目录学》（丛刊第20辑，1973）；

《花间集索引》（丛刊第21辑，1974）；

《郁达夫资料补篇（下）》（丛刊第22辑，1974）；

《北京工商业同业公会资料集（一）》（丛刊第23辑，1975）；《江西苏区文学运动资料集》（丛刊第24辑，1976）；

《北京工商业同业公会资料集（二）》（丛刊第25辑，1977）《民国以来人名字号索引》（丛刊第26集，1977）。

东京大学在日本以培养官僚著称，受日本政府的控制超过对其他大学，政治上保守。这种状况也反映在东洋文化研究所中国问题的研究中。目前，该所中国问题研究面临两个问题：一是20余年来与中国联系较少，本文编辑者在收集与解析相关材料的过程中，听到不少日本研究家对他们本国中国研究的看法。目前，愈来愈多的人士意识到研究中国问题，必须倾听中国学者，乃至应该倾听更广泛的中国人士对这些问题的见解，而东京大学的官学体制使它们对中国以及中国学术界的状况了解与理解都较为肤浅。二是对中国的研究缺乏历史性的有机联系，此指的即是研究古代的学者与研究现当代的学者之间，学术表述缺少了相互联系的更深刻的表述。该研究所内的一些具有远见的学者正在设法提升与改善学术研究的状态。1974年11月25日，中国"北京大学社会科学友好访日团"应邀访问了东京大学，校长林健太郎会见了访日团的全体成员，并特意参观了东洋文化研究所，就学术交流进行了恳谈。1977年春天，曾任该所所长的佐伯有一教授作为"日本教授访华团"成员访问了中国。据中国在东京大学的留学生告知，最近（编辑者发稿之时），东京大学校方对中国留学生的安排态度有了较好的转变。东京大学东洋文化研究所作为在国际上具有影响力的以中国为研究中心的研究机构，它未来的中国研究将会受到相当的关注。

京都大学人文科学研究所

在日本的大学研究系统中，除了东京大学东洋文化研究所外，研究中国政治、经济、思想、文化的另一个重要的中心，则是"京都大学人文科学研究所"。这个研究所是1949年1月以战前"京都帝国大学人文科学研究所"为中心，与原"东方文化研究所"和"西洋文化研究所"合并而组成的。

京都大学于1939年8月创设"人文科学研究所"，作为日本另一个研究中国问题的人文学术基地。当时分为产业经济、社会及教育、文化交涉史三个部门，专任研究成员在5—6人左右，其余都由京都帝国大学文学部、经济学部、法学部和农学部的教师兼任参与。第一任所长为小岛佑马。

原东方文化研究所是1929年由内阁外务省的文化事业部建立的。原名为"东方文化学院京都研究所"。1939年更名为东方文化研究所。它以研究中国问题为中心，兼及亚洲其他区域。它的活动是直接为日本军国主义国家政策服务的。当时的专任研究人员保持在30余人左右，分为经学与文学、宗教、天文和历算、历史、地理和考古六个研究室。第一任所长狩野直喜，以后分别为松本文三郎和羽田亨。

原西洋文化研究所建立于1934年，旧称"德国文化研究所"，规模较小。1946年改名为西洋文化研究所，从事英、美、德等国家的思想文化研究。但不久后，该所即为美军占领，停止活动。

1948年，日本革新学术研究体制，把上述三个研究所合并为一，沿袭京都大学人文科学研究所的旧名，于1949年1月正式开始活动。

重建之后的人文科学研究所首先改造了原有的体制分为日本、东方、西洋三大部。每一部下设若干研究室。创建之初为11个研究室，1959年增为12个研究室，1969年增为14个研究室，分别如下：

1. 日本思想室、2. 日本文化室、3. 日本社会室、4. 中国社会室、5. 中国思想室、6. 东洋考古学室、7. 西洋思想室、8. 西洋文化室、9. 西洋社会室、10. 文化交流史室、11. 历史地理室、12. 科学史室、13. 艺术史室、14. 社会人类学室。

现有研究成员70余人，其中包括京都大学名誉教授14人，如塚本善隆、贝塚茂树、桑原武夫、森鹿三、井上清、仓田淳之助等著名学者；教授17人、副教授13人、讲师2人，余皆为助手（助教）。

自从重建以来，历任所长为安部健夫、贝塚茂树、塚本善隆、桑原武夫、森鹿三、籔内清、河野健二。现任所长为林屋辰三郎（从小在北京长大，专攻日本史）。

研究所附设有一较大规模的图书馆，藏书30余万册，其中中国文献资料为20余万册。收藏有各种文字杂志2100余种，其中中文杂志350余种。该馆的中文藏书最早是从中国购得天津武进人陶湘的旧藏27939册，以此为基础，陆续增补。原内藤虎次郎（内藤湖南）的一部分藏书（从以沈阳故宫为中心搞到的）。这个研究所收藏着一些为我们国内失传的或少见的图书善本。如我国唐朝人张楚金撰《瀚海》的唐人写本，目前便保存在这个图书馆中，此外，该馆保存有著名的《永乐大典》卷206、卷207的原写本。

该图书馆还有相当丰富的文献、文物收藏也是属于"国宝"级的文物、文献：

1. 殷商时代甲骨文资料3600余件。其中3246件已经由贝塚茂树汇编成《京都大学人文科学研究所藏甲骨文字》上下册刊出，并于1968年编制出了《甲骨文字索引》；

2. 中国云冈、龙门石窟调查资料5600余件，中国各地考古调查资料11677件，中国石刻资料8000余件，中国多地绘画资料1200余件等；

3. 中国地理学、民族学资料（包括照片）近50000件等。

此外，该图书馆还收藏有一批日本社会问题资料和照片大约5万余件，包括战前审判日本共产党的原始档案，日本家庭问题的资料等。同时还收藏有东部非洲人类学资料，计有照片62000余件，电影胶卷800余卷（可放映400个小时左右）。

该研究所编辑出版《东方学报》《人文科学》与《欧文纪要》三种学术杂志。《东方学报》创刊于1930年，原东方文化研究所刊物，每年至少出版一期。目前（1977年）发刊至第49期。前述原东方文化研究学院东京研究所也编刊一种《东方学报》杂志。双方为区别起见，各自在自己的封面上印有"东京　第×册""京都　第×册"，并在《东洋学文献目录》上以"东京版""京都版"加以注明。《东方学报》的主要内容是中国思想文化研究。每一期都有"研究报告""专题论文"约10余篇。有时也编刊"研究专号"，如《殷代青铜文化研究特辑》《汉代史研究特辑》《元典章研究特辑》《中国古代科学技术史研究特辑》《敦煌研究特辑》等。

《人文科学》杂志创刊于1950年，原则上主要刊载关于日本与西洋的研究报告一年出版二期，目前已经出版至42期。

《欧文纪要》自1956年以来每年刊出一期，使用英文向国内外介绍研究所学术动态，此刊由研究所内日本学部、东方学部、西洋学部三个学部轮流编辑，封面题为ZINBUN。

除了上述三种学术刊物外，自1965年4月起，研究所建立了"东洋学文献中心"，从事研究资料的收集和学术情报的交流。它负责编纂《东洋学研究文献类目》，每年出版一册，收集日本、中国，以及欧美杂志刊出的有关东洋学论文与著作，分类汇编，并附有索引。这是目前世界上有关东洋学研究（主要是中国研究）的比较有价值的一种目录著作，每册印刷500部左右，分送日本国内外有关机构。

京都大学人文科学研究所实行集体研究与个人研究两种工作制度。所有研究成员均按照研究专题，个人申报与协商分成专题研究小组，共同会读材料，定期研讨，写出研究报告；但同时每个人也可以同时申报"个人研究课题"，研究所提供一定的资料、时间等，予以支持。

1975年至1976年，该所东方学部关于中国研究的有关集体课题如下：

1.《先秦时代文物研究》，组长：林巳奈夫。

该专题设定在《周礼》研究的基础上，撰写出两部关于阐述先秦文物资料的论著，并发表若干单篇研究论文。这一课题预计五年完成。

2.《汉书研究》，组长：梅原郁。

该专题以研究《汉书》中的《志》为重点，进行日译和阐释。目前已经完成《食货志》《沟洫志》《郊祀志》三志的工作，余下的正在进行中。

3.《博物志研究》，组长：山田庆儿。

该专题研究的第一部是收集《博物志》逸文，进行校定。这一工作已经完成。在此基础上对该书进行校定，争取1977年底完成。

4.《中国中世的文化与社会》，组长：川胜义雄。

这一组集中研究中国从5世纪到8世纪的社会与文化。目前正在进行（唐）道宣《广弘名集》的会读与注释。

5.《晚唐文学》，组长：荒井健。

晚唐文学研究以李商隐为主要对象，目前正在校释《李商隐诗集》，这一工作以影印钱谦益校写本为底本，以《文苑英华》为校勘资料进行。

6.《朱子语类研究》，组长：山田庆儿。

过去该研究所曾由一个由岛田虔次教授为首的"朱子研究组"。五年前已经解散。岛田教授已经离开该研究组，在京都大学文学部教课。眼下这一研究组已经恢复开始研究工作。

7.《中国佛教史学史研究》，组长：牧田谛亮。

该课题目前正在译著《大宋僧史略》，并编撰《宋高僧传索引》(上下册)。上册已经完成。

8.《近世中国历史地理学研究》，组长：日比野丈夫。

该课题目前正在译注《天下郡国利病书》，并写出报告。

9.《关于明清社会变革研究》，组长：小野和子。

该项目计划将较为广泛地研究明清时代政治、经济、思想和文化诸问题。目前，每周一次集体阅读《皇明经世文编》，作为研讨的基础。

10.《清代经学研究》，组长：尾崎雄二郎。

该项目以培养研究所助手（助教）为注，初读《日知录》，讨论较多。

11.《五四运动研究》，组长：森时彦。

该项目拟定如下研究课题，并以论文形式公开发表：《巴黎和会上的种族与山东问题》《留法勤工俭学问题》《论李大钊》《国故整理运动》《清末的保守主义》《帝国主义与中国的海关制度》《"五四"前后的日本外交》等。

12.《现代中国的政治过程与群众的意识》，组长：竹内实。

这一课题包括下列子目：《"文化大革命"的体验》《"文化大革命"后的文学》《毛泽东谈"文化大革命"》《毛泽东文献研究现状》《毛泽东著作年表》《中国的宗教》《人民公社、"文化大革命"——妇女的解放》《1942—1971年美国的中国政策》等。

该研究所除了上述12个集体性研究课题外，还有一批个人研究课题。主要的有：

日比野丈夫《中国运河史研究》，川胜义雄《贵族社会及其文化》，竹内实《毛泽东思想》，尾崎雄二郎《中国音韵史研究》，林巳奈夫《殷周文物的考古学研究》，柳田圣山《禅宗文献研究》，荒井健《中国诗学》，梅原郁《宋代的开封与临安》，山田庆儿《宋代的科学与技术》，吉川忠夫《六朝隋唐精神史》，砺波护《隋唐社会史》，胜村哲也《中国中世土地所有制研究》，小野和子《中国近代妇女解放史》，三浦国雄《宋代思想史》，曾布川宽《唐宋绘画史的研究》，以及今井清《白氏文集语汇索引》等近20个课题的研究。

人文科学研究所的各类著作和报告，由研究审查委员会进行审查。审查委员由相关教授们组成。凡审查委员会认可的成果，就以单行本刊行。1949年以来，该所公开刊行的有关中国问题的研究专著近30种，主要的有：

水野清一、长广敏雄：《云冈石窟全集》（16卷）（1950—1956）；

簸内清：《天工开物的研究》（1953）；

平岗武夫：《唐代研究指南》（12卷）（1954—1964）；

斯波六郎：《唐代研究指南》（特集4卷）（1957—1959）；

藤田至善：《后汉书语汇集成》（3卷）（1957—1959）；

贝塚茂树：《京都大学所藏甲骨文字》（3卷）（1959—1960）；

小野川秀美：《清末政治思想研究》（1960）；

小野川秀美：《金史语汇集成》（3卷）（1960—1962）；

木村英一：《慧远研究》（2卷）（1960—1962）；

清水盛光、会田雄次：《封建社会与共同体》（1961）；

太田武男：《家族法研究》（1961）；

薮内清：《中国中世科学技术史研究》（1963）；

长广敏雄：《汉代画像研究》（1965）；

薮内清：《宋元时代科学技术史》（1967）；

贝塚茂树：《京都大学人文科学研究所藏甲骨文字索引》（1968）；

长广敏雄：《六朝时代美术研究》（1969）；

小野川秀美：《民报索引》（2卷）(1970—1972)；

平冈武夫、今井清：《白氏文集校定》（卷3—9、12、17、21—24、27、28、31、33、38、41、52、54、65、68、70）（1971—1973）；

林巳奈夫：《中国殷周时代的武器》（1972）；

牧田谛亮：《弘明集研究》（3卷）（1973—1975）；

衣川强：《辽金元人传记索引》（1972）；

衣川强：《宋元学案 补遗人名字号别名索引》（1974）；

薮内清、吉田光邦：《明清时代科学技术史》（1979）；

水野清一、田中重雄、日比野丈夫：《云冈石窟（补遗）：第18洞实测图》（1875）。

该所自20世纪60年代后期以来，在所内一些具有正义感的教授推动下，提出"研究中国问题的学者，都应当到中国去考察和学习"的研究指导性见解。1972年，他们组织了以当时的所长河野健二教授为团长、以史学家井上清教授为秘书长的8位学者组成的学术访华团来到中国，这是中日文化关系史上第一个访问中国的日本人文学者团体，继后，1974年秋冬，由周恩来总理亲自批文，北京大学组成"社会科学友好访日团"，由文史哲政经法六大学科的8位学者回访了以日本京都大学为中心的13所大学。1976年12月，京都大学又组成该研究所青年研究者为主体的"日本青年研究者第二次访华团"到中国学习参观，从而，在人文学术层面推进了两国研究者的相互理解，并且成为当时两国文化交流的积极力量。

东洋文库

东洋文库在日本学术界号称是兖州文献的宝库，实际上是一个把中国作为主要对象的专门性图书馆兼研究所。它创建于1924年，在第二次世界大战日本战败之前，它一直是三菱财团控制的研究中国问题的基地。战后，活动经费主要由国库承担，成为日本政府研究中国问题的一个中心。50年代以来，它与美国垄断资本有着极为密切的关联。

东洋文库的创建，充分暴露了帝国主义对中国文化资财的掠夺。该文库的基础性资源的原本所有者，则是北洋政府的英国顾问莫理循（George Ernest Morrison）。此人于1897年以英国伦敦《泰晤士报》通讯员身份来华，到1917年的20年间，在中国收集和掠夺图书文献24000余册，地图画卷1000份。这些文献以英文、法文、德文和俄文为主，包括汉文、日文、意大利文、西班牙文、葡萄牙文、波兰文、瑞典文、芬兰文等十几种文字有关中国、西伯利亚、南洋等地区的纪实与报告，涉及政治、外交、法制、经济、军事、历史、考古、艺术、动植物等领域，有相当珍贵的资料。仅马可波罗的《东方闻见录》，已知就有15世纪的14种刊本，这些文献中还有大量极为宝贵的、重要的关于中国近代史的资料，如中国自建立海关以来的"季报""年报""十年报"，美国政府的《远东军事汇报》，英国政府关于中国问题的《蓝皮书》，以及欧洲相关国家驻中国使馆的报告等。另有500余册中国研究辞书，大多是传教士们编撰的17—19世纪中国多地的方言与欧洲多种语言对译的手册。除此之外，还包括百余种5000余册当时的定期刊物，这些刊物是关于中国与东亚的专门性出版物，以及欧洲有关国家的"亚细亚学会""东洋学会"的学报等。

上述资料最早是收藏于北京东交民巷，1900年义和团运动，莫里逊把它们移至肃亲王府。此后，莫里逊本人在现在的王府井大街租赁新居，这批资料又迁入该处。1916年左右，莫里逊开始私下进行这批文献的出卖交易。曾经与美国耶鲁大学、加利福尼亚大学、荷兰公使馆等洽商。当时，我国学界人士在获知这一信息后，不少人士主张"国家出资"，却又无能为力。这一信息被日本横滨正金银行总裁井上准之助（此人后为日本山本权兵卫内阁大藏大臣）获知，即与日本三菱财团巨头岩崎久弥相勾结，于1917年夏天委派正金银行董事小田切万寿之助为代表，携带东洋史学家石田干之助来华，经与莫里逊反复磋商，1917年8月29日终以35000英镑成交。北洋政府竟然同意这批珍贵的文化资财从天津塘沽出港，以后便一直收藏于日本深川的岩崎久弥的别墅中。岩崎氏以这批文献为基础，拨款350万日元作为基金，于1924年11月正式建立"东洋文库"。文库创建之初，除图书馆外，建立了"研究部"系统。这是它与日本其他文库最大的不同之点，也是以后东洋文库在日本学术界享有盛名的一个重要原因。该文库的管理机关是文库理事会，设理事长一人，理事若干人。第一任理事长为小田切万寿之助，理事为井上准之助、白鸟库吉（东洋史学家）、上田万年（当时东京帝国大学文学部部长）。理事会为每半年举行一次，决定方针大计，任期三年。

本届（1977）理事长为辻直四郎（学士院会员、东京大学名誉教授），理事有松本重治（国际文化会馆理事长）、山本达郎（学士院会员、东京大学名誉教授）、榎一雄（东京大学名誉教授）、有光次郎（东京家政大学校长）等10人。此外，还设有"评议委员会"和"顾问委员会"。本届评议委员会由林健太郎（东京大学前校长）、冈本道雄（京都大学校长）、村井资长（早稻田大学校长）等9人组成；顾问委员会由宫泽俊义（学士院会员）等6名学士院会员和2名文部省官员组成。

东洋文库的藏书，从语种上说分为九大类：1. 汉文文献，其中主要为史类书目、地方志、族谱的收藏，在国外图书馆中实仅见的；2. 藏文文献；3. 蒙文文献；4. 满文文献；5. 朝鲜文文献；6. 蒙文文献；7. 越南文文献；8. 日文文献；9. 欧美语文文献。

从创建到本文现在调查时（1977），文献资料的收藏又扩充了许多。现在收藏文献有60余万册。这些资料文献的来源有二：一是依靠在日本侵华战争中对中国、朝鲜、中南半岛等地进行的抢劫所得。例如，1936年4月，他们从上海盗走"满族镶红旗文书"从雍正朝直到清末的资料共2402函（册数不详）；又如从1931年到1936年，他们从西藏、蒙古等地劫走西藏藏经《丹珠尔》一部103套、蒙古藏经《甘珠尔》一部102套、蒙文佛经225种、《母珠尔》一部225套等。这些经典奠定了"东洋文库"研究我国东北和西藏的文化研究（即所谓满学、藏学）的基础。东洋文库在对外介绍中，提到他们的收藏中，有一些是接受"赠送者"赠送的。但考其渊源，这些"赠送者"本人就是"抢劫者"，例如，当时所谓的（日本）台北帝国大学文政部长藤田丰八赠送该文库日汉书记文献1765种，合计21669册。其中有相当部分是从我国台湾盗走的有关高山族、红头屿等相当珍贵的文献。

战后，东洋文库文书典籍的收藏状态有了不小的变化。其收藏的增加主要是通过购买，并经常派遣学者前往有关国家地区，鉴定有关东洋学文献，收购或制成复本收藏。例如，十年前（1967），他们将法国巴黎图书馆伯希和所藏敦煌文献的未公开部分拍得照片；又曾委派东京大学教授几度出访西班牙、葡萄牙等国家地区调查19世纪之前有关中国问题没有公开的文献稿本，并已经取得相当部分的复制品。

从1949年日本国会图书馆建立起，东洋文库便成为国会图书馆的一个分馆。东洋文库的研究系统规模很大。最早是由白鸟库吉等人创建，以研究中国问题为主。战后，美国资本大量渗透日本学术界。1953年，洛克菲勒基金会首次拨款给东洋文库，在研究部中设立"近代中国研究委员会"。60年代，美国"亚洲基金会"和"福特基金会"向东洋文库拨款共计327000美元（当时合日元11750万元），企图把东洋文库研究部与台湾地区的"中研院"搞成两个相互连通的"中国研究中心"。这一计划遭到日本学术界进步人士的抵制而未能实现。

目前，东洋文库的研究系统共分为5个部12个委员会。分述如后：

一、中国研究部

1. 东亚考古委员会

主要任务是整理研究由梅原末治赠送的有关中国、朝鲜等东亚地区的考古资料，并补充新发现的文物。

主要成员有关野雄、小山勋等。

2. 古代史研究委员会

主要任务是通过对两周金文的解读，从事上古历史、语言、经学的综合研究。

主要成员宇都木章、河野六郎、后藤均平等。

3. 敦煌文献研究委员会

主要任务是调查日本国内外关于6世纪到9世纪期间有关西域的古文献，汇编资料、提供情报、进行专题研究。

主要成员菊池英夫、榎一雄、铃木俊、藤枝晃、松本明、土肥义和等。

4. 宋代史研究委员会

主要任务是编撰、审定和出版宋代史资料的目录索引。已经出版的有《宋代史年表》，正在编撰的有《宋会要辑稿"食货"语汇索引》等。该委员会出版一份季刊《宋代研究文献速报》。

主要成员青山定雄、竺沙雅章、佐伯富、草野靖等。

5. 明代史研究委员会

主要任务是调查和收集明代的契约文书，并进行解读。

主要成员有田中正俊、鹤见尚弘、山根幸夫等。

6. 近代中国研究委员会

这个研究委员会是东洋文库中资金最雄厚的研究组织，会内还分为"社会经济组"和"政治外交组"。从1970年起由文部省提供经费。以5–8年的时间由社会经济组研究"30年代世界经济危机对中国的影响"，由政治外交组研究"国共两党与第三势力的关系"以及"两次世界大战期间中国的国际关系"。自1973年以来，这些课题又得到三菱财团的财政支持，并要求分别"汇编资料""作出背景解说"和撰写"专题报告"。

主要成员有市古宙三、滋贺秀三、田中正俊、山根幸夫等。

二、日本研究部

该研究部主要任务是考察亚洲各国近代化的进程,并与日本的近代化过程相互比较。

主要成员有岩生成一、田中时彦等。

三、东北亚研究部①

这一研究部设立两个研究委员会:

1. "满洲蒙古"研究委员会。主要任务是依据他们在1969年在我国台湾获得的"旧满洲档1—4"。作为研究成果,1975年出版了《旧满洲档——天聪九年》。

主要成员有榎一雄、冈田英弘、神田信夫、松村润等。

2. 朝鲜研究委员会。主要任务是从朝鲜地方志及民政资料中进行关于世族士族自治组织的调查。

主要成员有末松保和、河野六郎、长正统等。

四、中亚伊斯兰西藏研究部

这一研究部设立有"中亚伊斯兰研究委员会"与前已申明的极为荒谬的所谓"西藏研究委员会",共计两个研究委员会。

1. 中亚伊斯兰研究委员会。主要任务是研究西亚历史中伊斯兰时代的意义,并帮助东京外国语大学亚非语言研究所编撰辞典等工具书。

2. 西藏研究委员会。前已申述,把对中国西藏的研究,列入"中亚伊斯兰"是极为荒谬的。这一委员会初建于1961年,当时东洋文库从印度招募了3名西藏的藏族人士到该所参加研究。此三人名字为(依据日文注音转译)桑呐莫-甲奥、叨普、丹-达嗒库。1968年内阁文部省对这一研究委员会提供"特别经

---

① 本文编撰者郑重声明:日本东洋文库在设置区域研究时,把对中国满族文化和蒙古族文化的研究,不编入第一部"中国研究部"中,而列入第三部"东北亚研究部";同时,他们对我国西藏研究,竟然荒谬绝伦地把它编在第四部,即所谓的"中亚伊斯兰西藏部"中,表现了这一研究系统的策划者、组织者、以及执行者们极为荒谬却又极为浓厚强烈的军国主义精神形态,构成日本当代文化中始终未能彻底整肃的极端国家主义流毒。

费"，以"西藏的历史与文化系统"作为总课题组织"西藏问题调查"。为期10年，安排如下：

1968—1970年，进行古代西藏的调查研究（公元前7世纪—公元10世纪）；

1971—1972年，进行中世西藏的调查研究（10—14世纪）；

1973—1974年，进行近世西藏的调查研究（15—17世纪）；

1975—1976年，进行近代西藏的调查研究（18—19世纪）；

1977年，进行现代西藏的调查研究（20世纪）。

在这个十年调查计划中，组成"西藏历史""西藏宗教"和"西藏语言"三个研究小组，每一阶段均以上述三个方面进行工作。"西藏历史"组由榎一雄、山口瑞凤、金子良太等组成；"西藏宗教"组由山口瑞凤、川崎信定、立川武藏等组成；"西藏语言"组由北村浦、星实千代等组成。

五、印度东南亚研究部

此研究部仅有"南方史研究会"一个研究组。主要成员有辻直四郎、岩成生一、榎一雄、山本达郎等，主要从事南亚印度资料的收集与交流。

东洋文库的研究系统除了上述五个部总计12个"研究委员会"外，从1926年起，每年春秋两季分别举办"东洋学讲座"，邀请文库内外相关的著名学者进行讲学。听讲者主要是大学教授、专门研究者以及大学生。每一次讲座的讲稿皆有文库以"单行本"刊发。"东洋学讲座"从举办至今（1924—1977）先后举办了50届左右，其中大多数讲题属于中国问题研究。例如1976年的"东洋学讲座"中有中国问题研究的讲题如下：

"春季讲座"：

《关于西藏文献中的唯识学系》（袴口宪昭讲述）；

"秋季讲座"：

《论宋初的迁官制度》（古垣光一讲述）；

《佛像铭文中所表现的北魏佛教特点》（佐藤智水讲述）；

《敦煌出土汉文文献特点》（土肥义和讲述）；

《吐蕃的国号》（山口端凤讲述）。

东洋文库在学术研究方面发行三种刊物：

1.《东洋文库论丛》

此"论丛"以单行本形式刊出的有关东洋学,主要是中国学的论著,举要如下:

（1）石山福治著《考定〈中原音韵〉》

（2）加藤繁著《唐宋时代的金银研究》（二卷本）

（3）津田左右吉著《道家思想及其发展》

（4）冈田正之著《近江奈良朝汉文学》

（5）常盘大定著《中国的佛教与儒教道教》

（6）池田澄达著《根本中论·天长论》（藏文译著）

（7）冈井慎吾著《〈玉篇〉的研究》

（8）足立喜六著《长安史迹的研究》

（9）池内宏著《文禄长庆之役》

（10）津田左右吉著《〈左传〉研究》

（11）原田淑人著《汉六朝的服饰》

（12）丸山昇著《鲁迅研究》

（13）石田干之助、榎一雄著《长安之春》

（14）后藤末雄、岛田谨二著《中国思想西传法国的历史过程》（二卷本）

（15）白川静著《甲骨文的世界》

（16）幼方直吉、福岛正夫著《中国的传统与革命》（二卷本）

（17）铃江言一、阪谷芳直著《中国革命的阶级对立》（二卷本）

（18）神田信夫、冈田英弘译著《旧满洲档——天聪九年》

（19）立川武藏著《西藏佛教宗义研究》（第一卷）

2.《东洋文库丛刊》。此"丛刊"与上述"论丛"不同,它主要是刊出各种历史文献的善本、有关的资料以及古文献的日文翻译本。其中主要有:

（1）（影印日本国宝）旧抄《古文尚书》（唐人写本卷三、卷五、卷十二）

（2）（影印日本东寺观智院本）《入唐求法巡礼记行》

（3）影印《永乐大典》卷19416—卷19426

（4）影印（秘府本）《蒙古袭来绘词》

（5）影印（东福寺本）成寻《天台—五台山记》

（6）（影印）《元朝秘史》

（7）《中国土地契约文书集》（金—清）

（8）青木正儿编辑《北京风俗图谱》（二卷）

（9）前野直彬整理《唐代传奇集》

（10）岩成秀夫日译《板桥杂记》《苏州画舫录》

（11）驹田信二日译《今古奇观》

（12）松枝茂夫日译《嘉定屠城纪略》

（13）前野直彬日译《幽明录》《游仙窟》

（14）饭塚郎日译《剪灯新话》

（15）冈崎俊夫日译《老残游记》

（16）实藤惠秀日译《日本杂事诗》

东洋文库的第三种出版物是《欧文纪要》，每年一期，主要是报告文库的学术活动情况以及文库图书增补情况。

除上述三种出版物外，还有一种称为《东洋学报》的刊物是以东洋文库的名义出版。实际上，《东洋学报》是一个称为"东洋学术协会"的结社出版物。"东洋学术协会"是在1911年建立的20世纪初期日本东洋学家的结社。在东洋文库创设之后，该协会就迁入东洋文库内办公，文库研究部门的大多数研究者大都加入这个协会。但是这个协会的成员有着广泛的社会层面。目前有会员约300余人。本届（1976年）协会专务理事（协会事务执行者）为榎一雄。《东洋学报》每年刊行两期，逢3月、12月刊出。目前（1976年末）刊出至第58卷3、4期。编辑成员为宇都木章等4人。

东方学会

东方学会创建于1947年6月，它的前身是战前的"东洋学艺会"（负责人为羽田亨）。东洋学艺会也曾称之为"日华协会"，是一个由政府出资的东洋学研究者的结社。战后重建这个学会，是日本政府为恢复对东亚各国，特别是对中国的研究所作的多种努力的一个部分。

东方学会从创建至今，在政治、经济和学术活动诸层面一直得到日本外务省（外交部）的全面支持，活动经费来源于"外务省国际学术交流基金"，相当充裕。可以说，该学会本身就是一个当今日本东方学研究的一个财团。30年来，东方学会所致力的目标，就是在国内把自己作为"东洋学研究家的领导中心"，在国际上把自己作为"国际东洋学研究家的领导中心"。目前，它在日本国内与285个研究组织，在国外与欧美、中国以及亚洲其他地区共518个研究组织（其中有112个作为个人的联络）保持着各种关系。

该学会目前有会员894名（1977年1月）。参加该学会并成为"会员"，则必须经该学会干部推荐，理事会批准。该学会的组织形式是会长领导下的理事会制度。理事会设立理事长1人，常务理事及理事数人。理事会外设立"评议委员会"作为顾问机构，并设立"常任评议员"及"评议员"若干人，一般由知名人士担任。总会之下，在东京与京都两地设立"东京支部""京都支部"，各设"支部长"1人。并在北海道、关东、东海、北陆、关西、中国、九州七个地区设立"地区委员"，负责各地区会员的活动。地区委员的人数视各地会员的多寡而定。本届（1977年7月）东方学会的会长为吉川幸次郎（日本学术界中国古代文化研究权威、京都大学名誉教授、日本外务省特别顾问、20世纪20年代中国北京大学留学生。1975年3月曾担任"日本政府文化使节团团长"访问中国）。理事长为山本达郎，常务理事为榎一雄等7人，常任评议员为前野直彬（东京大学文学部名誉教授、1976—1977年任职日本国驻华大使馆文化专员）等10人，理事为井上光贞等12人，评议员为阿部吉雄等62人（上述名单见"附表"）。

东方学会的机关刊物名为《东方学》，1950年创刊，每年1月与7月出刊。目前出版至第53期（1977年7月）。该杂志每期刊出10篇左右研究论文，其中绝大多数是研究中国人文学术方面的论文。《东方学》每期编发"海外东方学会消息"，按专题介绍以亚洲为主体的东方学研究的信息。这个专栏最先是由日本著名的东洋史学家石田干之助编辑，自他去世后则由榎一雄接任。除此之外，《东方学》每期介绍一位日本的东洋学家，每期印数在1700册左右。

东方学会依靠外务省"国际交流基金"的支持，出版三种学术情报资料刊物。

1.《亚洲公报》（ACTA ASIATICA）。一年两期，无固定时日。1962年到1977年3月，共刊出32期。第32期是由前野直彬编刊的《中国小说戏剧特辑》。

2.《日本东方学著述论文目录》（BOOKS AND ARTICLES ON ORIENTAL SUBJECTS PUBLISHED IN JAPAN），每年刊出一册，每册收录前二年的日本关于东洋学研究的著作论文目录。1955年创刊，目前（1977）编辑至第22辑，收录1975年日本学者的专著334种，论文1733篇。

3.《（在日）国际东方学者会议纪要》（TRANSACTION OF THE INTERNAIONAL CONFERENCE OF ORIENTALISTS IN JAPAN），每年一期，每次印数在1000册左右。

东方学会设有两个固定的"研究座谈会"。一个是"日本研究座谈会"，一个是"中国研究座谈会"。每个座谈会设有专门委员负责筹划。"日本研究座谈会"的专门委员是池田重和金井园，"中国座谈会"的专门委员是卫藤吉和前野直彬。最近一次（1976年12月）举行的"中国研究座谈会"是澳大利亚大学教授奥道里·道尼逊作报告《中国经济建设与东亚及东南亚各国的关系》。本次座谈会是由东方学会与亚洲政治经济学会共同举办的。

东方学会从1956年开始每年举行一次"国际东方学家会议"。日本政府外务省参加组织并提供经费。日本外务省通过这样一些学术活动，结识一批又一批的国外东亚多元层面的研究家，招聘他们在日本研修和工作。欧美一些研究者，特别是中国问题研究家经常利用这样的机会，云集日本，使用日本收藏的大批文献资料进行工作并相互认识。据不完全的统计，目前约有30来个国家的200余位中国研究家正聚集在日本从事中国问题研究。

每年的"国家东方学家会议"，分别在东京和京都两地举行，一般是2—3天。基本内容是1.日本外务大臣致辞（一般是"代读"）、2.注定学者发表研究的特别讲演、3.学者分成若干研究小组宣读论文、4.组织参观和访问、5.学会宴请。每次会议之后便编辑出版《国际东方学家会议纪要》。1976年6月举行了"第21届国际东方学家会议"，22个国家的132名研究者以及日本本国的111名研究者总计243人参加了会议，他们来自美国、英国、法国、意大利、比利时、加拿大、墨西哥、澳大利亚、菲律宾等国家，其中美国的中国问题研究家61人参加会议，为本次会议外国学者之首。另有侨居世界各地的中国学者17人。本次会议（东京、京都两地）共宣读论文29篇。其中涉及中国研究的报告有如下课题发表：

（美国）George Tanabe：《明惠的净土思想与法然的影响》

（美国）Sunnan Kubose：《佛教的无我与心理学决定论的关系》

（加拿大）Daniel Bryant：《唐代中期诗人孟浩然的生涯》

（美国）Britten Dean：《美国在华的自私外交》

（在日华侨）杨合义：《论清朝东北三省的水利》

附录：东方学会本届干部名录（1977年7月）

会长：吉川幸次郎

理事长：山本达郎

常务理事：岩生成一、宇野精一、榎一雄、贝塚茂树、长尾雅人、日比野长夫、石田一郎。

理事：井上光贞、市古贞次、梅原末治、小川环树、小野忍、田村实造、辻直四郎、中村荣孝、野健光辰、服部四郎、宫崎市定、结城令闻。

监事：神田信夫、羽田明。

常任评议员：赤塚忠、市古宙三、木村英一、佐伯富、佐藤长、岛田襄平、玉城康四郎、平冈武夫、藤枝晃、前野直彬。

评议员：阿部吉雄、青山定雄、青山秀夫、荒松雄、池田末利、池田重、板野长八、入矢义高、内田吟风、内田智雄、内野熊一郎、江上波夫、卫藤沈吉、小尾郊一、冈田武彦、冈村繁、鸳渊一、爱宕松男、金井园、金谷治、镰田正、神田喜一郎、窪德忠、栗原朋信、小叶田淳、小林信明、小林高四郎、周藤吉之、关野雄、高桥盛孝、竹田龙儿、东畑精一、富永牧太、塚本善隆、中村元、长广敏雄、西嶋定生、西田龙雄、野上俊静、波多野善大、桥本循、滨田敦、林秀一、林屋辰三郎、日野开三郎、尾藤正英、樋口隆康、福井康顺、增井经夫、松本信广、三上次男、宫本正尊、森鹿三、森克己、护雅夫、山根幸夫、汤川秀树、米泽嘉圃、和田久德、和田博德。

东京支部支部长：榎一雄。

京都支部支部长：贝塚茂树。

北海道地区委员：池上二良（北海道大学）。

东北地区委员：金谷治（东北大学）。

关东地区委员：和田博德（庆英义塾大学）、白鸟芳郎（上智大学）、岛田襄平（中央大学）、冈本敬二（筑波大学）、西嶋定生（东京大学）、栗原朋信（早稻田大学）。

东海地区委员：铃木中正（爱知大学）、波多野善大（爱知学院大学）、山下龙二（名古屋大学）。

北陆地区委员：佐口透（金泽大学）。

关西地区委员：山田信夫（大阪大学）、本田济（大阪市立大学）、野上俊静（大谷大学）、横田健一（关西大学）、佐藤长（京都大学）、川胜义雄（京都大学）、福永牧太（天理大学）、内田智雄（同志社大学）、大泽阳典（立命馆大学）、西村元佑（龙谷大学）。

中国地区委员：今掘诚二（广岛大学）、福田襄之介（冈山大学）。

九州地区委员：越智重明（九州大学）。

中国研究所

第二次世界大战后，日本左翼运动为了把战争期间分散在国内外的研究中国问题的左翼人士组织起来，共同研讨与总结日本军国主义侵华战争的历史教训，研究中国政治形势的发展，寻找日本今后的发展道路，于1945年10月开始筹建关于中国问题研究的民间机构。经过岩村三千夫、伊藤武雄、安藤彦太郎等人的努力，于1946年1月正式建立"中国研究所"，这是日本在战后第一次出现的由反战人士组织的中国问题研究机构。在"日本中国友好协会"以及"日本中国文化交流协会"等创办之前，它当时主张对中国人民友好、主张反省"日本军国主义罪恶"，能够较为客观公正地评论和介绍中国的一个具有一定影响的、没有官方政治背景和经费支持的民间中国问题研究组织。

中国研究所在创建后最早的三年中没有专职研究成员，还是一个类似学会组织的状态。1949年10月之后，它逐渐发展成为有专任研究成员、有研究组织的研究所。但还是保持学会的基本性质，所以，它的成员分成两大类。一类称为"所员"，一类称为"会员"。所员就是在所内从事实际的研究成员。中国研究所是一个进步的民间研究组织，与日本官方没有关系，所以活动经费很困难，无力支付研究员成员的费用，所以在所内的研究成员很少，目前（1977年6月底）约有十余位，主要成员如藤井满洲男、山下龙三、上原信夫、川田义孝等；其他都是兼任研究员，也就是会员。他们不仅不领取工资，有时候还资助所内一些经费。目前的兼任研究员有60余位。主要活动成员有安藤彦太郎（早稻田大学）、阪本男彦（东京大学）、伊藤武雄（专修大学）、新井宝雄（创价大学）、岛田正雄（日中友协中央本部常任理事）、鲛岛敬治（《日本经济新闻》社论编辑）等。他们主要是中国问题关心者、日中友好的积极分子。目前，会员中又一种称为"赞助会员"，顾名思义就是帮助赞助研究所各种工作的成员。他们缴纳比较多的会费，可以获得该所编辑出版的一些刊物。实行这种制度是解决研究所经费来源的一种权宜措施。

中国研究所创建之初，专任研究员大多是日本共产党成员，首任所长平野义太郎，是日共在文化界的重要人物。60年代苏联共产党蜕化为"修正主义"，中国共产党公开批判"苏共修正主义"，中国研究所成员发生分裂。从1966年开始中国发生了"文化大革命"，中国研究所内成员发生了公开的分裂。以平野义太郎谓首的日共（宫本派系）反对中国共产党的路线；以岩村三千夫为代表的所员群体支持中国共产党的基本主张和立场，而长期支持中国共产党基本路线的兼任研究员（早稻田大学教授）安藤彦太郎又被日共（宫本集团）开除出党。在这样的状态中，中国研究所内发生了尖锐的矛盾和冲突。原本所属日本共产党（宫本）的研究所员基本上退出了中国研究所，一时之间，研究所在成员与经费上都面临不少困难。但从十年后的今天来看，中国研究所却也清理了研究队伍，获得了不少积极成果。

中国研究所以研究现代中国为中心，重点研究中国的政治形势、经济问题与以日中关系为中心的中国的国际关系。全所目前分设"中国内外政策研究部""中国经济研究部""中国文化研究部""中国教育与法律研究部"四大研究部。这四个研究部领导着六个研究会。此即1. 中国形势分析会；2. 中国《红旗》杂志研究会；3.中国妇女研究会；4.中国《人民文学》研究会；5.青年中国研究家之会；6.青年中国研究家联络会。

　　研究所的这些研究会向社会开放，研究所的研究成员分别参加这些研究会的活动，报告自己的研究工作成果，并引导展开研讨。这些研究会1977年的主要活动如下：

　　"中国形势分析会"的主要研讨主题是：1.世界大战与世界革命；2.中国新领导人对国内与国际诸问题的看法。

　　"中国《红旗》杂志研究会"的主要研讨课题是：1.毛主席论"十大关系"；2.《红旗》杂志1977年第6期文章《用毛主席继续革命的理论来指导社会主义建设——学习〈毛泽东选集〉第五卷》。

　　"中国妇女研究会"的主要研讨主题是：1.蔡畅同志关于妇女工作的论著；2.中国的"向阳院"活动。

　　"中国《人民文学》研究会"讨论课题是：1.陈毅同志的诗作；2.《人民文学》1977年第三期《戈壁滩的导井人》分析。

　　"青年中国研究家联络会"讨论课题是1.关于"三个世界"的理论；2.关于资产阶级权利（中文中的"法权"，日文中表述为"权利"）；3.关于"教育革命"。

　　中国研究所创立之初，出版机关刊物《中国评论》（岩村三千夫主编），后来改名为《中国研究》（野原四郎主编）。自从日本共产党（宫本系）从研究所分裂出去后，他们于1970年起以日中出版（社）为基地，用中国研究所原来的出版物《中国研究》的名称，继续在所外刊出《中国研究》，因此，中国研究所的《中国研究》便停刊更名了。目前。中国研究所刊出定期刊物有：

　　1.《亚洲经济旬报》，1970年7月创刊，每10天编刊一期，一年刊出35期。它主要刊载亚洲地区主要是中国的政治、经济与文化动态。1911年10月出刊的上旬、中旬《亚洲经济旬报》编辑为《毛泽东选集第五卷参考资料专辑》。

　　2.《中国研究月报》，1960年9月创刊，每月一期，一年12期。这是一份研究现代中国政治、外交、经济、文化与艺术的综合性杂志。

　　3.《中国研究所纪要》，每年一册，每册约230—250页。刊发一年中研究所的主要研究论文，并报告一些会务方面的消息。

4.《新中国年鉴》，每年一册。每册约500页。这是日本关于中国政治、外交、经济、自然、文化、科学等领域比较详细的年鉴，是日本民间不依靠政府支持编撰的大型中国年鉴。此"年鉴"一般分为四个部分：

（1）"特集"——总结一年中中国发生的重大事件；

（2）"动向"——分为"国际关系""政治""外交""经济""文化"等；

（3）"资料"——中国国内发布的何种命令、布告、重要会议文件、与中国签署的国际关系中的双边或多边的协议与条约（尽可能全文）；

（4）"备忘录"——有关中国的各种组织（包括学会）的名称、成员以及相关的活动、日中关系的有关组织及活动（含各种照片）。

该研究所每半年举办一次"中国问题研究讲座"。每次讲座设定一个总题目，再分别为若干子题目进行讲座。讲师一般由所内研究成员承担，也邀请一些所外专家报告。以1976年的"中国研究讲座"为例：

1976年上半年讲座的总题目为"'文化大革命'十周年"。分题讲述如下：

第一次讲座题目《从路线斗争看十年"文化大革命"》

（主讲人：秋冈家荣、《朝日新闻》社前驻华记者）；

第二次讲座题目《革命产生了工业化》

（主讲人：菅沼正久、中国研究所研究员）；

第三次讲座题目《"教育革命"与新生事物》

（主讲人：斋藤秋男、中国研究所研究员）；

第四次讲座题目《"文化大革命"与文艺的发展》

（主讲人：清水正夫、松山芭蕾舞团团长）；

第五次讲座题目《"文化大革命"与中国的对外政策》

（主讲人：藤井满洲男、中国研究所研究员）。

1976年下半年讲座的中题目为"展望华国锋主席领导下的中国未来"。分题讲述如下：

第一次讲座题目《华国锋领导体制建立的过程》

（主讲人：秋冈家荣、《朝日新闻》社前驻华记者）；

第二次讲座题目《华国锋体制下中国经济建设的展望》

（主讲人：山内一男、中国研究所研究员）；

第三次讲座题目《毛泽东的革命路线与华国锋的体制》

（主讲人：藤井满洲男、中国研究所研究员）；

第四次讲座题目《华国锋主席领导下今后中国的展望》

（主讲人：秋冈家荣、山内一男、藤井满洲男三人谈）。

中国研究所创立之初，适逢新中国建立，日本研究新中国的气氛高涨。当时，中国研究所除东京总部外，在九州、京都、爱知、仙台等设有"分所"。50年代以来，日本进步力量受到日美统治当局的镇压，这些研究所分别被解散。1975年9月，中国研究所在大阪建立"关西部会"，由杉野明夫主持，会员50余位关西部会的主要任务有三项，此即调查研究、举办讲座和出版上述调查报告与"讲座文稿"。其后，"九州—山口研究中心"也开始研究工作，负责人为横松宗。

中国研究所附属图书馆藏书约2万余册，主要是研究现代中国的论著，其中以收藏"中国调查资料"著名，例如《中国农村与农民问题调查》《中国共产党的人员变化调查》《中国现代文化调查》等。此图书馆每周二、三、五对社会开放，社会的任何成员都可以到该馆自由阅读，其中包括最新出版的中国《人民日报》《红旗》《光明日报》《人民中国》《中国画报》《北京周报》等。

中国研究所内有一个"近代日中研究会"，代表干事福岛正夫。这是一个附设在这个研究所内的一个独立研究会。目前有会员300余人。该会主要从事近代和现代日中关系资料的收集与研究。目前（1977年7月）正在编辑出版《日本问题重要事项资料集》，已经出版两卷。第三卷已经编辑就绪。此三集卷的主要内容如次：

第一卷"日本论编"（主编：山口一郎）。本卷内容主要为1.日本民族性研究；2.20年间"南满铁道株式会社研究"；3.抗日民族战争研究。

第二卷"日本论编"（主编：山口一郎）。本卷内容主要为1.日本政治研究；2.战后日本财阀复活研究；3.战前与战后的日本研究。

第三卷"近代日中关系史料"（主编：加藤祐三）。此卷分为十集，于1976年1月起逐次刊行。主要内容如下：

第1集《中国受日本侵略所受损失的统计及解说》

第2集《中国政府雇佣的日本人——日本顾问人名录及解说》
第3集《把汉语作为外来语的日语语汇一览表》
第4集《兴亚院实况调查资料目录》
第5集《日本在华侨民团体、商工会议所出版物文献目录》
第6集《中国对日处理方案（1942—1949）》
第7集《关于台湾"统治法"的"立法"讨论资料》
第8集《在华日本人人口统计资料》
第9集《关于清朝时期熊本县人的经历》、井手三郎著《经历书》以及《从军经历书》
第10集《关于东方通讯社的资料》

中国研究所内设立一所"汉语研修学校"。该校分为基础科、应用科和研究科三部。基础科与应用科学制一年，研究科分为"书面翻译"与"会话"，学制半年。至今已毕业19届学生。

日本中国学会

日本中国学会创建于1949年10月，是一个关于研究中国哲学、宗教、文学和语言的专门性的学会。在日本同类学会中，此会规模最大，经费最为充裕的一个。这个学会一直得到日本文部省的支持。

日本中国学会分为"中国哲学部"和"中国文学语学部"两大学部。目前（1976年12月）共有注册会员521名。

学会常设机构理事会，设理事长一人，理事若干人。理事会的职责是审查会员资格、确定学会年度预决算（提交每年秋季会员大会通过）等。本届理事会（1976年10月组成）理事长为赤塚忠（东京大学名誉教授。中国古代史、古文学史研究家，曾任日本甲骨文字学会会长）。

学会设立专门委员会负责审定《学报》论文、评定研究业绩、组织学术报告、确定"日本中国学会学术奖励金"的获奖者等。专门委员会的成员一般由中国哲学与中国文学两个研究领域中的权威学者组成。本届专门委员会的成员有吉川幸次郎（东方学会会长）、赤塚忠（本会理事长）、前野直彬（东京大学教授、日本驻华大使馆前任文化专员）。

该学会设立"评议员会"作为学会的顾问机构。事实上，"评议员"与"专门委员会委员"通常是互相兼任的。不过，在安排评议员的名单时，也要关注到地区平衡，像关东、关西、东北、九州这些中国学研究家比较集中的区域原则上主要确保他们中都有代表性学者参加。本届（1976年12月）评议员共42人。

学会原则上每年召开一次全体会员参加的学术大会。会议的主要内容是：1.报告会务；2.通过年度预决算（实际上是"文部省科学研究费的分配方案"）；3.确认下一年度学会活动地址（学会《学报》编辑部、理事会办公处每年换一个大学；4.确定学术大会上宣读的30至40篇论文名单等）。

从已经召开的几届大会来看，每届全会的参加者大概占全体会员的一半或三分之二左右。会期大致2—3天。

日本文部省每年从科学研究费中拨款资助该学会的活动，主要是资助学术专题研究。学会依据研究者申报的课题的轻重缓急和分量大小，每年将申报专题分为"综合研究专题"（这是学会的重点题目，获经费最多）、"一般研究题"和"奖励研究题"（这主要是接受青年研究者提供的课题，具有鼓励意义）。

1975年该学部研究课题分布如下：

一、中国哲学部共9个研究专题，研究经费1161万日元

1."综合研究课题"三项：

（1）《中国古代生死观研究》，拨款295万日元，主持人穴泽辰雄（秋田大学）；

（2）《中国思想史上所表现的哲学概念变迁》，拨款200万日元，主持人小野泽精一（东京大学）；

（3）《宋史综合事类索引编撰》，拨款222万日元，主持人原田种人（大东文化大学）。

2."一般研究课题"五项，拨款424万日元：

（1）《北宋时期思想与文学的变迁及其交流》，拨款240万日元，主持人荒木见悟（九州大学）；

（2）《明末清初中国思想史发展的样式》，拨款99万日元，主持人沟口雄三（崎玉大学）；

（3）《汉代尚书的流传与尚书经学的发展》，拨款28万日元，主持人野村茂夫（爱知教育大学）；

（4）《汉代简牍文字的基础研究》，拨款30万日元，主持人田中有（实践女子大学）；

（5）《从儒道佛三教的论争看中国人的思维》，拨款27万日元，主持人若规俊秀（大谷大学）。

3."奖励研究课题"一项：《汉代老庄思想的研究》，拨款20万日元，主持人中麻纱己（舞鹤高专）。

二、中国语学文学部共 7 个研究专题，研究经费 587 万日元

1."综合研究专题"一项：《"文化大革命"后中国的语汇与语法》，拨款120万日元，主持人吉田幸夫（北九州大学）；

2."一般研究专题"五项，拨款449万日元。

（1）《文选集注的研究》，拨款230万日元，主持人小尾郊一（广岛大学）；

（2）《唐代音韵的综合研究》，拨款138万日元，主持人大岛正二（北海道大学）；

（3）《中国小说史研究》，拨款26万日元，主持人小野四平（宫城教育大学）；

（4）《关于现代汉语基础语汇意义领域研究》，拨款37万日元。主持人大川完三郎（国学院大学）；

（5）《北朝的文学思想》，拨款18万日元。主持人矢岛彻辅（九州大谷短期大学）。

3."奖励专题研究"一项：《作为中国文学一个分支产生的"马华文学"的历史变迁过程研究》，拨款28万日元，主持人铃木正夫（北海道大学）。

1976年日本文部省对学会中国研究课题费用比1975年有较大增加，研究课题

方向如下:

一、中国哲学部共 13 项研究专题,研究经费 1630 万日元

1. "综合研究课题"二项:

(1) 追加410万日元,继续进行《中国思想史上所表现的哲学概念变迁》(小野泽精一负责);

(2) 追加120万日元,继续进行《从汉末至唐初〈老子注〉及〈老子观〉的研究》(楠山春树负责)。

2. "一般研究专题"十项,拨款1074万日元

(1)《以日本流传的钞本为资料进行的经学研究》,拨款390万日元,主持人户川芳郎(东京大学);

(2)《中国妖降思想文献的基础研究》,拨款310万日元,主持人牧尾良海(大正大学);

(3)《中国学的正式研究》,拨款80万日元,主持人木全德雄(大正大学);

(4)《从儒道佛教的相互关系考察中国思想史的形成与发展——特别以魏晋南北朝为中心》,拨款70万日元,主持人蜂屋邦夫(东京大学);

(5)《日本近世孟子接受史研究》,拨款70万日元,主持人井上顺理(鸟取大学);

(6)《关于"五四"新文化运动思想家的基础研究》,拨款33万日元,主持人俊藤信子(信州大学);

(7)《〈春秋左氏传〉的基础研究》,拨款30万日元,主持人安本博(爱知大学);

(8)《关于西洋思想对清朝中期经学思想影响的基础性研究》,拨款32万日元,主持人桥本高胜(京都产业大学);

(9)《中国古代神话的比较研究》,拨款32万日元,主持人铁井庆纪(大岛商船高专);

(10)《先秦时代形而上思想的哲学研究》,拨款27万日元,主持人铃木喜一(信州大学)。

3. "奖励研究项目"一项：《清朝末年保守思想家的研究》，拨款26万日元，主持人竹内弘行（高野山大学）。

二、中国语学文学部研究专题 17 项，拨款 1686 万日元

1. "综合研究专题"二项

（1）《汉语与日语的对照》，拨款490万日元，主持人伊地智善继（大阪外国语大学）；

（2）《中国文学中的雅俗观综合研究》，拨款160万日元，主持人金冈照光（东洋大学）。

2. "综合研究专题"十二项

（1）《文选研究》，拨款，追加230万日元，主持人小尾郊一（广岛大学）；

（2）《关于"五四运动"的文学层面研究》，拨款320万日元，主持人竹内实（京都大学）；

（3）《唐代诗僧的研究》，拨款120万日元，主持人河内昭园（大谷大学）；

（4）《鸳鸯蝴蝶派研究》，拨款29万日元，主持人中野美代子（北海道大学）；

（5）《辽宋文化相互影响》，拨款37万日元。主持人小栗英一（静冈大学）；

（6）《明代古典文学再评价研究》，拨款33万日元，主持人兴善宏（京都大学）；

（7）《为编撰水浒传语汇辞典所进行的语汇收集、整理与研究》，拨款31万日元，主持人高岛俊男（冈山大学）；

（8）《江户时代中国传来书籍的实况研究》，拨款31万日元，主持人西冈静彦（熊本大学）；

（9）《类书目录学研究》，拨款35万日元，主持人枥尾武（樱美林大学）；

（10）《唐代唱和文学研究——皮日系、陆龟蒙的唱和诗》，拨款37万日

元，主持人前川幸雄（福井高专）；

（11）《宋元的民俗与元杂剧》，拨款33万日元，主持人中钵雅量（爱知教育大学）；

（12）《日中两国语音的比较研究》，拨款30万日元，主持人那须清（九州大学）。

三、"奖励研究专题"三项

1.《元杂剧的庶民性与文学性的研究》，拨款22万日元，主持人会泽卓司（琉球大学）；

2.《〈文心雕龙〉的综合研究》，拨款24万日元，主持人安东淳（四国女子大学）；

3.《三十年的文艺论争》，拨款24万日元，主持人前田利昭（广岛大学）。

日本中国学会的刊物名为《日本中国学会报》，年刊，每期刊发研究中国哲学、文学和语言学方面的论文大约15篇。每期附有"英文提要"。1976年出版至第28期。

严绍璗教授荣获日本第23届"山片蟠桃奖"文化研究国际奖

2011年（平成二十三年）2月10日在日本大阪历史博物馆大讲堂举行了日本第23届文化研究国际奖"山片蟠桃奖"颁奖仪式与受奖者讲演会。中华人民共和国北京大学教授、北京外国语大学荣誉教授、北京大学比较文学与比较文化研究所所长、北京大学中国语言文学系学术委员会主任、中国教育部人文研究重点基地北京大学"东方文学研究中心"学术委员会主任兼任中国宋庆龄基金会孙平化日本学学术奖励基金专家委员会主任、"中日历史问题共同研究"中方专家组成员严绍璗先生作为本届获奖者出席了仪式和讲演会。

山片蟠桃（1748—1821）是江户时代出生于大阪的日本思想史上杰出的哲学家，自1982年起日本设立以他的名字命名"山片蟠桃奖"，以表彰从事日本人文社会研究获得杰出成就的世界各国学者，这一奖项迄今是日本评价世界学者"日本学研究"的唯一专项学术奖项。本奖项由日本大阪府厅承办，日本外务省后援，全日本航空公司（NAN）赞助，以山片蟠桃美丽的故乡大阪为这一奖项的颁奖地。

此奖项在国际日本学界具有崇高地位，自创立以来至本届严绍璗教授获奖28年间，世界各国共23位学者被授予了这一荣誉奖励，其中美国学者9人（哥伦比亚大学3人、哈佛大学2人、普林斯顿大学2人、马萨诸塞学院1人、芝加哥大学1人）、法国学者3人（国立高等研究院2人、巴黎第七大学1人）、英国学者2人（英国驻日本大使1人、大英图书馆1人）、俄国学者1人（俄罗斯科学院）、荷兰1人（莱顿大学）、奥地利1人（维也纳大学）、澳大利亚1人（Kuinrando大学）、波兰1人（华沙大学）、韩国1人（东国大学）。中国学者北京大学周一良教授在1996年83岁高龄时以他对江户时代思想史的研究，特别是对新井白石的研究而成为获此殊荣的第一位中国学者。距此14年后，中国北京大学严绍璗教授又以长期从事关于"日本文化在跨文化语境中的发生学研究"所发表的一系列著作以及以《日藏汉籍善本书录》为代表的相应丰厚的基本文献调查与解读获得了这一奖项。"山片蟠桃奖审查委员会"对中国学者在国际日本学学术研究中获得的成果给予崇高评价。

日本学士院院士、东京大学名誉教授、万叶文化馆馆长中西进先生代表本届"山片蟠桃奖审查委员会"宣布了授奖理由。日本大阪府副知事木村慎作先生代表正在国外的知事桥下彻向严绍璗先生颁发了奖状，并转达了桥下彻知事的贺电。全日空代表向获奖者赠送了纪念品凭单。严绍璗教授以"Izanaki与Izanami：二神结婚的文化学意义——我对日本最古文献《古事记》的解读"为题作了75分钟的日语讲演，对"记纪神话"做了一个中国学者的丰富又独特的阐述，与会者评价为"新しい着想による、素晴らしい問題提言だ"（"从新的构思提出了杰出的问题"）。

日本文部科学省所属人间文化研究各机构的主任、所长、日本国民与中国在日人士250余人参加了仪式与讲演会。中华人民共和国驻日本国大阪总领事馆由副总领事孔多孜女士带队11位外交官、美国驻大阪—神户总领事、美国关西文化中心主任Gregory W. Kaydeng以及多位国际驻日本文化使节出席了仪式并聆听了讲演。

自2011年1月8日日本宣布中华人民共和国北京大学严绍璗教授获得本奖项以来。日本《朝日新闻》《每日新闻》《读卖新闻》《产经新闻》《日本新华侨报》《关西新闻》*The Japan Times*等媒体先后发表过十余篇报道。

"严绍璗文集" 总目录

国际中国学研究

养天地之正气 法古今之完人
会通学科熔"义理辞章"于一炉
我和国际中国学研究
20世纪70年代日本学者论中国古代文学的特点问题
日本学者近年来对中国古史的研究
日本对《尚书》的研究情况
日本学者关于《诗经》的研究
日本学者关于中国文学史分期方面的一些见解
日本鲁迅研究名家名作述评(一)
日本鲁迅研究名家名作述评(二)
《赵氏孤儿》与18世纪欧洲戏剧文学
关于汉学的问答
甲骨文字与敦煌文献东传纪事
日本中国学中从经学研究向中国哲学研究演进的轨迹

中国当代新文化建设的精神指向与"儒学革命"
中国古代文学研究的国际文化意识
中国学术界对Sinology研究应有的反思
日本中国学中"道学的史学"的没落与"东洋史学"兴起的考察
日本中国学中中国文学近代性研究的形成
中国国际中国学（汉学）研究三十年
我看汉学与"汉学主义"

比较文学研究

我走上比较文学研究的文化历程
"文化语境"与"变异体"以及文学的发生学
双边文化与多边文化研究的原典实证的观念与方法论
在"比较文学"研究中创建具有自己民族特色的中国学派的构想
民族文学研究中的比较文学研究空间
确立关于表述"东亚文学"历史的更加真实的观念
中外文学交流史：中国比较文学研究中的基础性学术
文学与比较文学同在共存
比较文学研究中的"文本细读"的体验
文化的本体论性质与马克思的文化论序说
日本短歌歌型形成序说
日本《竹取物语》的发生成研究
日本平安文坛上的中国文化
论五山汉文学
日本古代"小说"的产生与中国文学的关联
对"比较文学与世界文学专业"名称的质疑
关于比较文学博士养成的浅见

日本文化研究

日本的发现
中日禅僧的交往与日本宋学的渊源
徐福东渡的史实与传说
中国传统文化在日本的命运
儒学在日本近代文化运动中的意义(战前篇)
日本现代化肇始期的文化冲突
日本当代"国家主义"思潮的思想基础
日本中国学中一个特殊课题——满学
战后60年日本人的中国观
中国儒学在日本近代变异的考察
日本当代海洋文明观质疑
我对日本学研究的思考
汉字在东亚文明共同体中的价值
中日古代文化关系的政治框架与本质特征的研讨
东亚文明与琉球文明研究的若干问题
日本军国主义者对中国文化资材的劫夺
日本近代前期天皇的儒学修养
日本"中国研究"的学术机构
严绍璗教授荣获日本第23届"山片蟠桃奖"文化研究国际奖

日本藏汉籍善本研究

汉籍的外传与文明的对话
在皇宫书陵部访"国宝"
在国会图书馆访"国宝"
在日本国家公文书馆访"国宝"
在东京国立博物馆访"国宝"

在东洋文库访"国宝"

在足利学校遗迹图书馆访"国宝"

在金泽文库访"国宝"

在静嘉堂文库访"国宝"

在杏雨书屋访"国宝"

在天理图书馆访"国宝"

在尊经阁文库访"国宝"

在御茶之水图书馆访"国宝"

在真福寺访"国宝"

在石山寺访"国宝"

在东福寺访"国宝"

在日光轮王寺天海藏访"国宝"

读书序录

他序文

序孙立川、王顺洪编《日本研究中国现当代文学论著索引1919—1989》

序王勇著《中日关系史考》

序尚会鹏著《中国人与日本人：社会集团、行为方式和文化心理的比较研究》

跋六角恒广著，王顺洪译《日本中国语教学书志》

序周阅著《川端康成是怎样读书写作的》

《多边文化研究》第一卷"卷头语"

序《中日文化交流史论集——户川芳郎先生古稀纪念》

序张哲俊著《中日古典悲剧的形式——三个母题与嬗变的研究》

序李岩著《中韩文学关系史论》

序刘元满著《汉字在日本的文化意义研究》

序张玉安、陈岗龙主编《东方民间文学比较研究》

《多边文化研究》第二卷"卷头语"

序钱婉约著《内藤湖南研究》

序刘萍著《津田左右吉研究》

序王琢著《想象力论：大江健三郎的小说方法》

序张哲俊著《东亚比较文学导论》

序张哲俊著《吉川幸次郎研究》

序张哲俊著《中国古代文学中的日本形象研究》

序《东方研究2004——中日文学比较研究专辑》

序王青著《日本近世儒学家荻生徂徕研究》

序王益鸣著《空海学术体系的范畴研究》

序王青著《日本近世思想概论》

《多边文化研究》第三卷"卷头语"

序李强著《厨川白村文艺思想研究》

序王顺洪著《日本人汉语学习研究》

序周阅著《川端康成文学的文化学研究》

序隽雪艳著《文化的重写：日本古典中的白居易形象》

序牟学苑著《拉夫卡迪奥·赫恩文学的发生学研究》

序郭勇著《中岛敦文学的比较研究》

序潘钧著《日本汉字的确立及其历史演变》

序涂晓华著《上海沦陷时期〈女声〉杂志研究》

序张冰著《俄罗斯汉学家李福清研究》

序聂友军著《日本学研究的"异域之眼"》

序王广生著《宫崎市定史学方法论》

序张西艳著《〈山海经〉在日本的传播和研究》

自序文

《中日古代文学交流史稿》前言

《中国文学在日本》前言

《日本中国学史》代序

《中日文化交流史大系·文学卷》序论

"21世纪比较文学系列教材"出版总序

"北京大学20世纪国际中国学研究文库"总序
"北京大学比较文学学术文库"出版总序
《比较文学视野中的日本文化——严绍璗海外讲演录》自序
《日本藏汉籍珍本追踪纪实——严绍璗海外访书志》自序
《日藏汉籍善本书录》自序
《日本中国学史稿》前言
《魏建功文选》前言

人物纪、访谈录

好人阴法鲁先生
北京大学比较文学研究所创始所长乐黛云先生纪事
贾植芳先生的比较文学观
中西进教授的学问
我的老师们
我的生命的驿站
为人民读好书、写好书——严绍璗先生访谈

图书在版编目（CIP）数据

日本文化研究 / 严绍璗著. —北京：北京大学出版社，2021.10
ISBN 978-7-301-32531-5

Ⅰ.①日… Ⅱ.①严… Ⅲ.①文化研究－日本 Ⅳ.① G131.3

中国版本图书馆 CIP 数据核字(2021) 第 187917 号

书　　名	日本文化研究 RIBEN WENHUA YANJIU
著作责任者	严绍璗　著
责任编辑	严　悦
标准书号	ISBN 978-7-301-32531-5
出版发行	北京大学出版社
地　　址	北京市海淀区成府路 205 号　100871
网　　址	http://www.pup.cn　新浪微博：@北京大学出版社
电子信箱	pkupress_yan@qq.com
电　　话	邮购部 010-62752015　发行部 010-62750672 编辑部 010-62754382
印 刷 者	北京虎彩文化传播有限公司
经 销 者	新华书店 720 毫米×1020 毫米　16 开本　18.5 印张　插页 1　310 千字 2021 年 10 月第 1 版　2022 年 8 月第 3 次印刷
定　　价	108.00 元

未经许可，不得以任何方式复制或抄袭本书之部分或全部内容。
版权所有，侵权必究
举报电话：010-62752024　电子信箱：fd@pup.pku.edu.cn
图书如有印装质量问题，请与出版部联系，电话：010-62756370